Wie Blüten und Blitze

Kana Watanabe

1

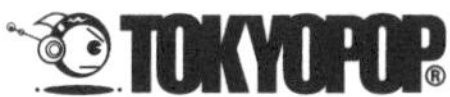

Wie Blüten und Blitze

Inhalt

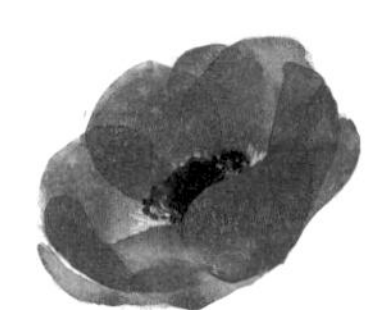

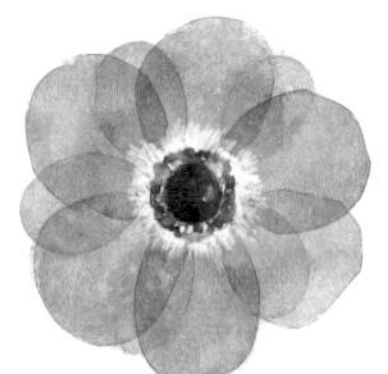

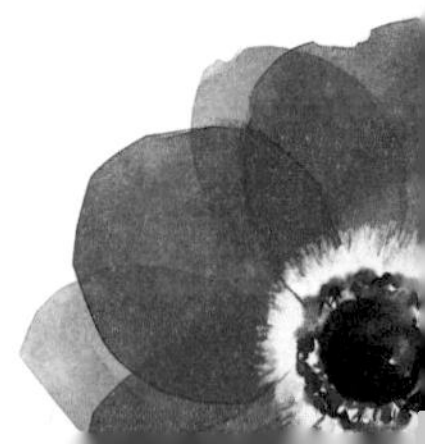

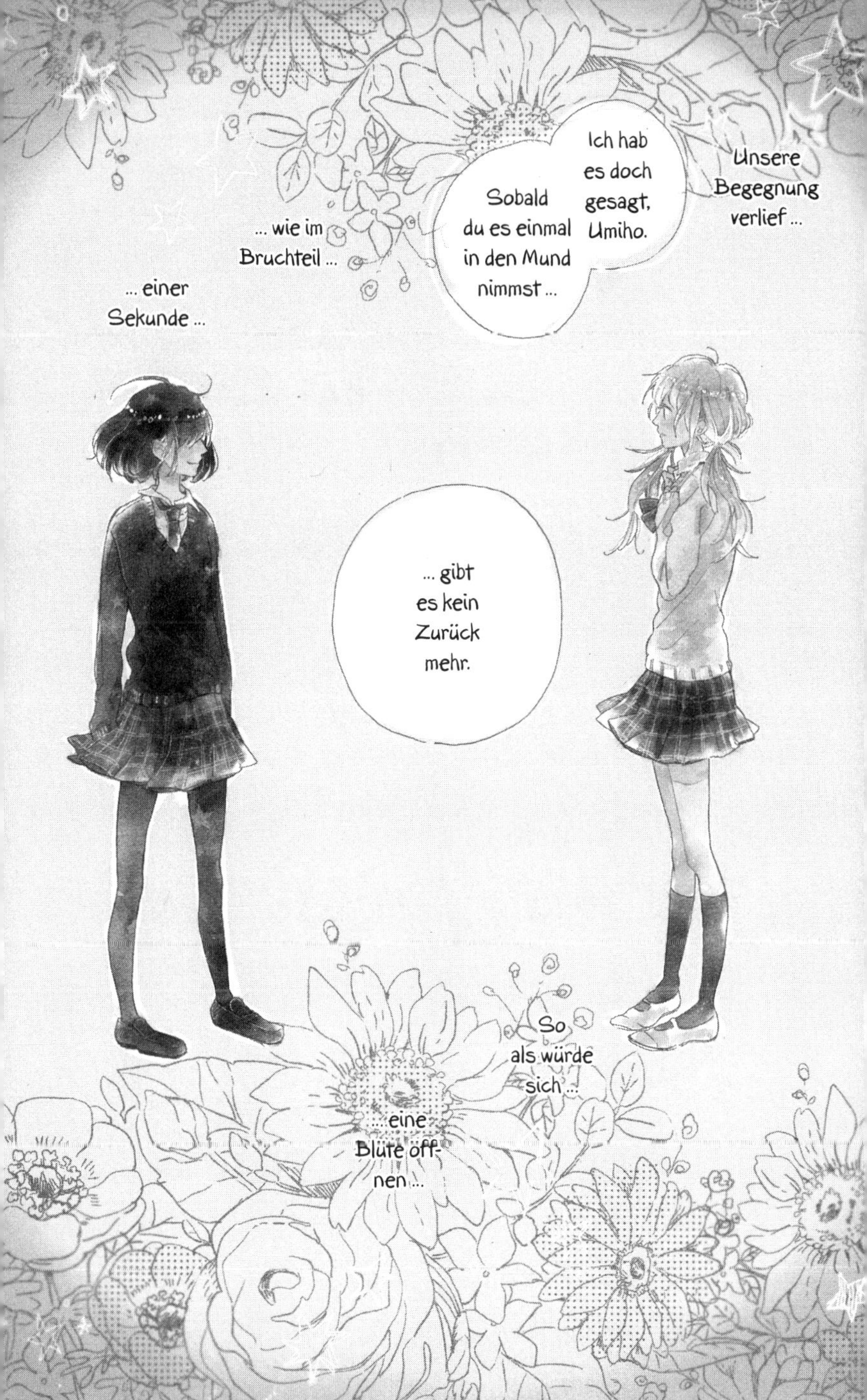

Unsere Begegnung verlief ...
Ich hab es doch gesagt, Umiho.
Sobald du es einmal in den Mund nimmst ...
... wie im Bruchteil ...
... einer Sekunde ...
... gibt es kein Zurück mehr.
So als würde sich ...
... eine Blüte öff-nen ...

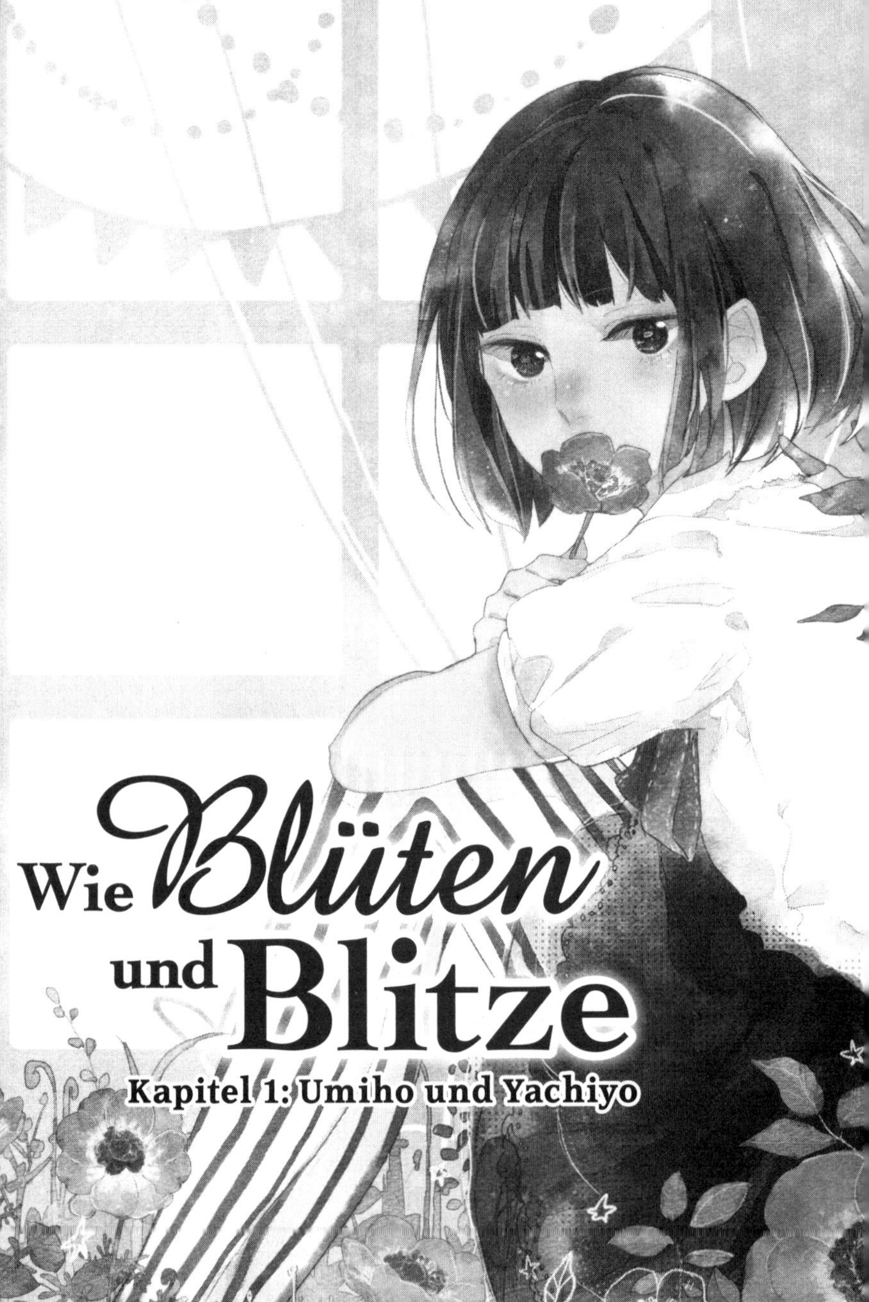
Wie Blüten und Blitze
Kapitel 1: Umiho und Yachiyo

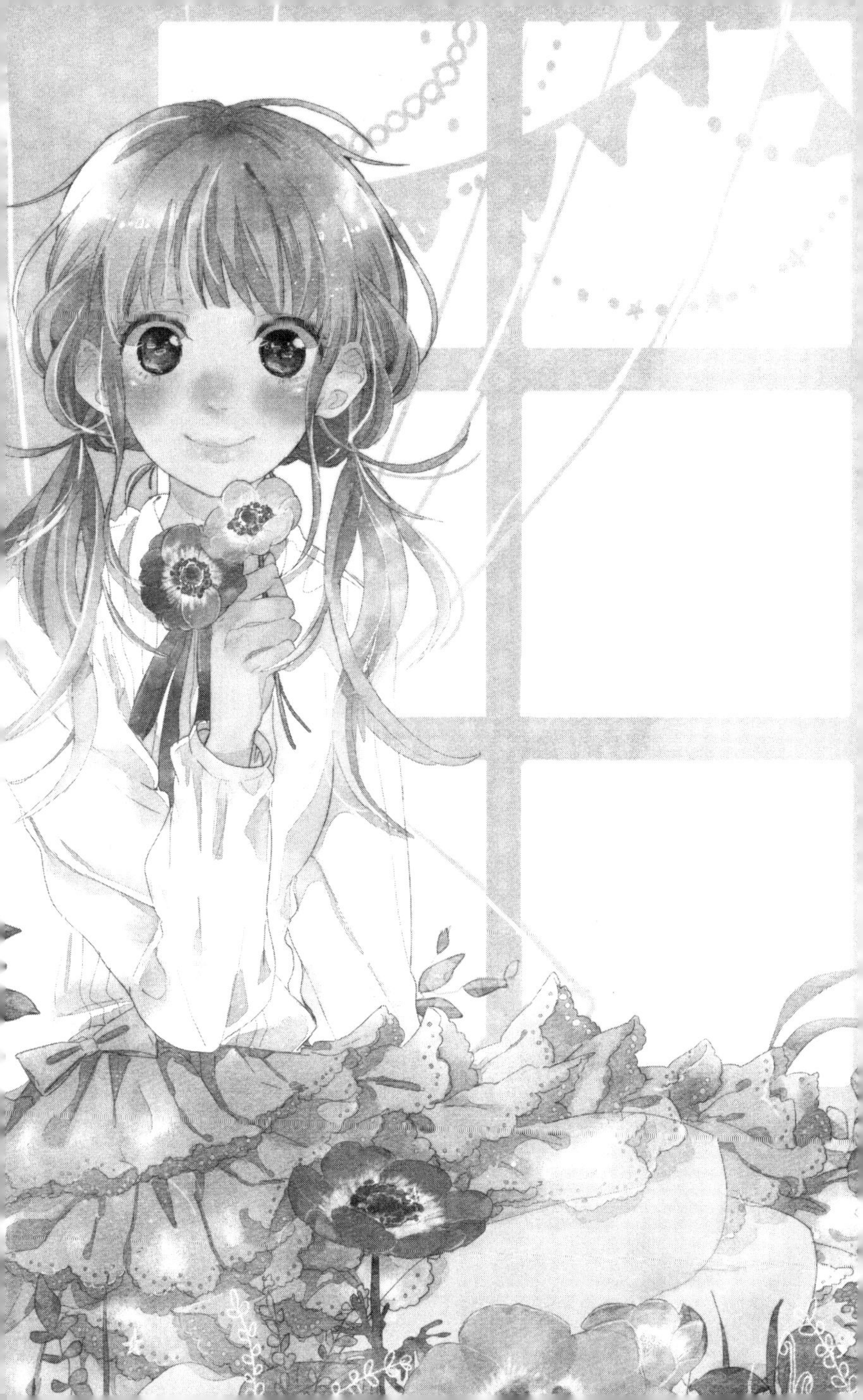

Wie *Blüten* und Blitze

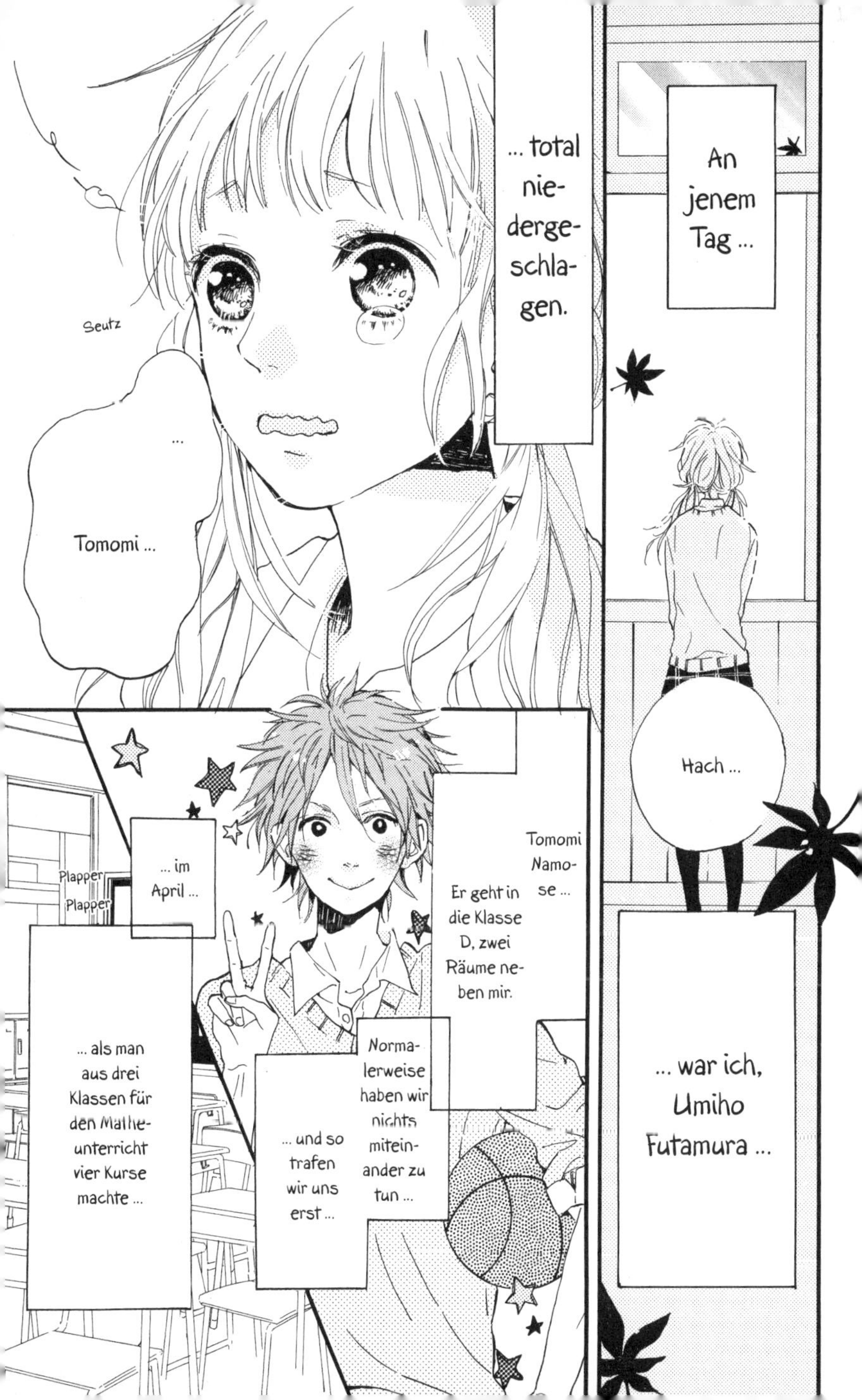
An jenem Tag ...
Hach ...
... war ich, Umiho Futamura ...
... total niedergeschlagen.
Seufz
...
Tomomi ...
Tomomi Namose ...
Er geht in die Klasse D, zwei Räume neben mir.
Normalerweise haben wir nichts miteinander zu tun ...
... und so trafen wir uns erst ...
... im April ...
Plapper Plapper
... als man aus drei Klassen für den Matheunterricht vier Kurse machte ...

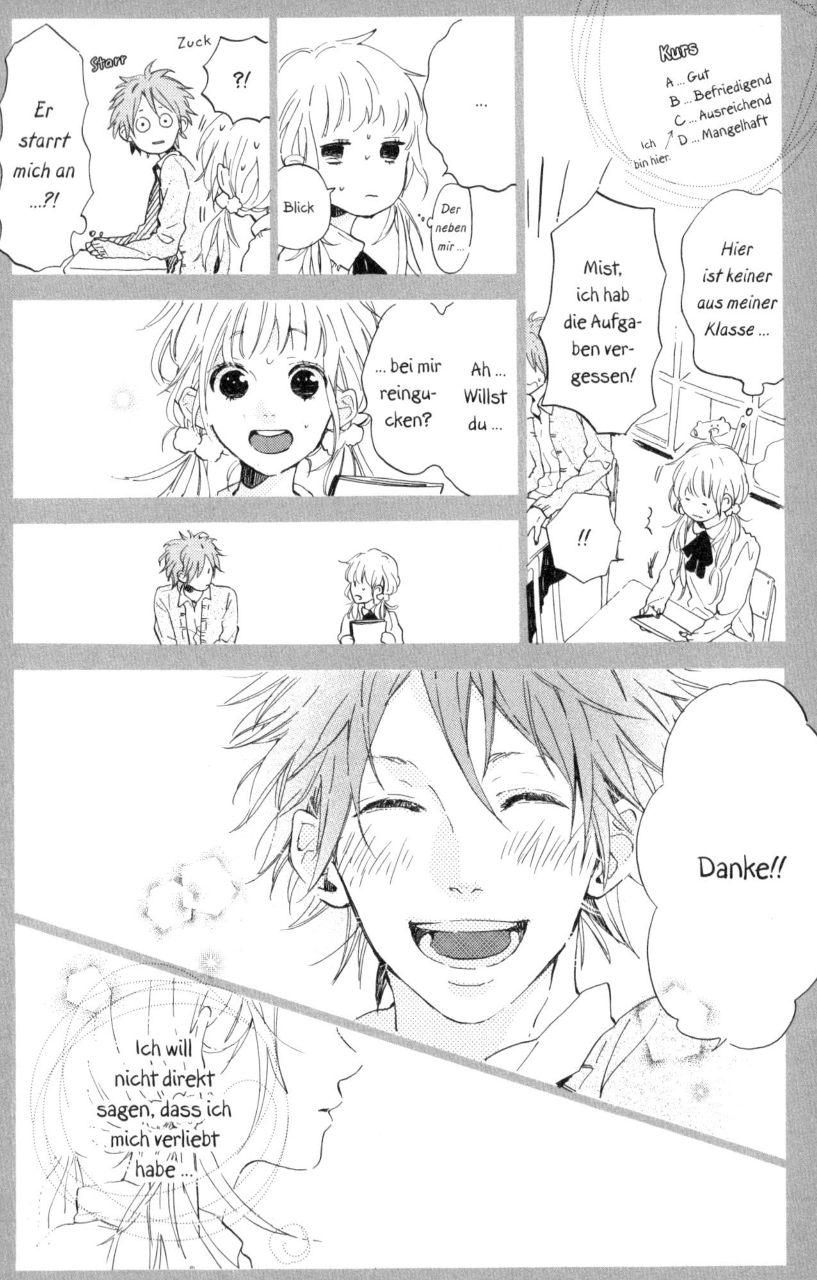
Kurs
A ... Gut
B ... Befriedigend
C ... Ausreichend
D ... Mangelhaft
Ich bin hier.
Hier ist keiner aus meiner Klasse ...
Mist, ich hab die Aufgaben vergessen!
!!
...
Der neben mir ...
Blick
Zuck
?!
Starr
Er starrt mich an ...?!
Ah ... Willst du ...
... bei mir reingucken?
Danke!!
Ich will nicht direkt sagen, dass ich mich verliebt habe ...!

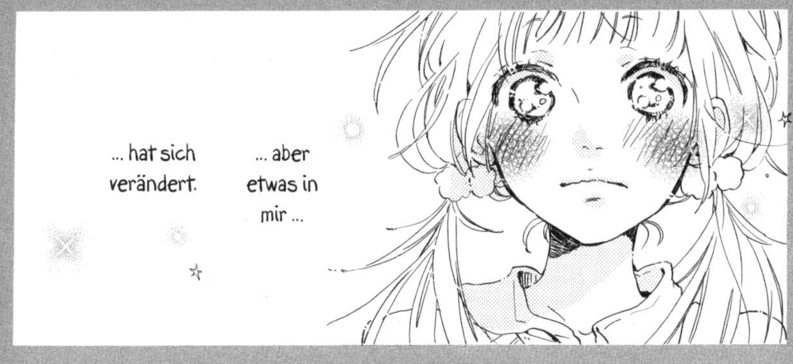
... aber etwas in mir ...
... hat sich verändert.

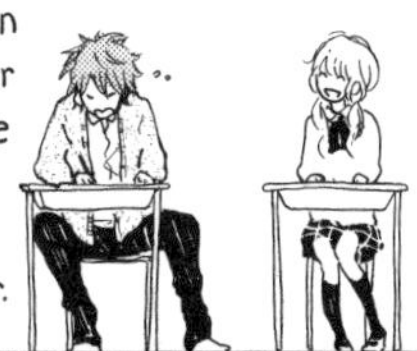
Seit diesem Tag ...
... habe ich Tomomi, der immer so viel mit seinem Sportklub zu tun hatte ...
...jeden Tag wi~~e eine gute Zuarbeiterin~~ meine Notizen gezeigt. Wir waren wie gute Freunde ...
... und erlebten ein paar schöne Tage miteinander.
Doch ...

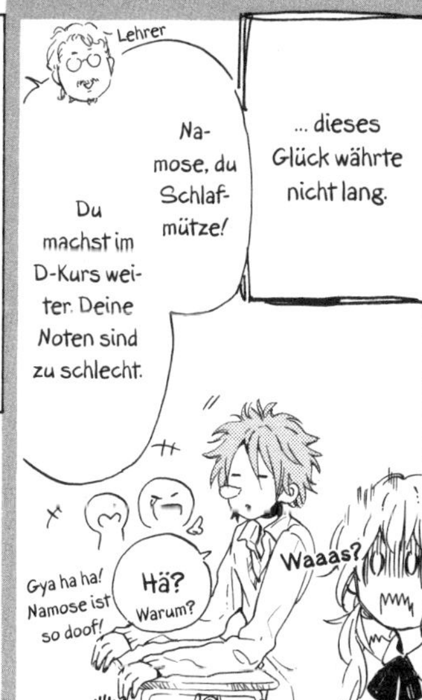
... dieses Glück währte nicht lang.
Lehrer
Namose, du Schlafmütze!
Du machst im D-Kurs weiter. Deine Noten sind zu schlecht.
Waaas?
Hä? Warum?
Gya ha ha! Namose ist so doof!

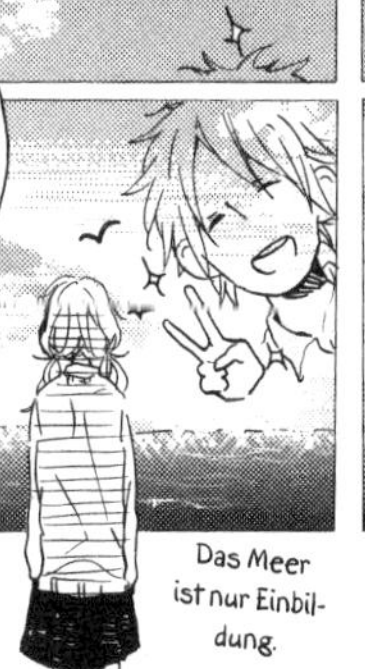
Und jetzt ...
Es war ein kurzer Traum ...
Das Meer ist nur Einbildung.

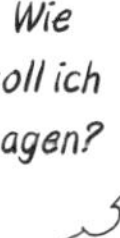

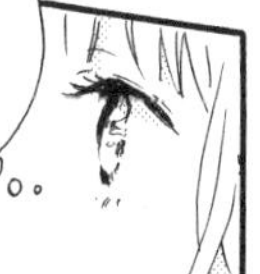
Wie soll ich sagen?
Die Entfernung zwischen unseren Klassen ...

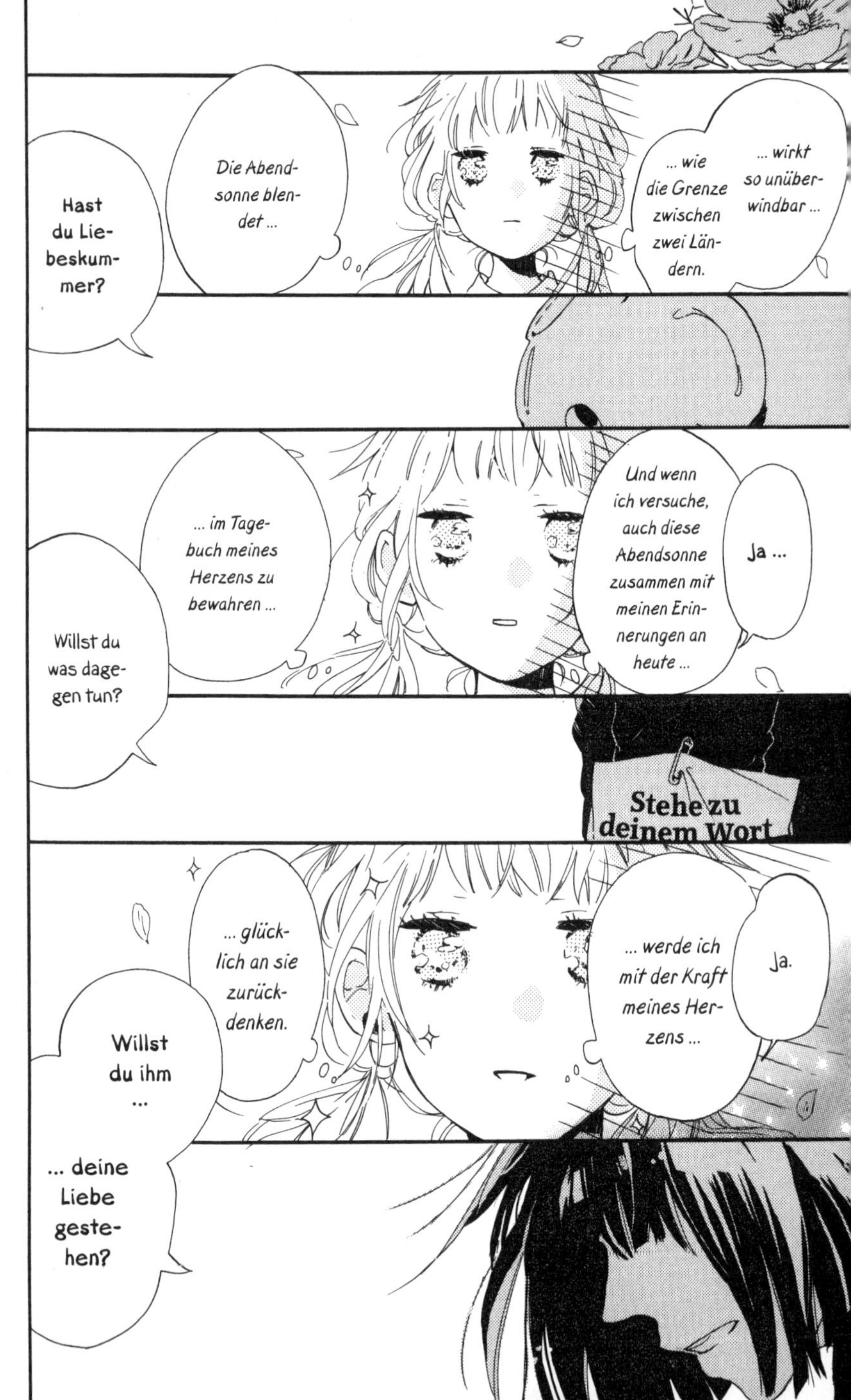
... wirkt so unüberwindbar ...
... wie die Grenze zwischen zwei Ländern.
Die Abendsonne blendet ...
Hast du Liebeskummer?
Ja ...
Und wenn ich versuche, auch diese Abendsonne zusammen mit meinen Erinnerungen an heute ...
... im Tagebuch meines Herzens zu bewahren ...
Willst du was dagegen tun?
Stehe zu deinem Wort
Ja.
... werde ich mit der Kraft meines Herzens ...
... glücklich an sie zurückdenken.
Willst du ihm ...
... deine Liebe gestehen?

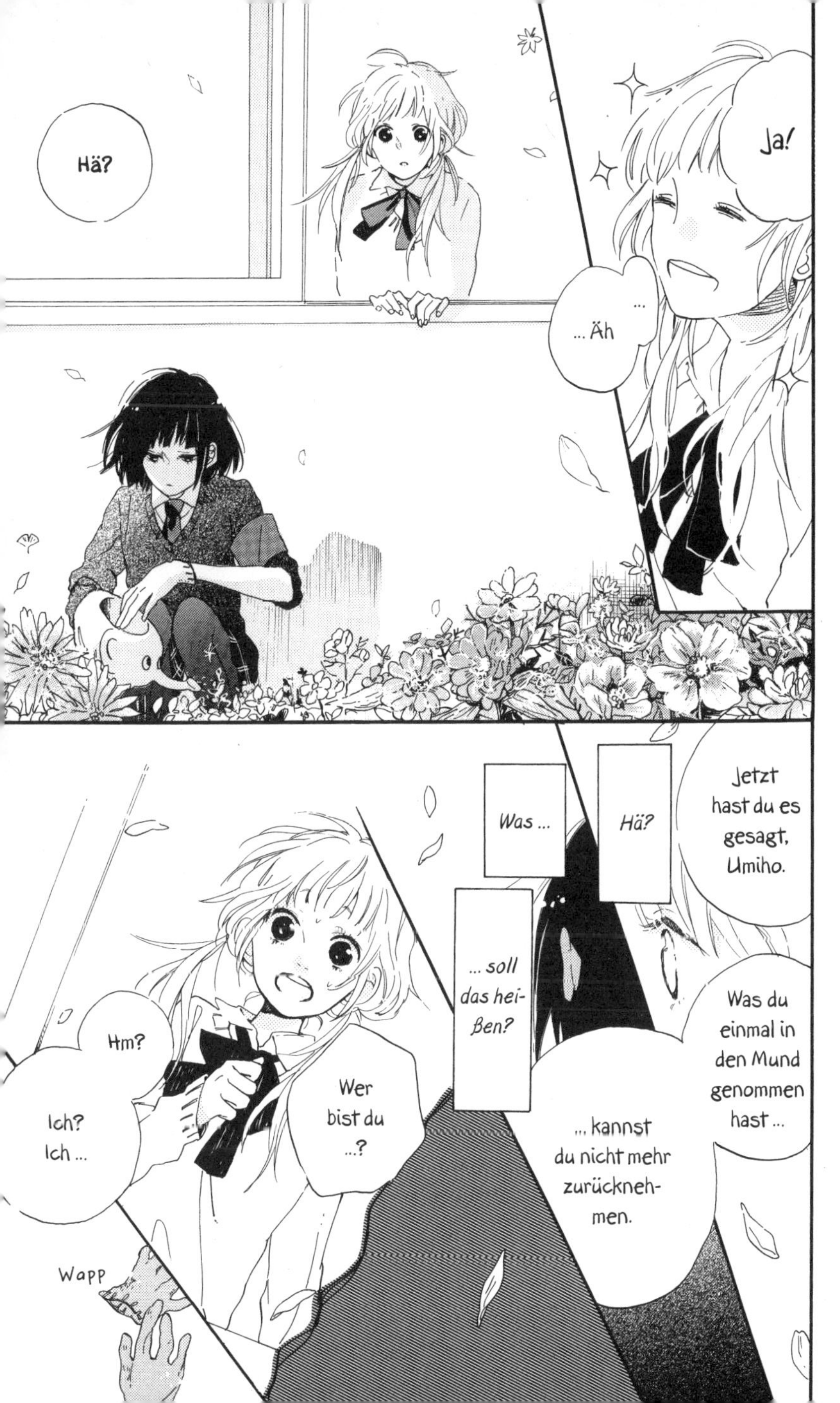
Ja!
...
... Äh
Hä?
Jetzt hast du es gesagt, Umiho.
Hä?
Was ...
... soll das hei-ßen?
Was du einmal in den Mund genommen hast ...
... kannst du nicht mehr zurückneh-men.
Wer bist du ...?
Hm?
Ich? Ich ...
Wapp

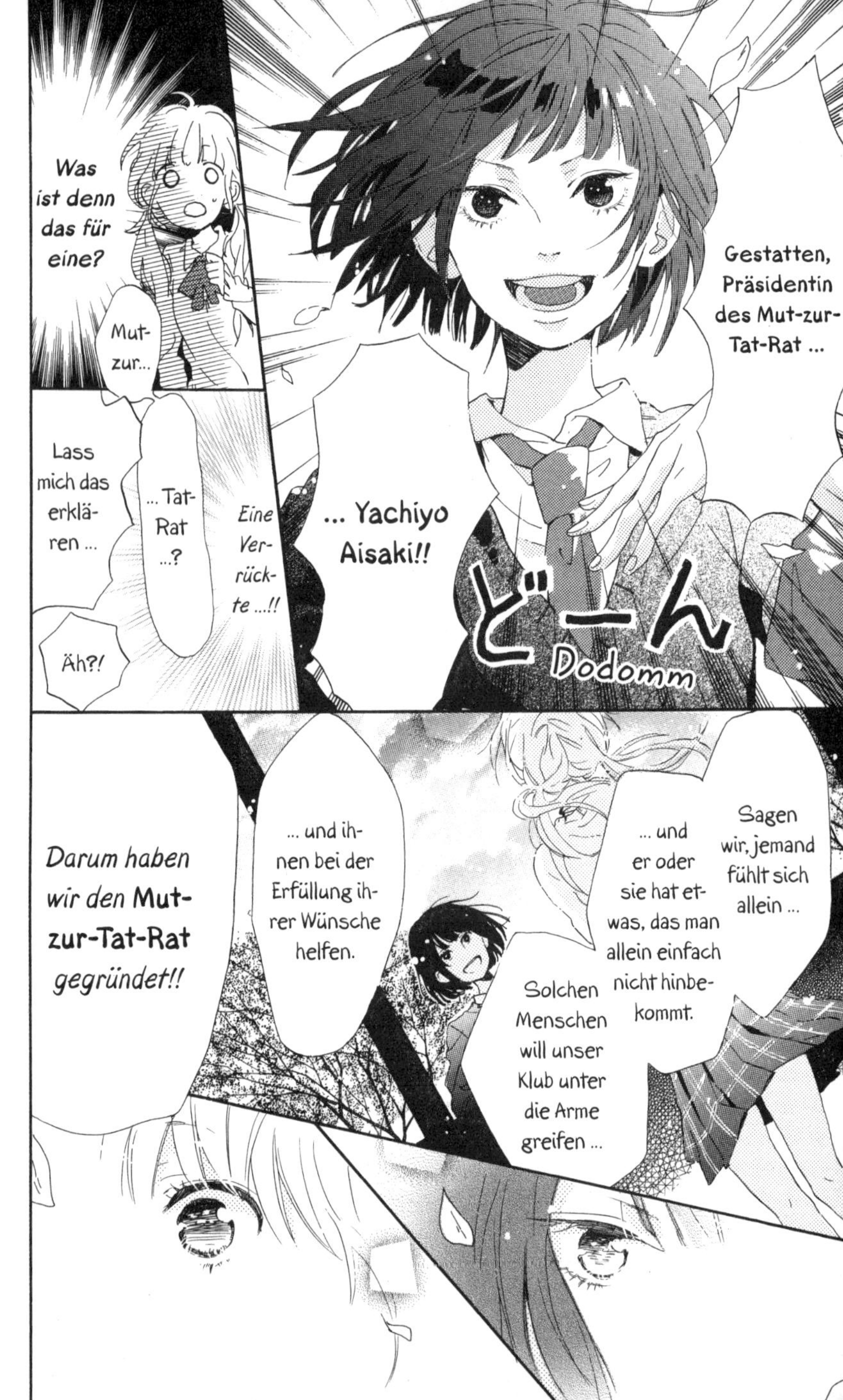
Gestatten, Präsidentin des Mut-zur-Tat-Rat ...
... Yachiyo Aisaki!!
どーん
Dodomm
Was ist denn das für eine?
Mut-zur...
... Tat-Rat ...?
Eine Verrückte ...!!
Lass mich das erklären ...
Äh?!
Sagen wir, jemand fühlt sich allein ...
... und er oder sie hat etwas, das man allein einfach nicht hinbekommt.
Solchen Menschen will unser Klub unter die Arme greifen ...
... und ihnen bei der Erfüllung ihrer Wünsche helfen.
Darum haben wir den Mut-zur-Tat-Rat gegründet!!

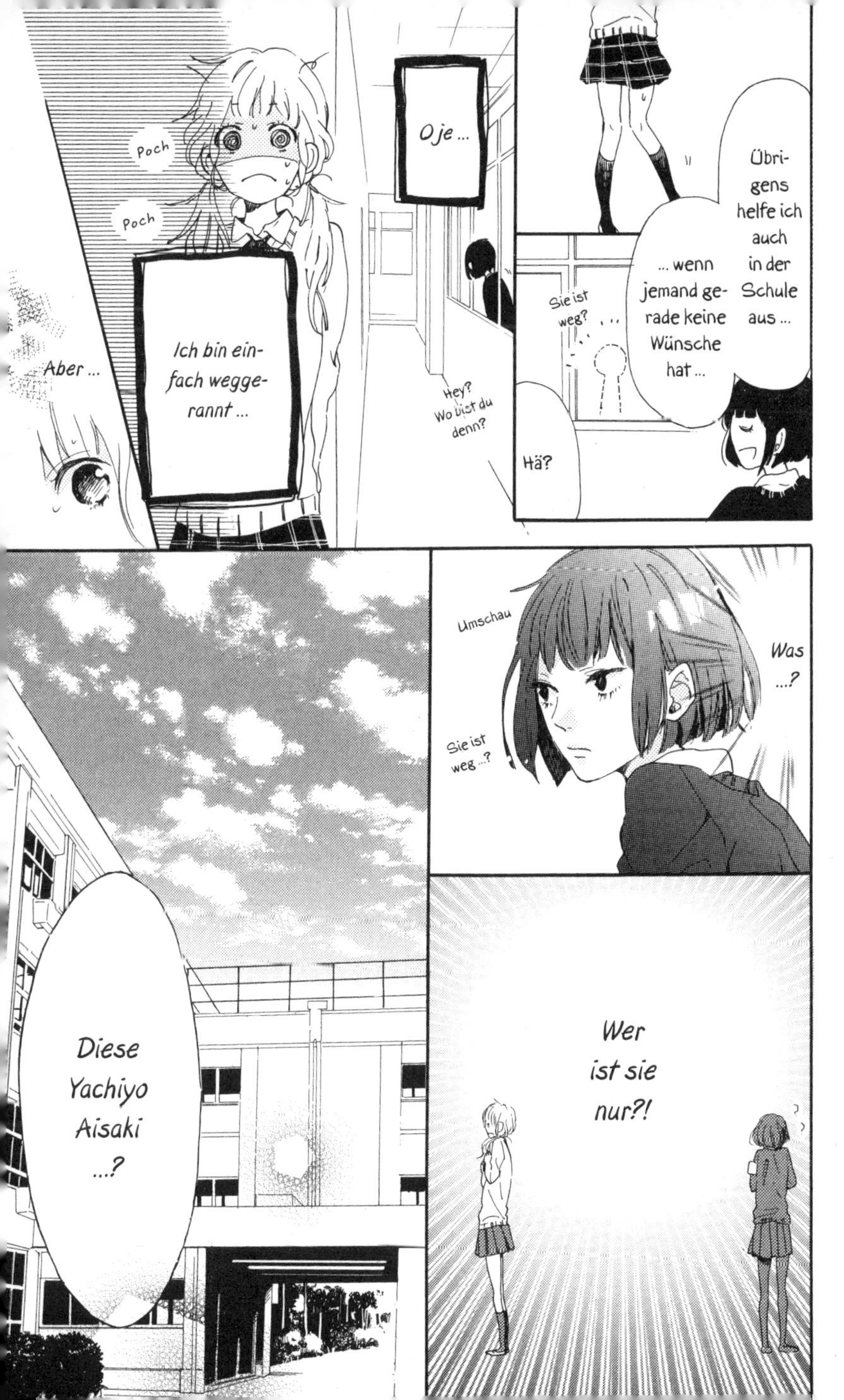
Übrigens helfe ich auch in der Schule aus ...
... wenn jemand gerade keine Wünsche hat ...
Hä?
Sie ist weg? ...
Hey? Wo bist du denn?
O je ...
Poch
Poch
Ich bin einfach weggerannt ...
Aber ...
Umschau
Was ...?
Sie ist weg ...?
Wer ist sie nur?!
Diese Yachiyo Aisaki ...?

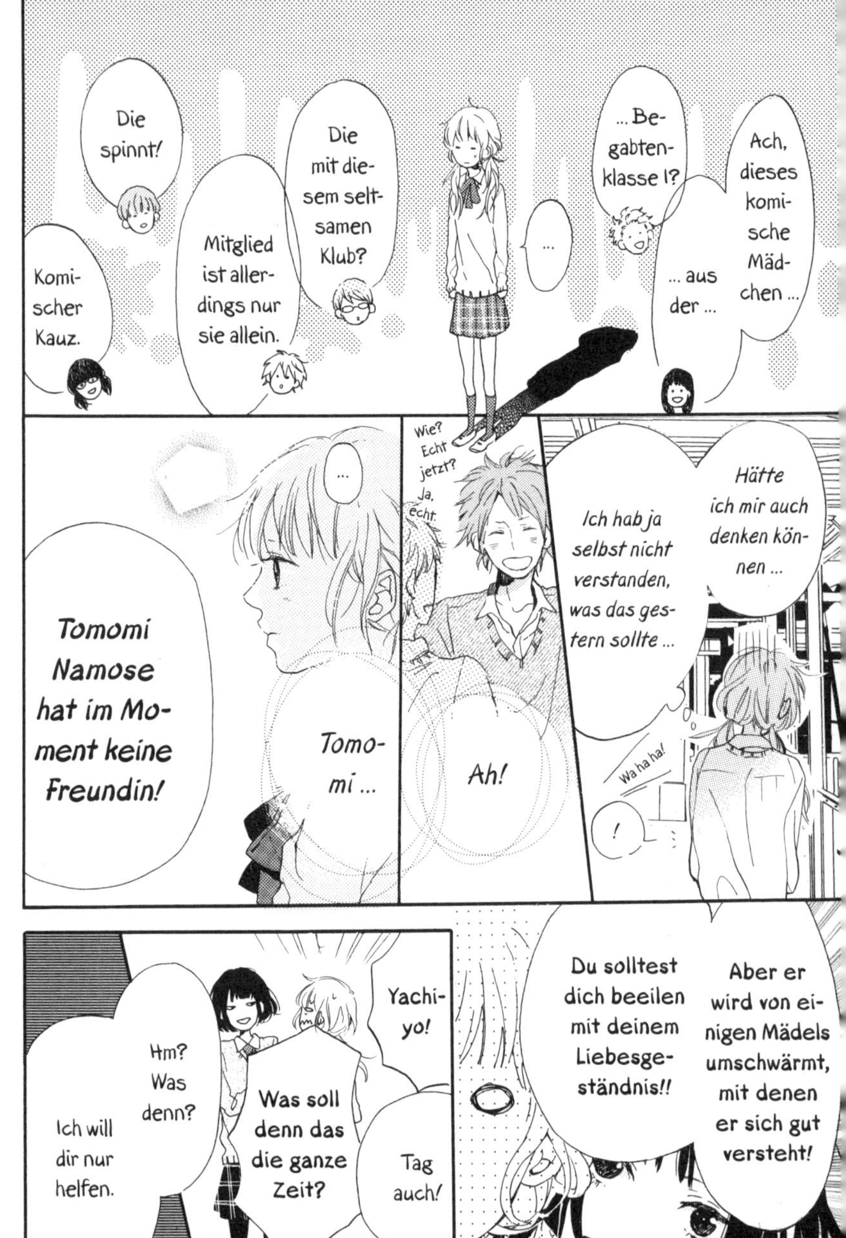

Ach, dieses komische Mädchen ...
... aus der ...
... Begabtenklasse !?
...
Die mit diesem seltsamen Klub?
Die spinnt!
Mitglied ist allerdings nur sie allein.
Komischer Kauz.
Hätte ich mir auch denken können ...
Ich hab ja selbst nicht verstanden, was das gestern sollte ...
Wa ha ha!
!
Wie? Echt jetzt?
Ja, echt.
Ah!
...
Tomomi ...
Tomomi Namose hat im Moment keine Freundin!
Aber er wird von einigen Mädels umschwärmt, mit denen er sich gut versteht!
Du solltest dich beeilen mit deinem Liebesgeständnis!!
Geheim
Yachiyo!
Tag auch!
Hm? Was denn?
Was soll denn das die ganze Zeit?
Ich will dir nur helfen.

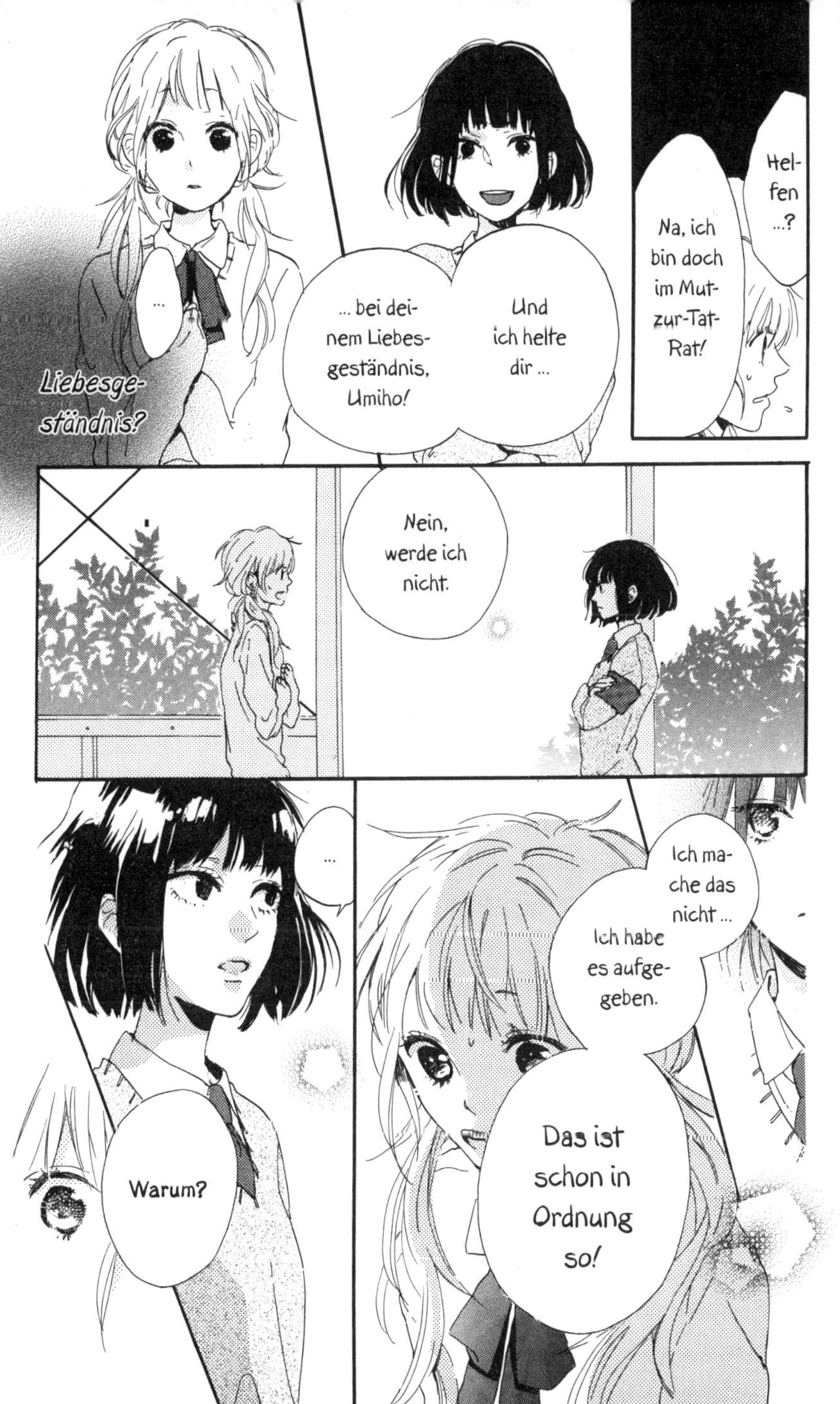
Hel-fen ...?
Na, ich bin doch im Mut-zur-Tat-Rat!
Und ich helte dir ...
... bei deinem Liebesgeständnis, Umiho!
...
Liebesgeständnis?
Nein, werde ich nicht.
Ich mache das nicht ...
Ich habe es aufgegeben.
Das ist schon in Ordnung so!
...
Warum?

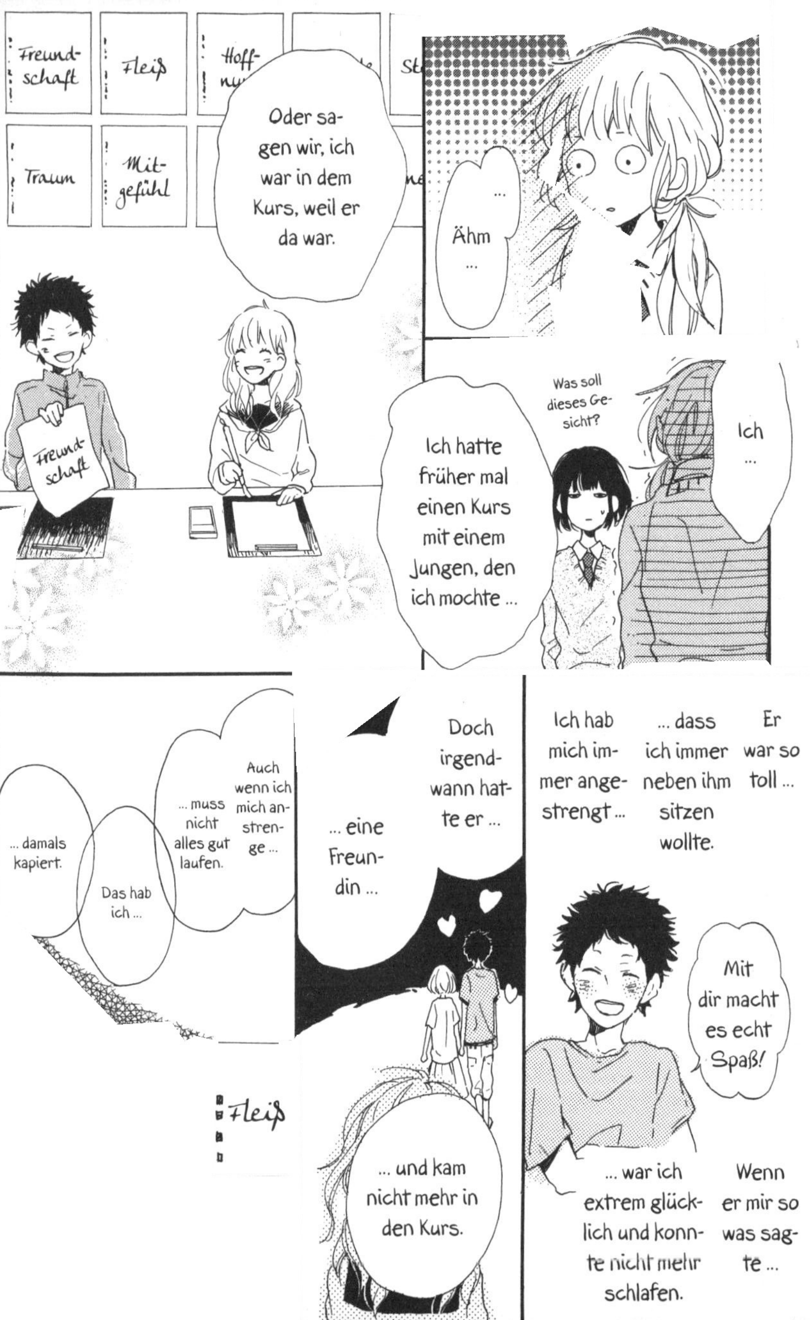
... Ähm ...
Ich ...
Was soll dieses Gesicht?
Ich hatte früher mal einen Kurs mit einem Jungen, den ich mochte ...
Oder sagen wir, ich war in dem Kurs, weil er da war.
Freundschaft
Fleiß
Traum
Mitgefühl
Freundschaft
Er war so toll ...
... dass ich immer neben ihm sitzen wollte.
Ich hab mich immer angestrengt ...
Mit dir macht es echt Spaß!
Wenn er mir so was sagte ...
... war ich extrem glücklich und konnte nicht mehr schlafen.
Doch irgendwann hatte er ...
... eine Freundin ...
... und kam nicht mehr in den Kurs.
Auch wenn ich mich anstrenge ...
... muss nicht alles gut laufen.
Das hab ich ...
... damals kapiert.
Fleiß

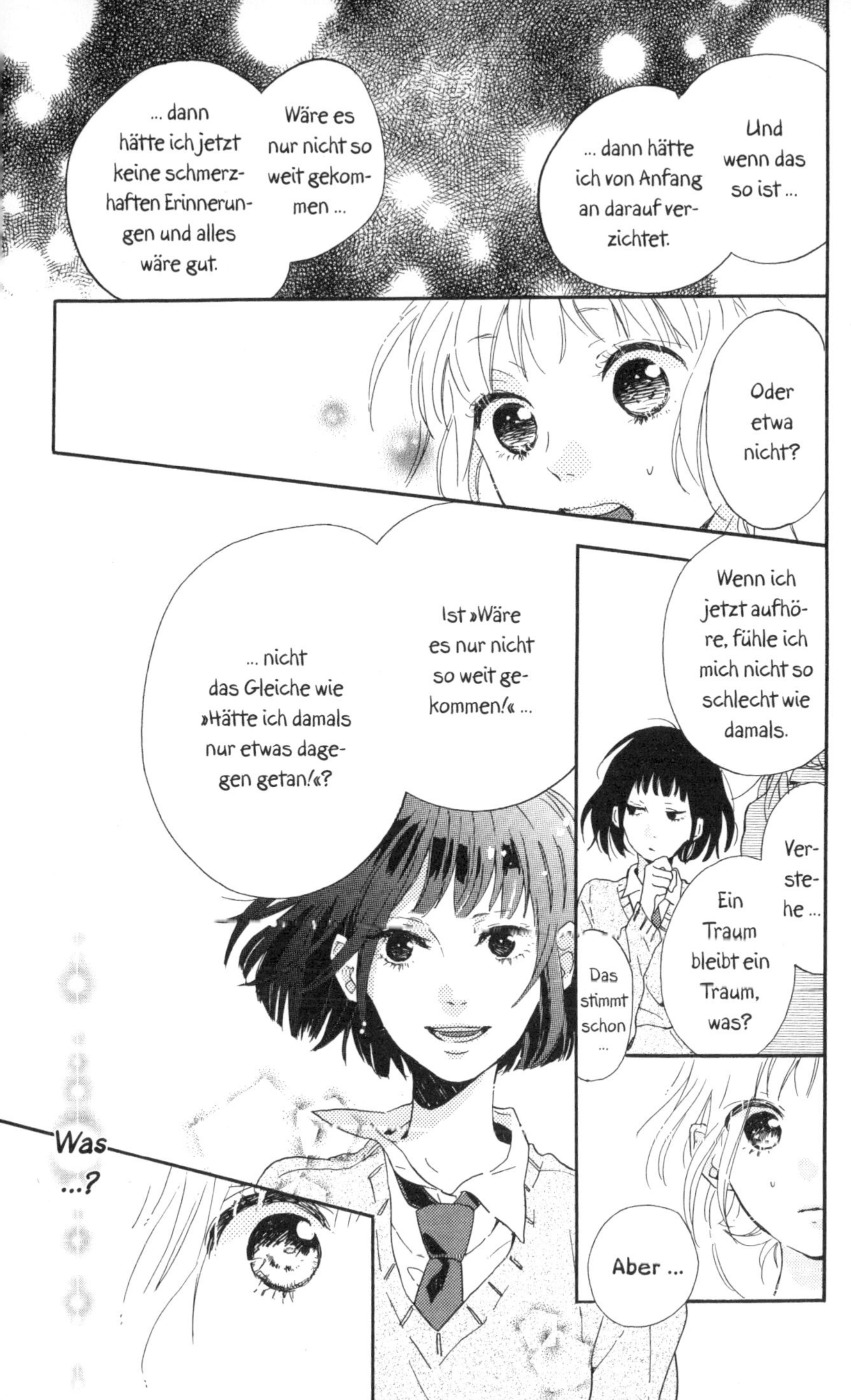

Und wenn das so ist ...
... dann hätte ich von Anfang an darauf verzichtet.
Wäre es nur nicht so weit gekommen ...
... dann hätte ich jetzt keine schmerzhaften Erinnerungen und alles wäre gut.
Oder etwa nicht?
Wenn ich jetzt aufhöre, fühle ich mich nicht so schlecht wie damals.
Verstehe ...
Ein Traum bleibt ein Traum, was?
Das stimmt schon ...
Ist »Wäre es nur nicht so weit gekommen!« ...
... nicht das Gleiche wie »Hätte ich damals nur etwas dagegen getan!«?
Aber ...
Was ...?

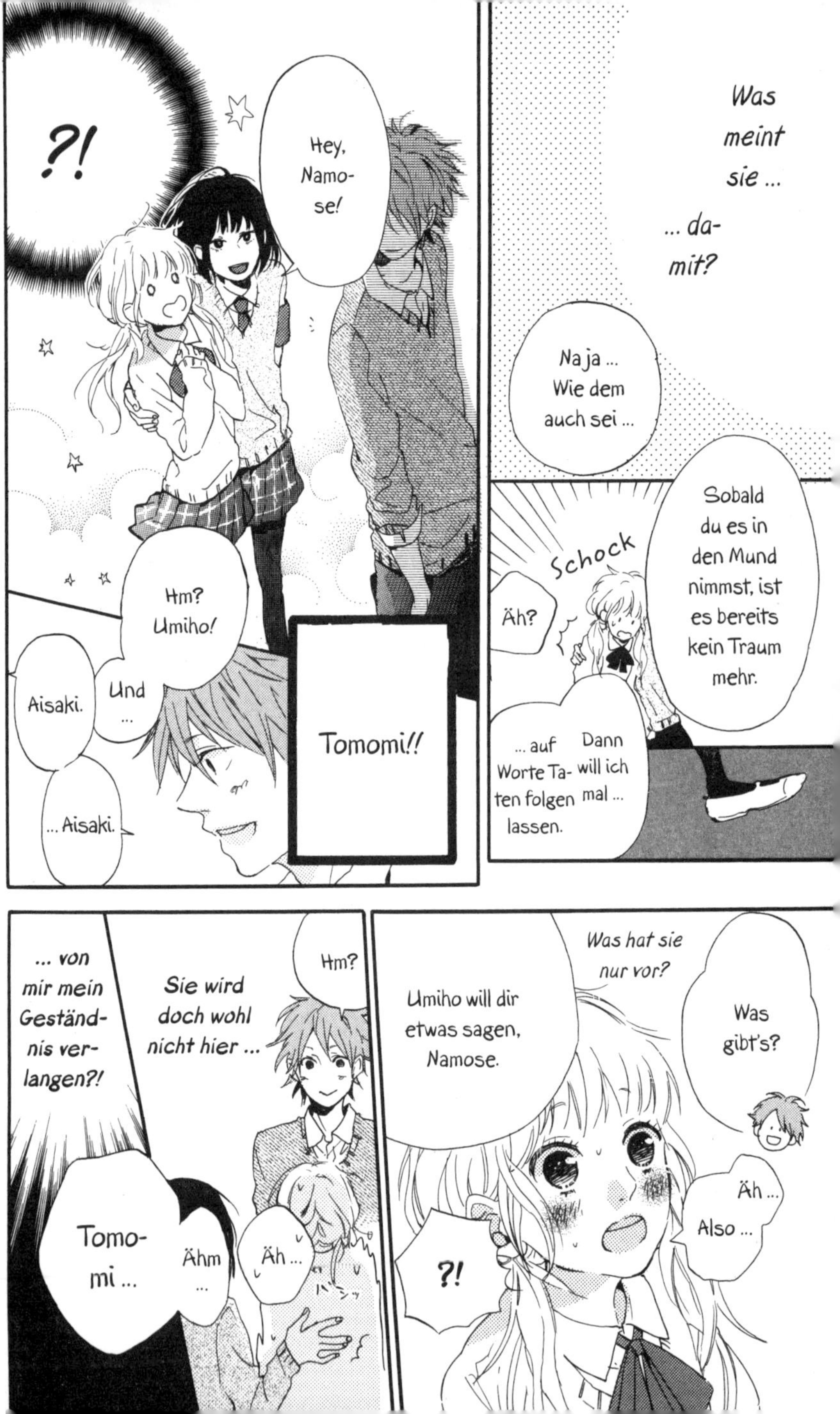

Was meint sie ...

... damit?

Na ja ... Wie dem auch sei ...

Sobald du es in den Mund nimmst, ist es bereits kein Traum mehr.

Schock

Äh?

Dann will ich mal ...

... auf Worte Taten folgen lassen.

?!

Hey, Namose!

Hm? Umiho!

Und ...

Aisaki.

... Aisaki.

Tomomi!!

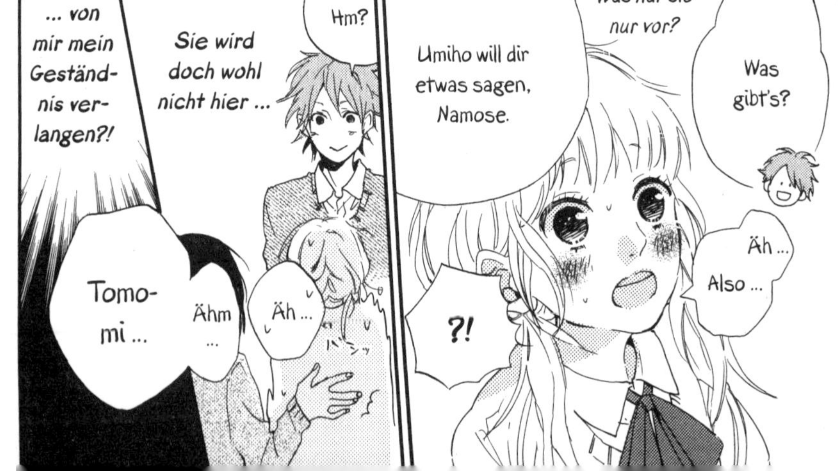

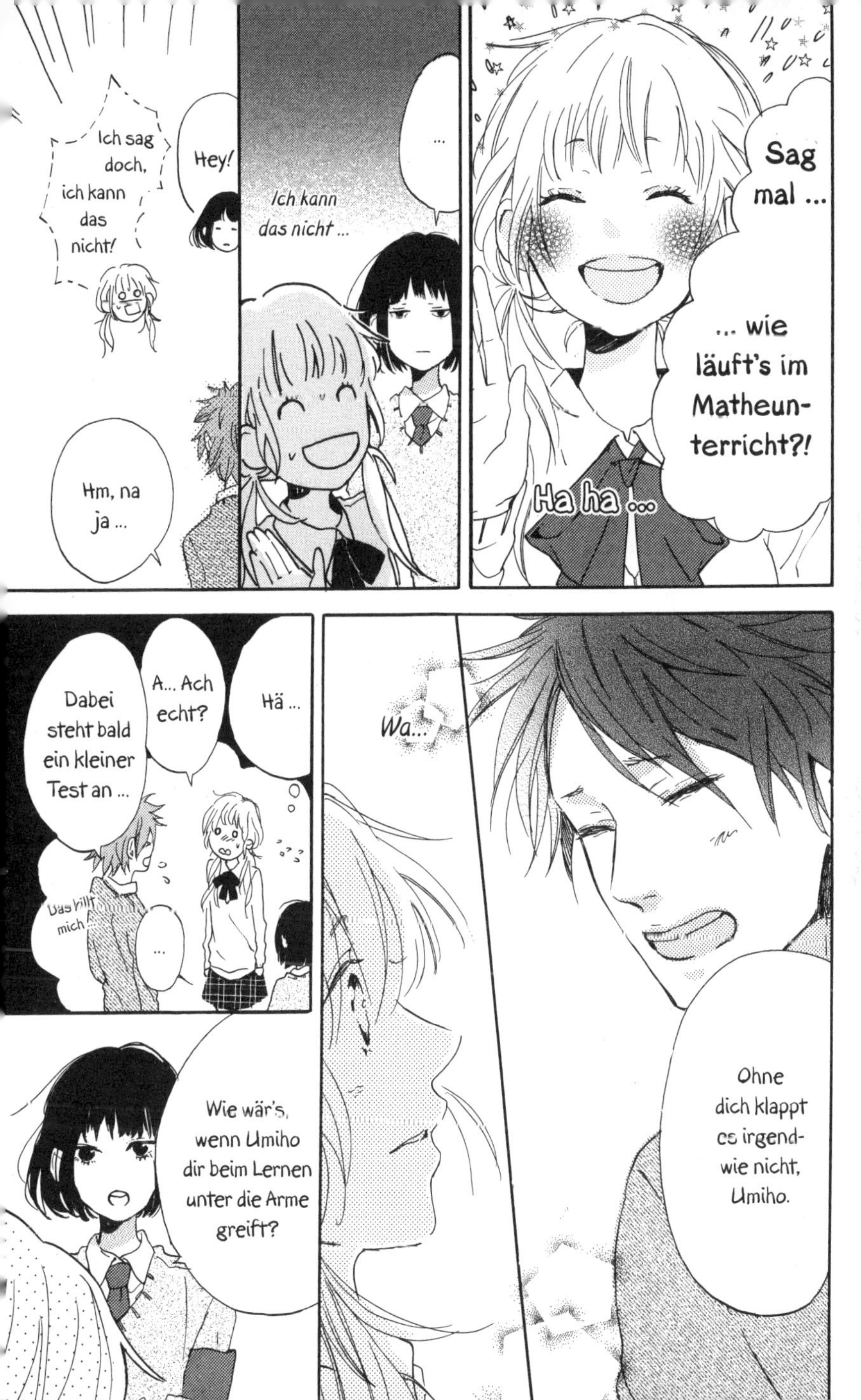
Sag mal ...
... wie läuft's im Matheunterricht?!
Ha ha ...
...
Ich kann das nicht ...
Hey!
Ich sag doch, ich kann das nicht!
Hm, na ja ...
Wa...
Ohne dich klappt es irgendwie nicht, Umiho.
Hä ...
A... Ach echt?
Dabei steht bald ein kleiner Test an ...
Das killt mich ...
...
Wie wär's, wenn Umiho dir beim Lernen unter die Arme greift?

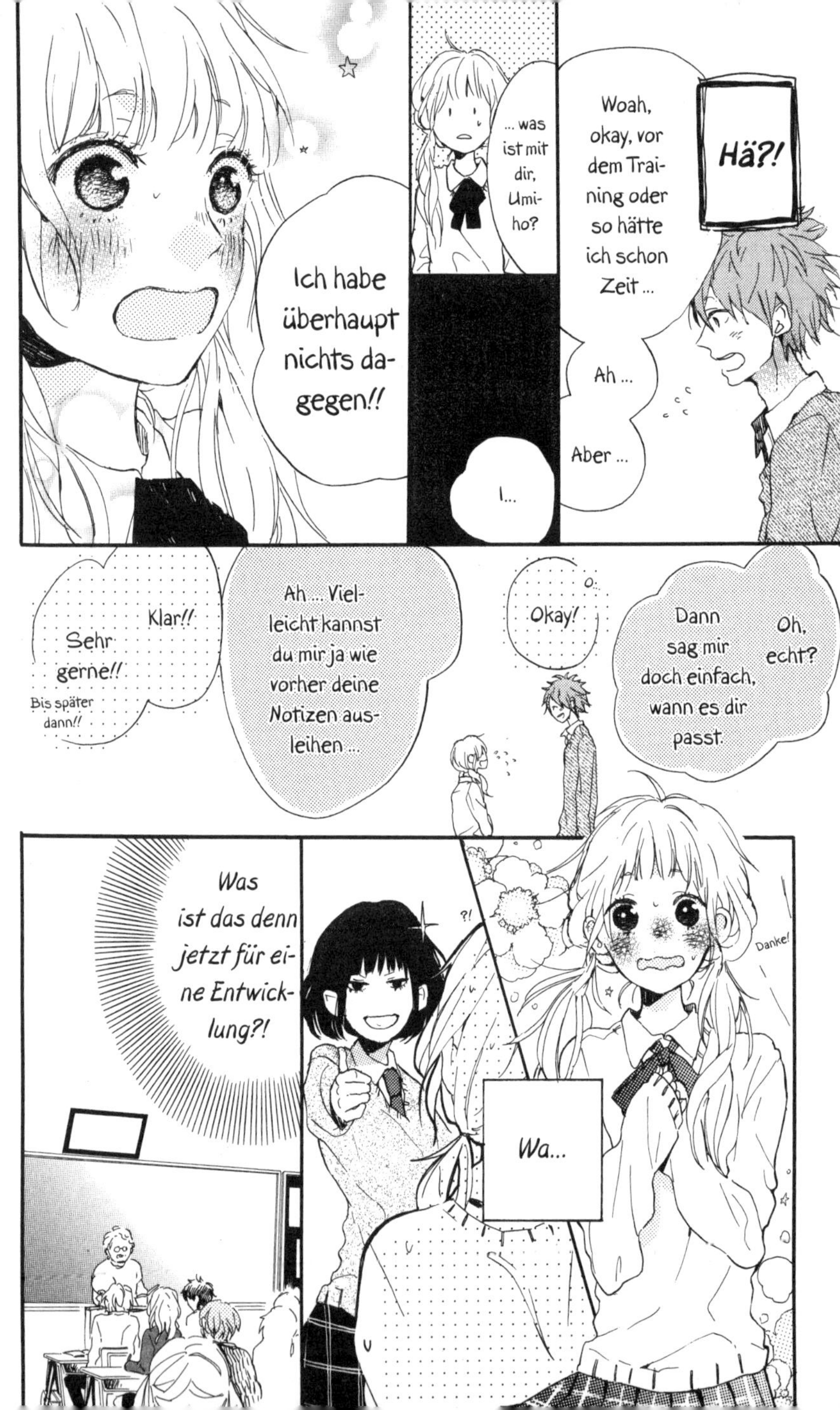

Hä?!
Woah, okay, vor dem Training oder so hätte ich schon Zeit ...
Ah ...
Aber ...
... was ist mit dir, Umiho?
I...
Ich habe überhaupt nichts dagegen!!
Oh, echt?
Dann sag mir doch einfach, wann es dir passt.
Okay!
Ah ... Vielleicht kannst du mir ja wie vorher deine Notizen ausleihen ...
Klar!!
Sehr gerne!!
Bis später dann!!
Danke!
Wa...
?!
Was ist das denn jetzt für eine Entwicklung?!

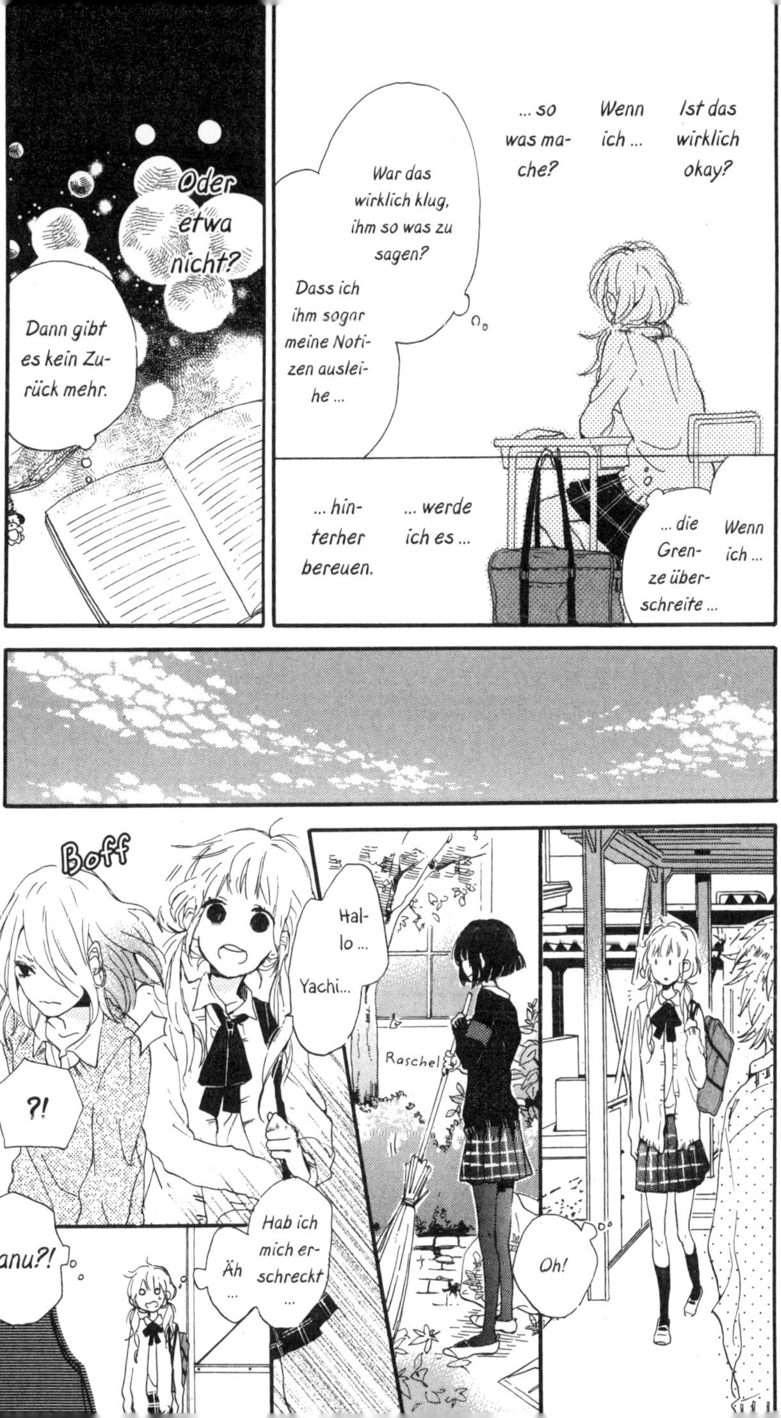

Ist das wirklich okay?
Wenn ich ...
... so was mache?
War das wirklich klug, ihm so was zu sagen?
Dass ich ihm sogar meine Notizen ausleihe ...
Wenn ich ...
... die Grenze überschreite ...
... werde ich es ...
... hinterher bereuen.
Oder etwa nicht?
Dann gibt es kein Zurück mehr.
Oh!
Raschel
Hallo ...
Yachi...
Boff
?!
Hab ich mich erschreckt ...
Äh ...
Nanu?!

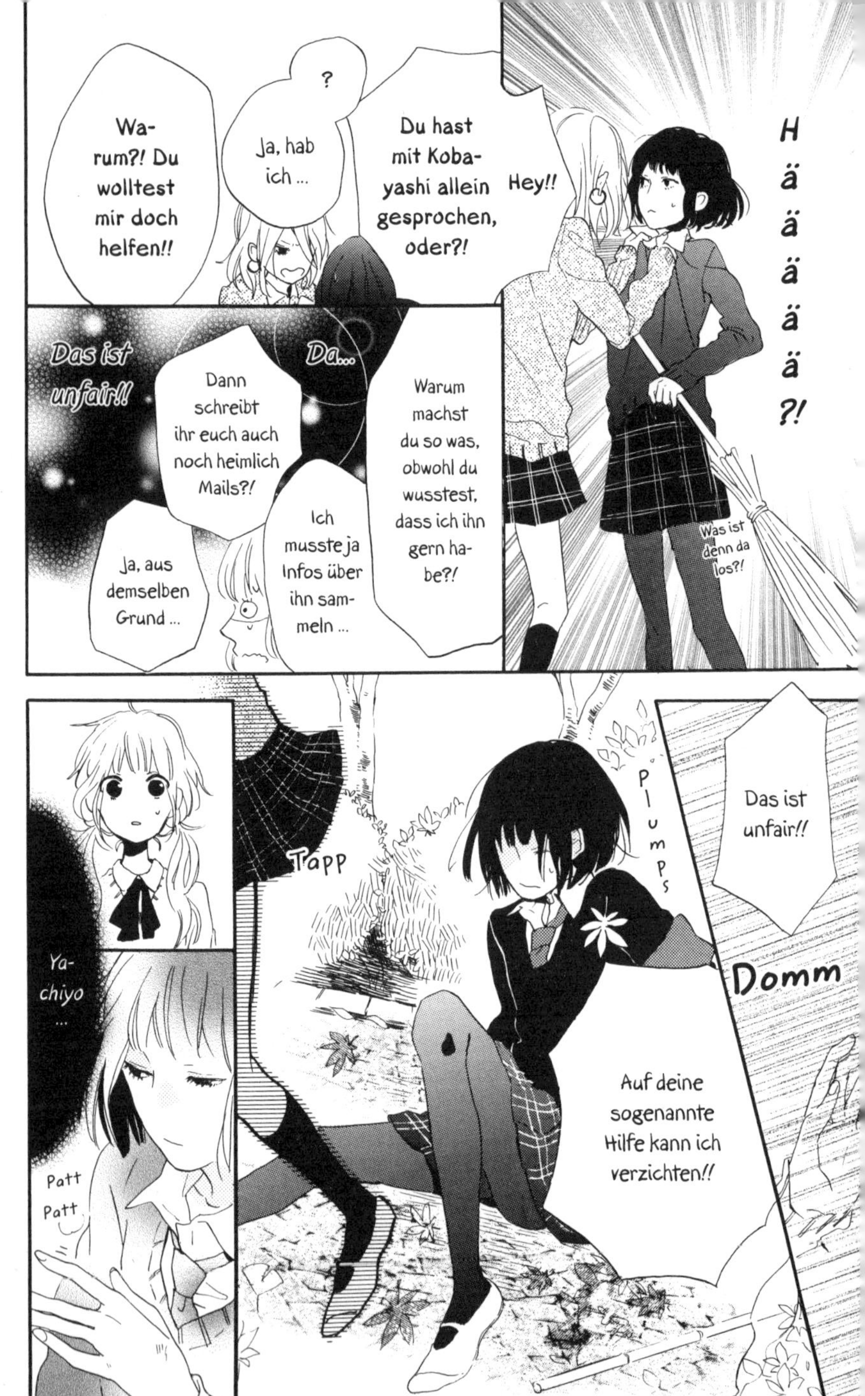
Hääääää?!
Hey!!
Du hast mit Kobayashi allein gesprochen, oder?!
?
Ja, hab ich …
Warum?! Du wolltest mir doch helfen!!
Was ist denn da los?!
Warum machst du so was, obwohl du wusstest, dass ich ihn gern habe?!
Ich musste ja Infos über ihn sammeln …
Da…
Dann schreibt ihr euch auch noch heimlich Mails?!
Ja, aus demselben Grund …
Das ist unfair!!
Das ist unfair!!
Domm
Plumps
Tapp
Auf deine sogenannte Hilfe kann ich verzichten!!
Yachiyo …
Patt Patt

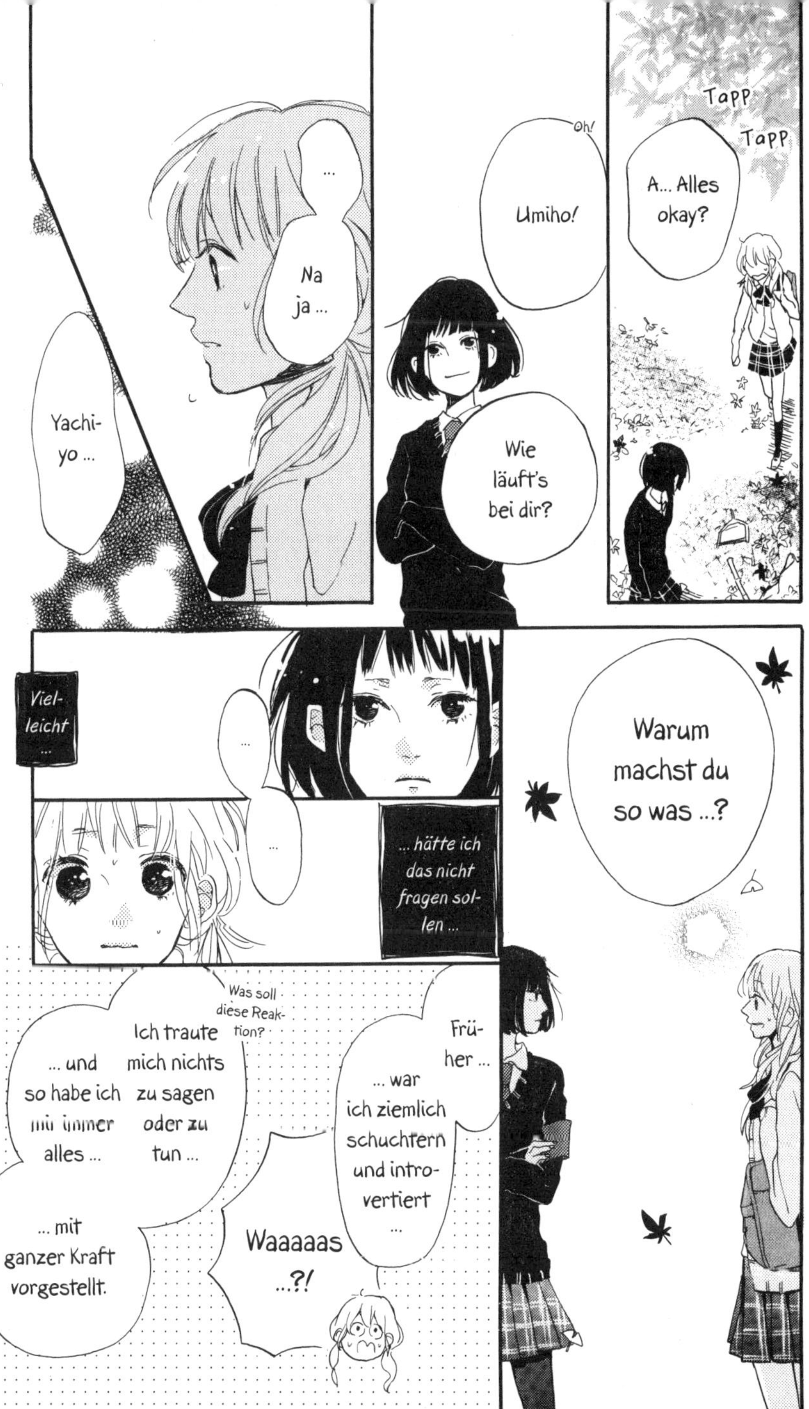
Tapp
Tapp
A... Alles okay?
Oh!
Umiho!
Wie läuft's bei dir?
...
Na ja ...
Yachi-yo ...
Warum machst du so was ...?
Viel-leicht ...
...
... hätte ich das nicht fragen sol-len ...
...
Frü-her ...
... war ich ziemlich schuchtern und intro-vertiert ...
Waaaaas ...?!
Was soll diese Reak-tion?
Ich traute mich nichts zu sagen oder zu tun ...
... und so habe ich mir immer alles ...
... mit ganzer Kraft vorgestellt.

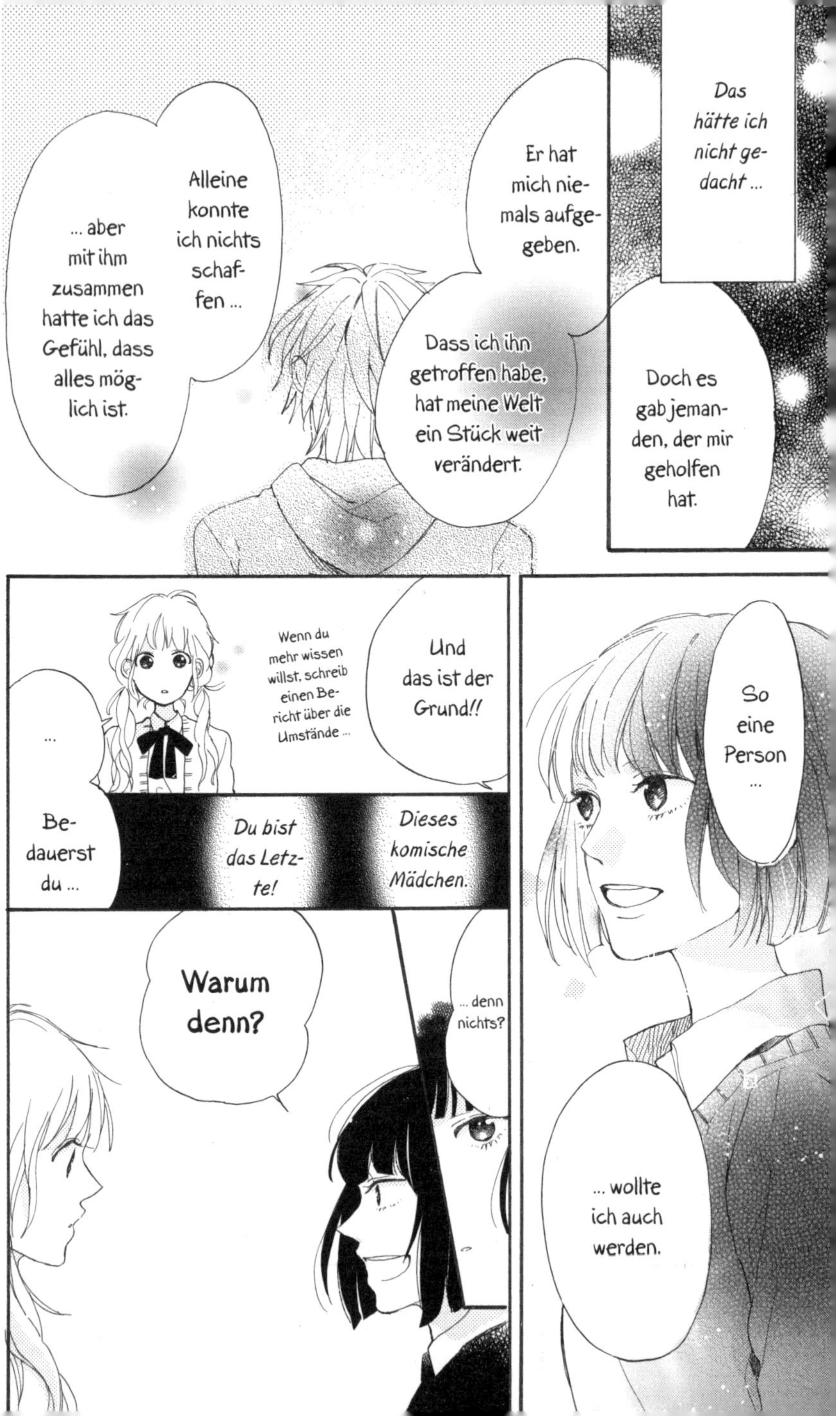

Das hätte ich nicht gedacht ...

Doch es gab jemanden, der mir geholfen hat.

Er hat mich niemals aufgegeben.

Dass ich ihn getroffen habe, hat meine Welt ein Stück weit verändert.

Alleine konnte ich nichts schaffen ...

... aber mit ihm zusammen hatte ich das Gefühl, dass alles möglich ist.

So eine Person ...

... wollte ich auch werden.

Und das ist der Grund!!

Wenn du mehr wissen willst, schreib einen Bericht über die Umstände ...

...

Dieses komische Mädchen.

Du bist das Letzte!

Bedauerst du ...

... denn nichts?

Warum denn?

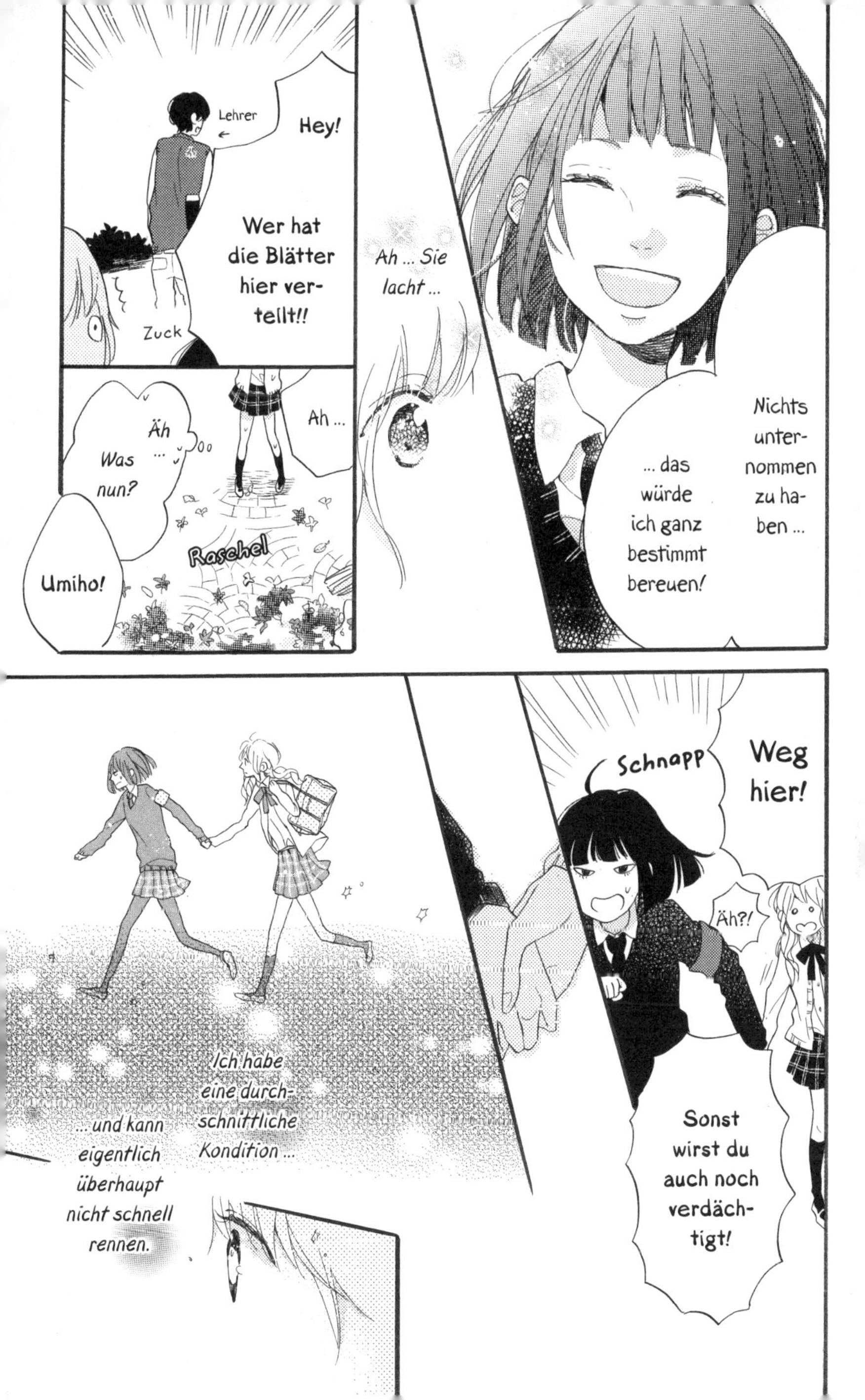

Nichts unternommen zu haben ...
... das würde ich ganz bestimmt bereuen!
Ah ... Sie lacht ...
Hey!
Lehrer
Wer hat die Blätter hier verteilt!!
Zuck
Ah ...
Äh ... Was nun?
Raschel
Umiho!
Weg hier!
Schnapp
Äh?!
Sonst wirst du auch noch verdächtigt!
Ich habe eine durchschnittliche Kondition ...
... und kann eigentlich überhaupt nicht schnell rennen.

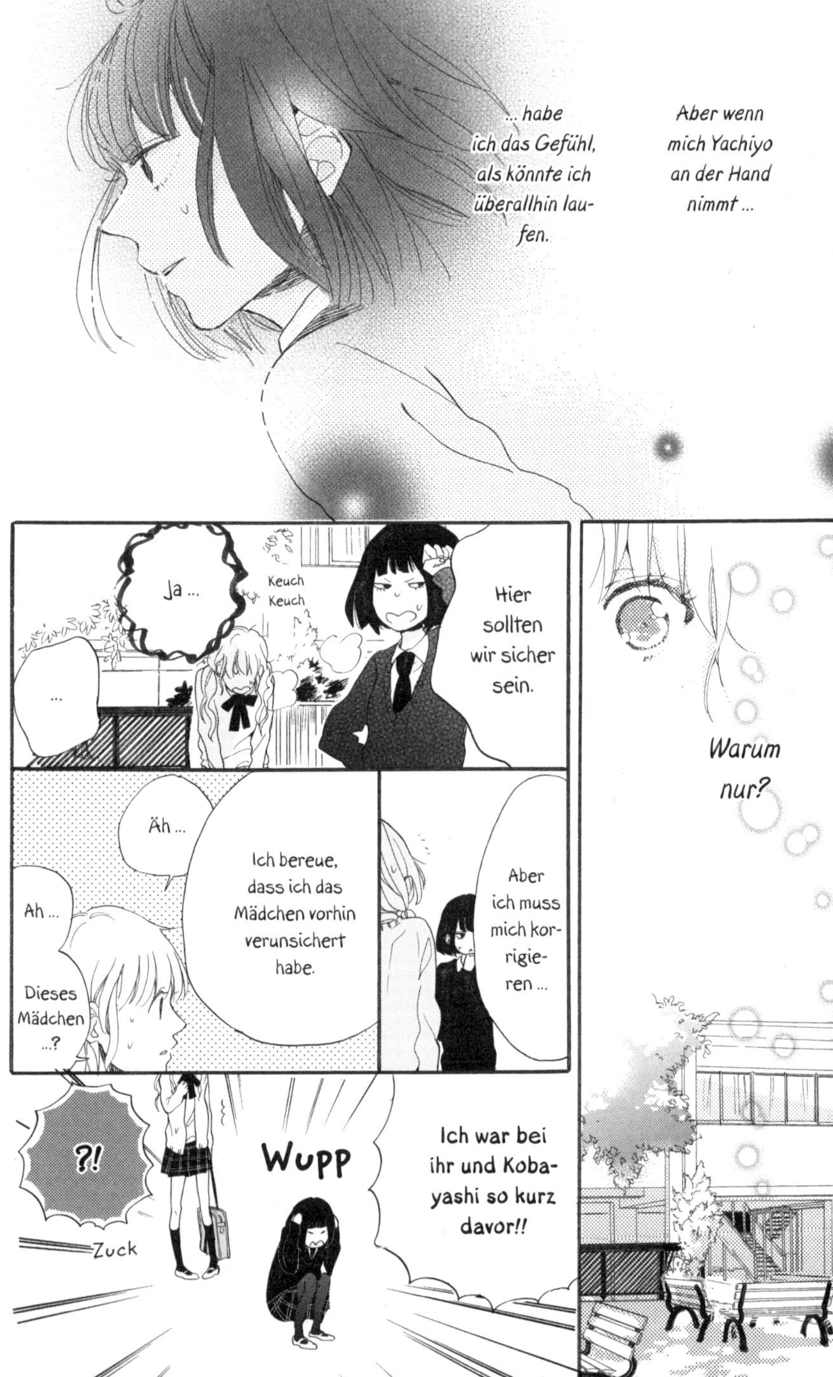
Aber wenn mich Yachiyo an der Hand nimmt ...
... habe ich das Gefühl, als könnte ich überallhin laufen.
Warum nur?
Hier sollten wir sicher sein.
Keuch Keuch
Ja ...
...
Aber ich muss mich korrigieren ...
Ich bereue, dass ich das Mädchen vorhin verunsichert habe.
Äh ...
Ah ...
Dieses Mädchen ...?
Ich war bei ihr und Kobayashi so kurz davor!!
Wupp
?!
Zuck

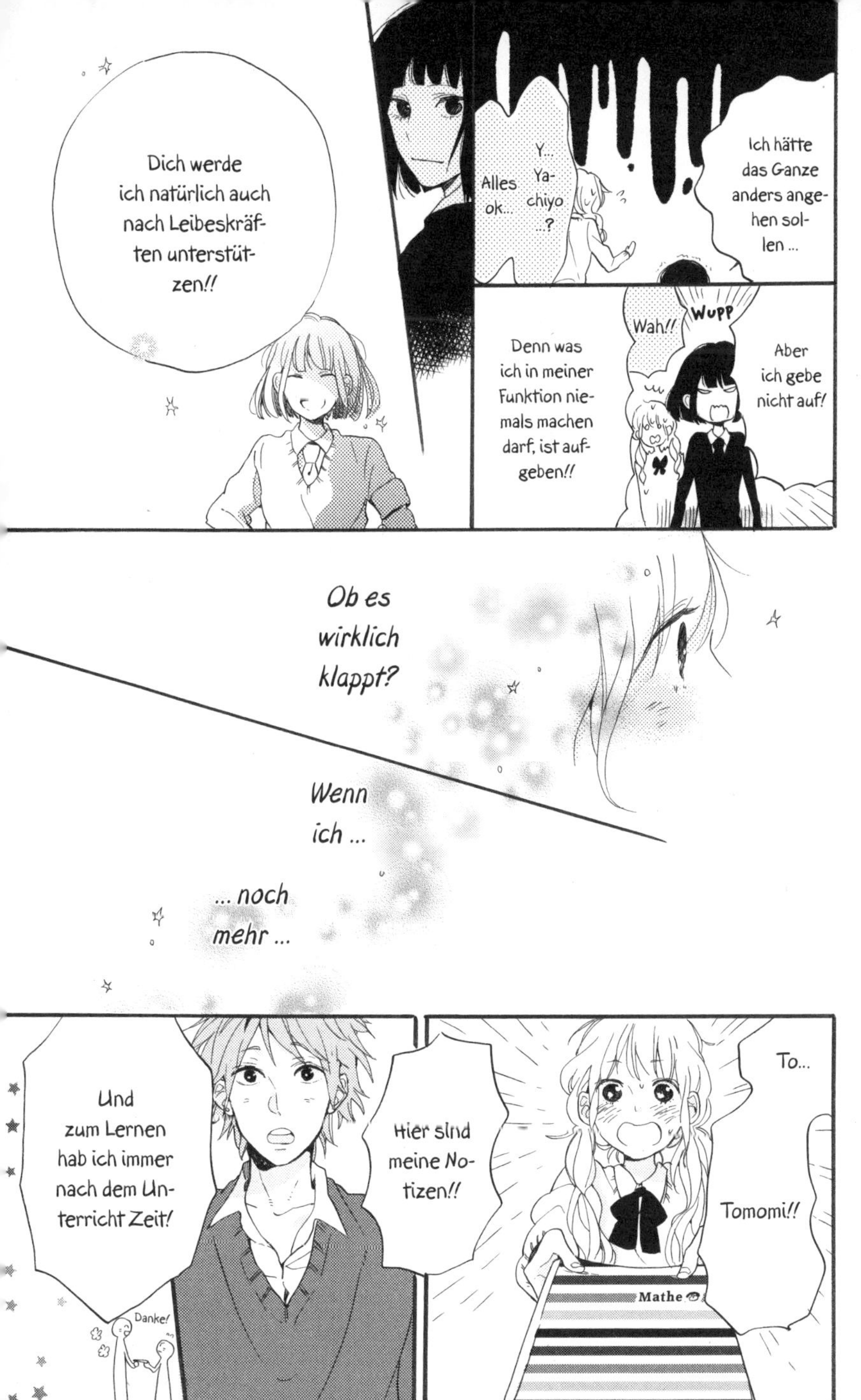
Ich hätte das Ganze anders angehen sollen ...
Y... Yachiyo ...?
Alles ok...
Aber ich gebe nicht auf!
WUPP
Wah!!
Denn was ich in meiner Funktion niemals machen darf, ist aufgeben!!
Dich werde ich natürlich auch nach Leibeskräften unterstützen!!
Ob es wirklich klappt?
Wenn ich ...
... noch mehr ...
To...
Tomomi!!
Mathe
Hier sind meine Notizen!!
Und zum Lernen hab ich immer nach dem Unterricht Zeit!
Danke!

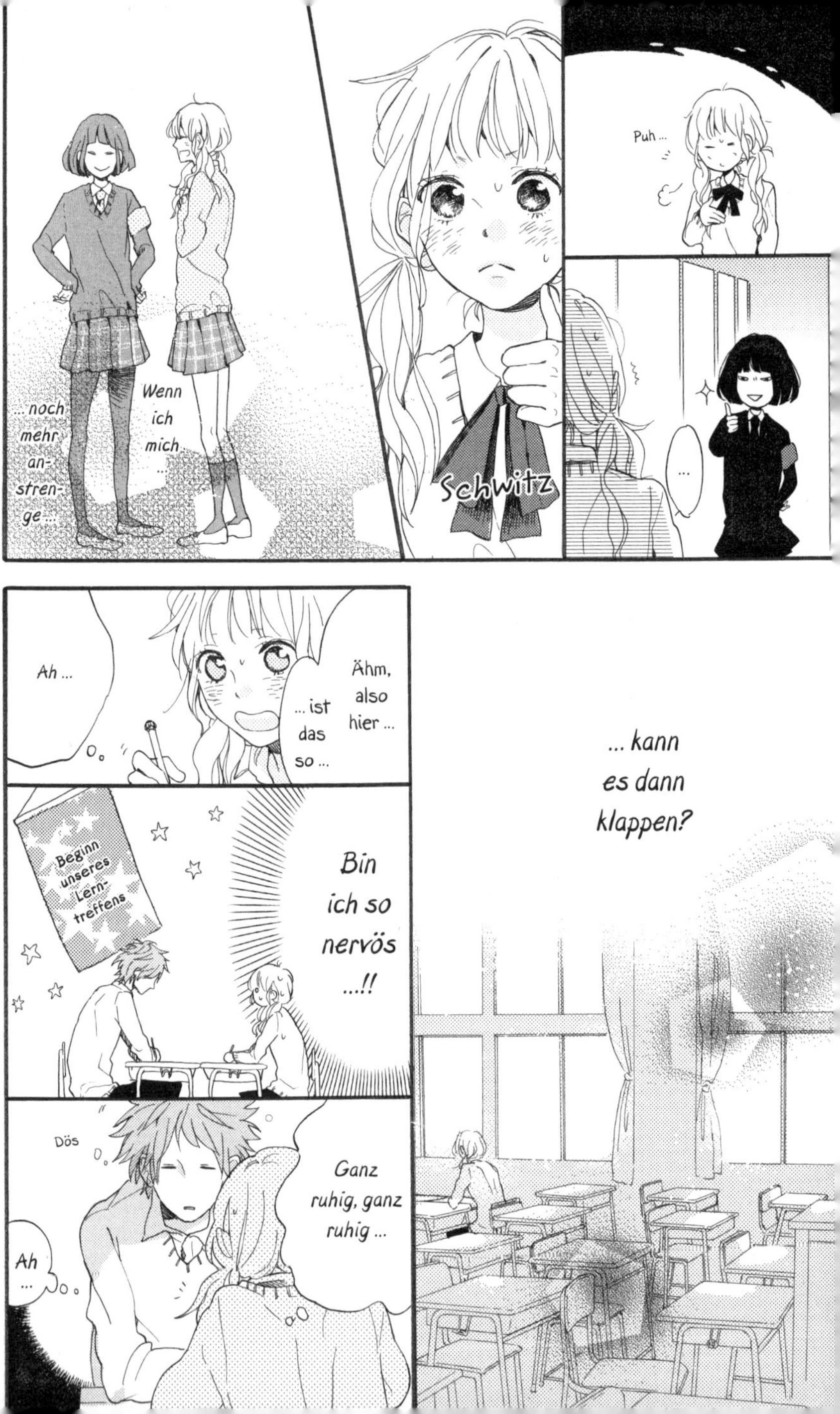

Puh ...

...

Schwitz

Wenn ich mich ...

... noch mehr an-stren-ge ...

... kann es dann klappen?

Ähm, also hier ...

... ist das so ...

Ah ...

Bin ich so nervös ...!!

Beginn unseres Lern-treffens

Ganz ruhig, ganz ruhig ...

Dös

Ah ...

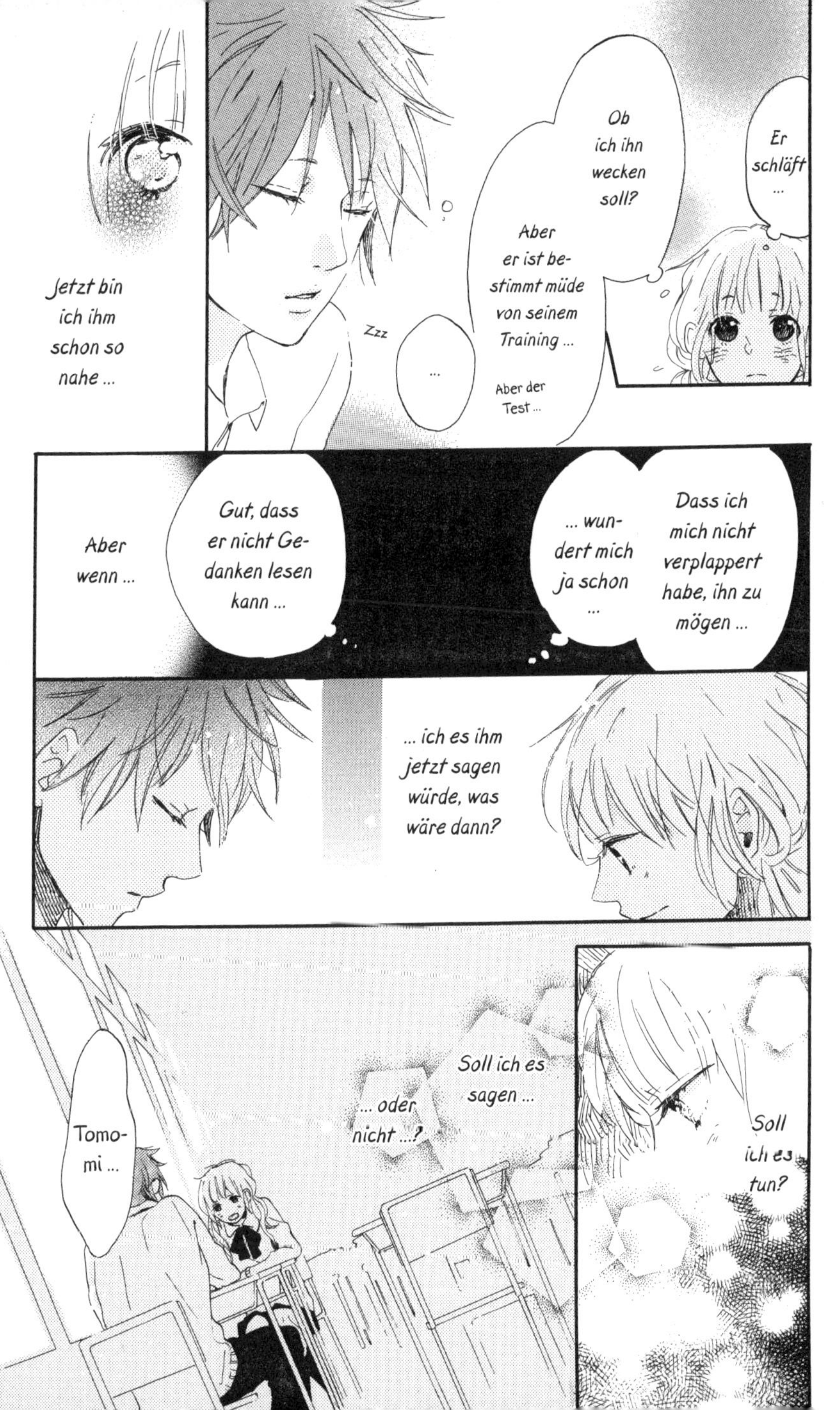
Er schläft ...
Ob ich ihn wecken soll?
Aber er ist bestimmt müde von seinem Training ...
Aber der Test ...
Zzz
...
Jetzt bin ich ihm schon so nahe ...
Dass ich mich nicht verplappert habe, ihn zu mögen ...
... wundert mich ja schon ...
Gut, dass er nicht Gedanken lesen kann ...
Aber wenn ...
... ich es ihm jetzt sagen würde, was wäre dann?
Soll ich es tun?
Soll ich es sagen ...
... oder nicht ...?
Tomomi ...

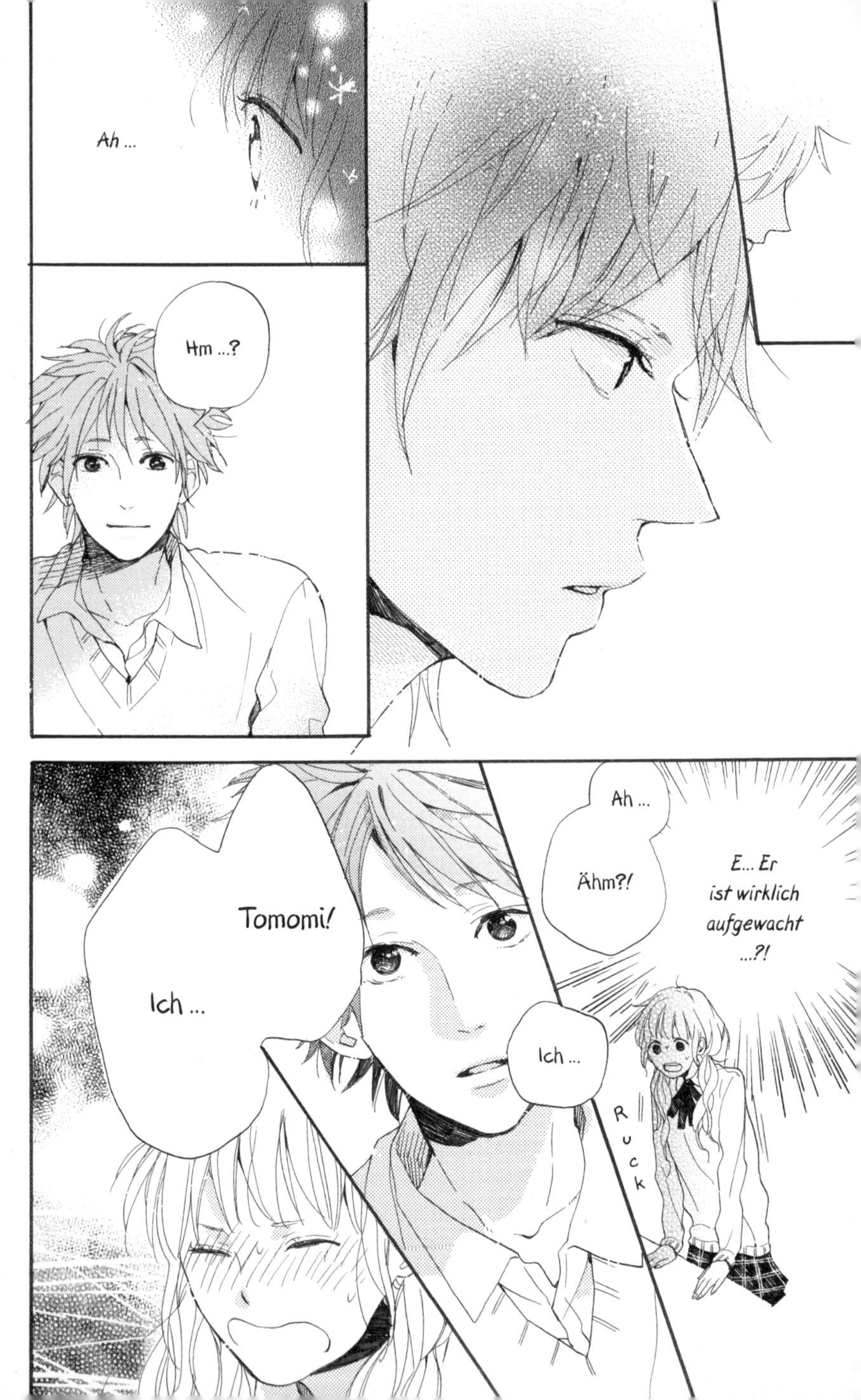
Ah ...
Hm ...?
Ah ... Ähm?!
E... Er ist wirklich aufgewacht ...?!
Ruck
Ich ...
Tomomi! Ich ...

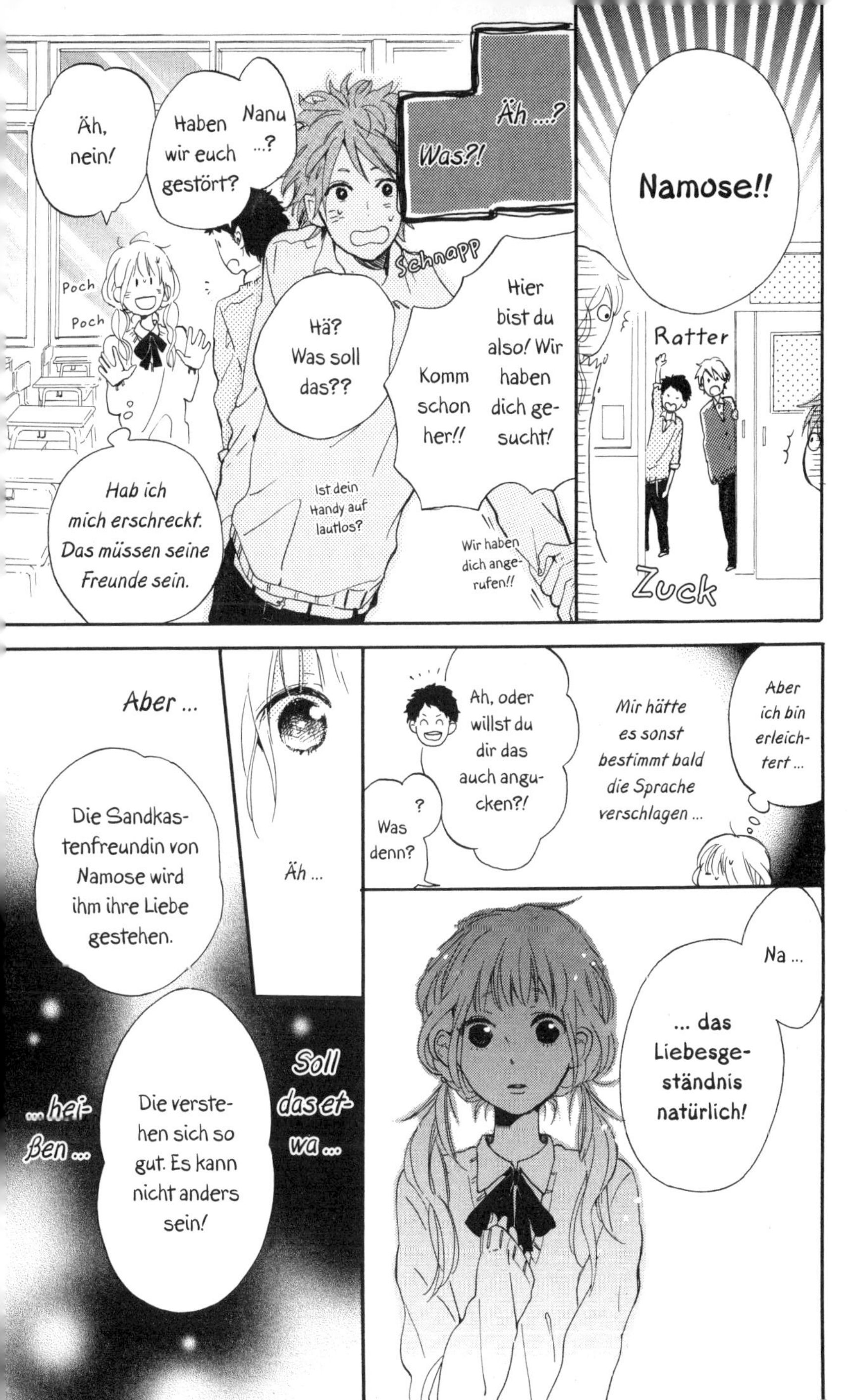

Namose!!
Ratter
Zuck
Äh ...?
Was?!
Nanu ...?
Haben wir euch gestört?
Äh, nein!
Poch
Poch
Schnapp
Hier bist du also! Wir haben dich gesucht!
Komm schon her!!
Hä? Was soll das??
Ist dein Handy auf lautlos?
Wir haben dich angerufen!!
Hab ich mich erschreckt. Das müssen seine Freunde sein.
Aber ich bin erleichtert ...
Mir hätte es sonst bestimmt bald die Sprache verschlagen ...
Ah, oder willst du dir das auch angucken?!
? Was denn?
Äh ...
Aber ...
Die Sandkastenfreundin von Namose wird ihm ihre Liebe gestehen.
Na ...
... das Liebesgeständnis natürlich!
Soll das etwa ...
Die verstehen sich so gut. Es kann nicht anders sein!
... heißen ...

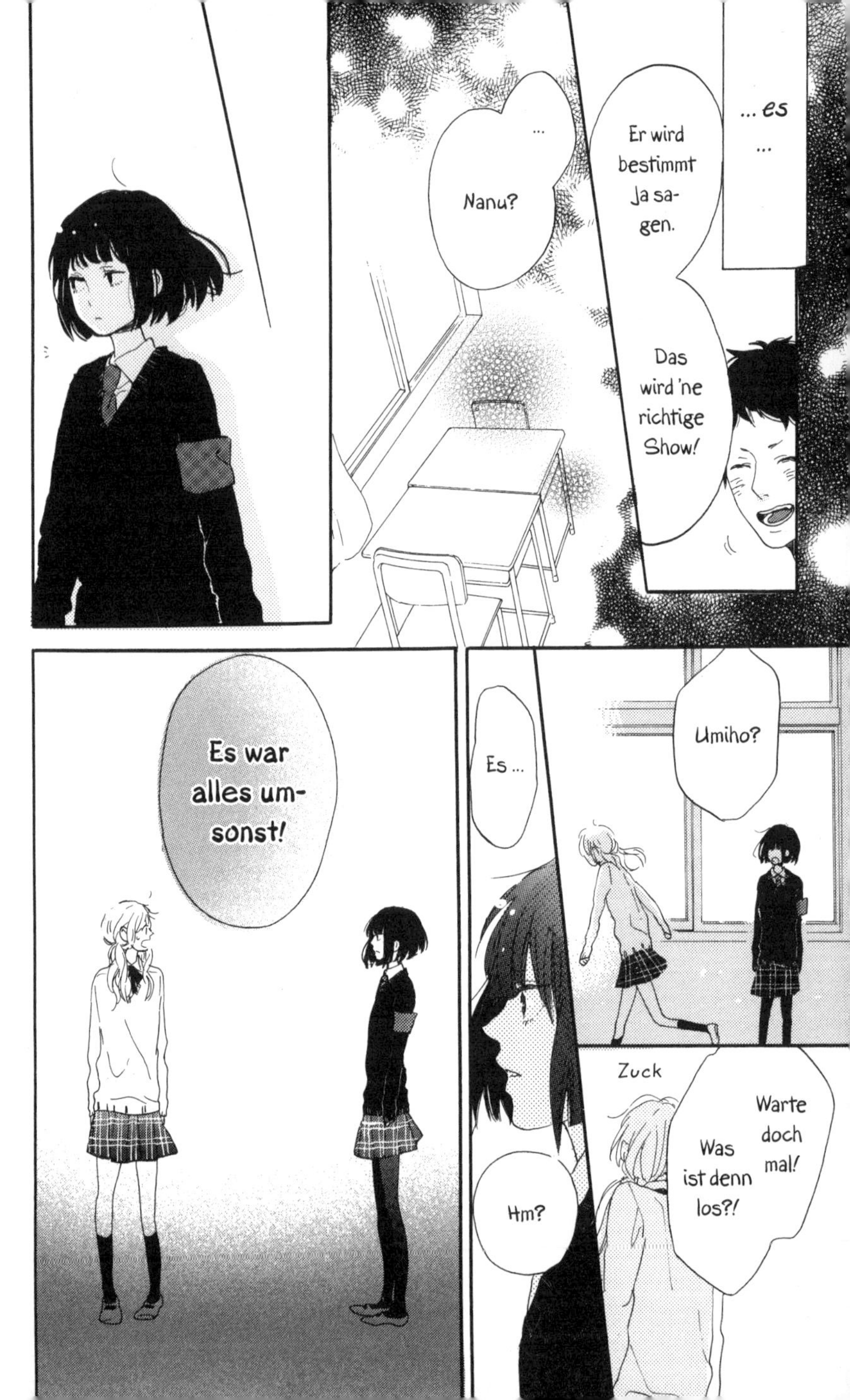
... es ...
Er wird bestimmt ja sagen.
Das wird 'ne richtige Show!
... Nanu?
Umiho?
Es ...
Zuck
Warte doch mal!
Was ist denn los?!
Hm?
Es war alles umsonst!

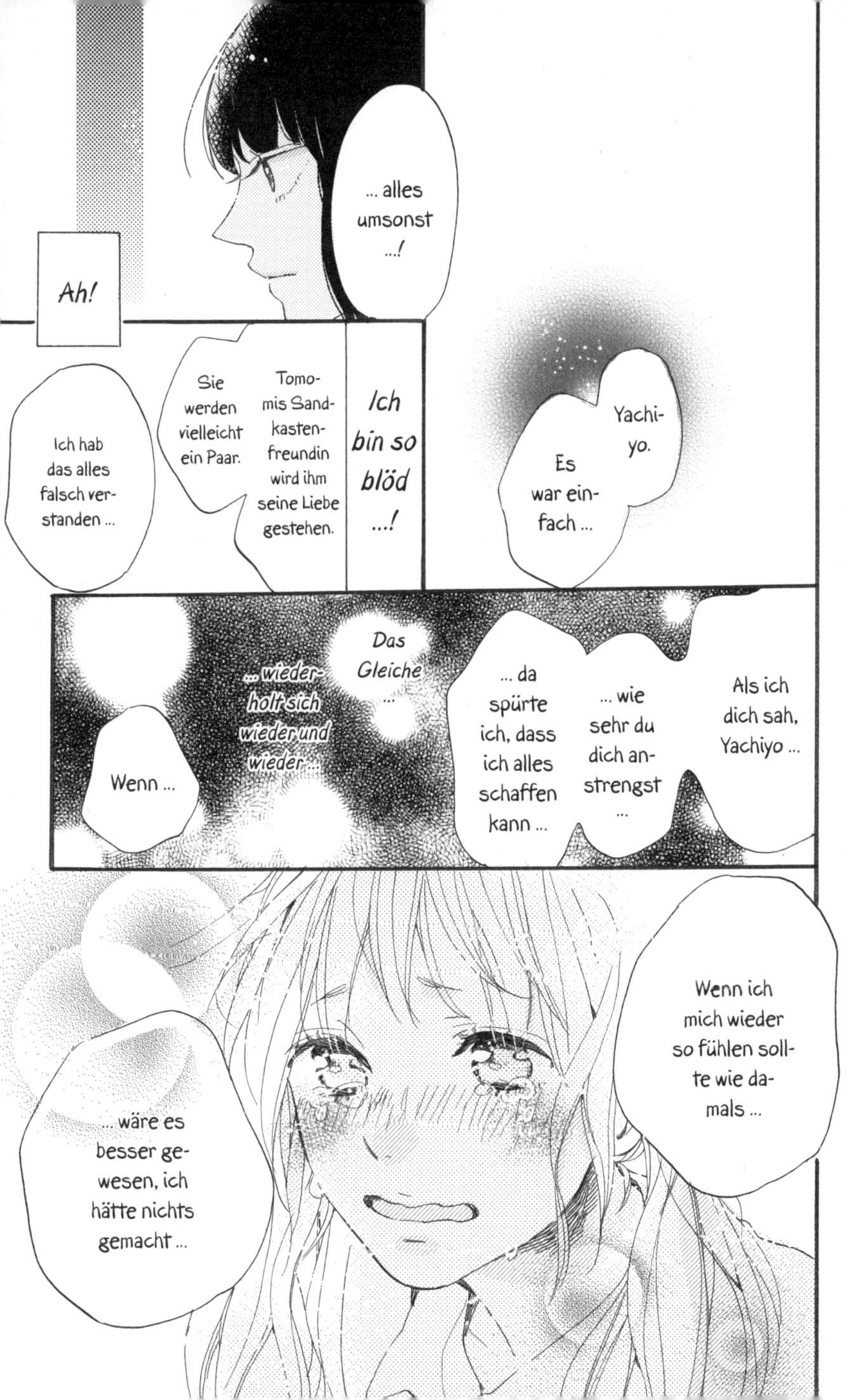
... alles umsonst ...!
Ah!
Yachi-yo.
Es war ein-fach ...
Ich bin so blöd ...!
Tomo-mis Sand-kasten-freundin wird ihm seine Liebe gestehen.
Sie werden vielleicht ein Paar.
Ich hab das alles falsch ver-standen ...
Als ich dich sah, Yachiyo ...
... wie sehr du dich an-strengst ...
... da spürte ich, dass ich alles schaffen kann ...
Das Gleiche ...
... wieder-holt sich wieder und wieder ...
Wenn ...
Wenn ich mich wieder so fühlen soll-te wie da-mals ...
... wäre es besser ge-wesen, ich hätte nichts gemacht ...

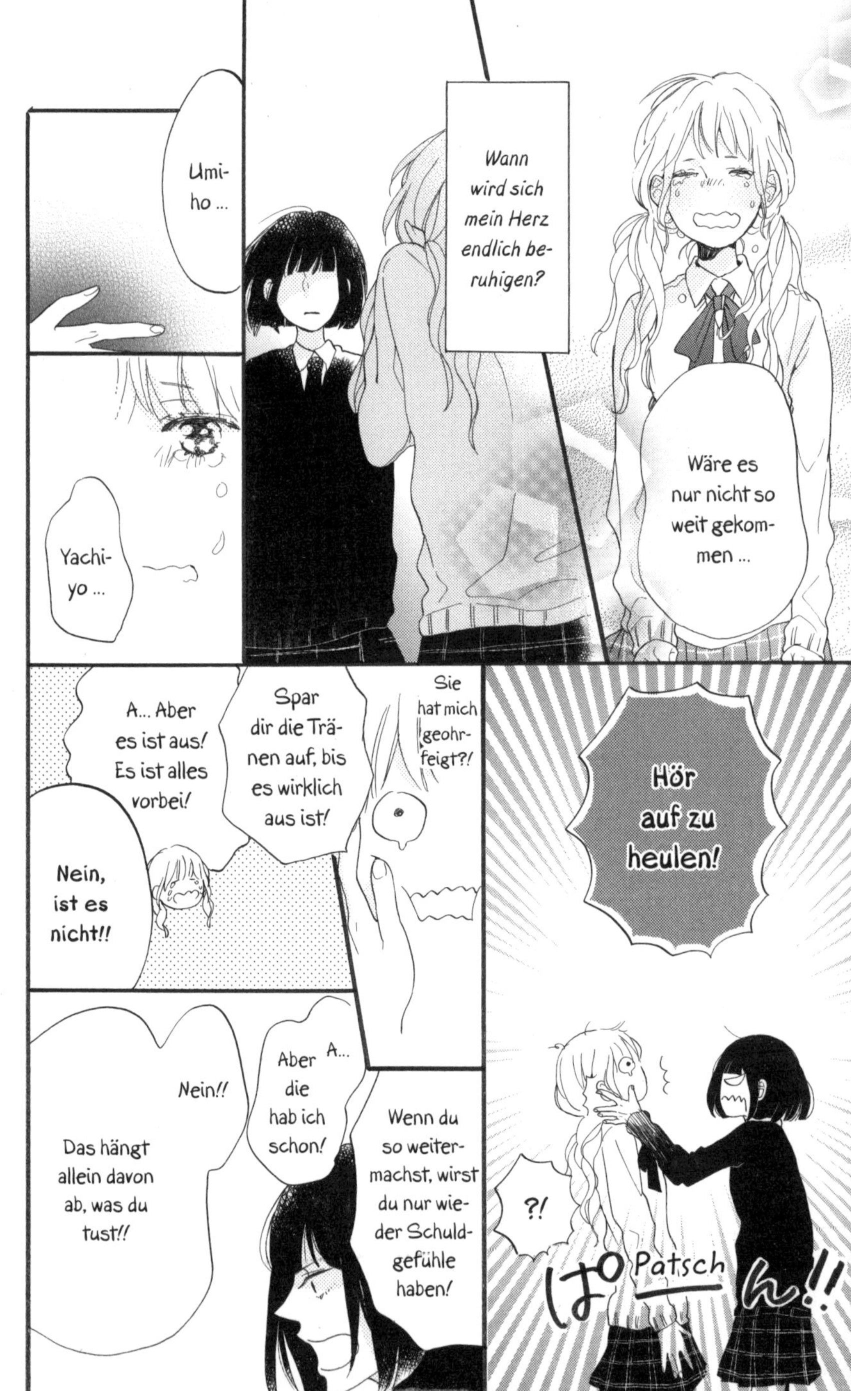
Wäre es nur nicht so weit gekommen ...
Wann wird sich mein Herz endlich beruhigen?
Umiho ...
Yachiyo ...
Hör auf zu heulen!
?!
Patsch
Sie hat mich geohrfeigt?!
Spar dir die Tränen auf, bis es wirklich aus ist!
A... Aber es ist aus! Es ist alles vorbei!
Nein, ist es nicht!!
Wenn du so weitermachst, wirst du nur wieder Schuldgefühle haben!
A... Aber die hab ich schon!
Nein!!
Das hängt allein davon ab, was du tust!!

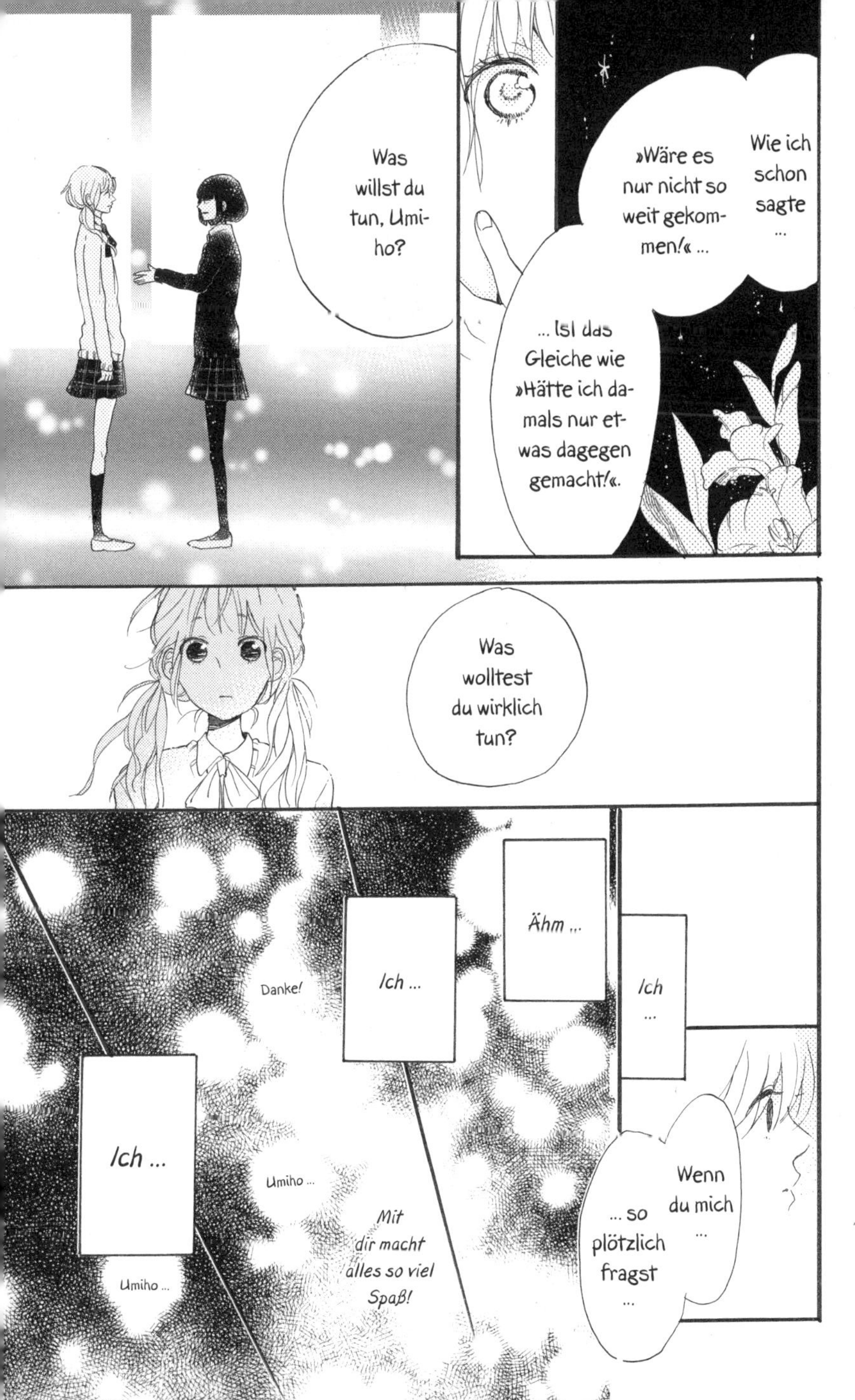
Wie ich schon sagte …
»Wäre es nur nicht so weit gekommen!« …
… Ist das Gleiche wie »Hätte ich damals nur etwas dagegen gemacht!«.
Was willst du tun, Umiho?
Was wolltest du wirklich tun?
Ich …
Wenn du mich …
… so plötzlich fragst …
Ähm …
Ich …
Danke!
Mit dir macht alles so viel Spaß!
Umiho …
Ich …
Umiho …

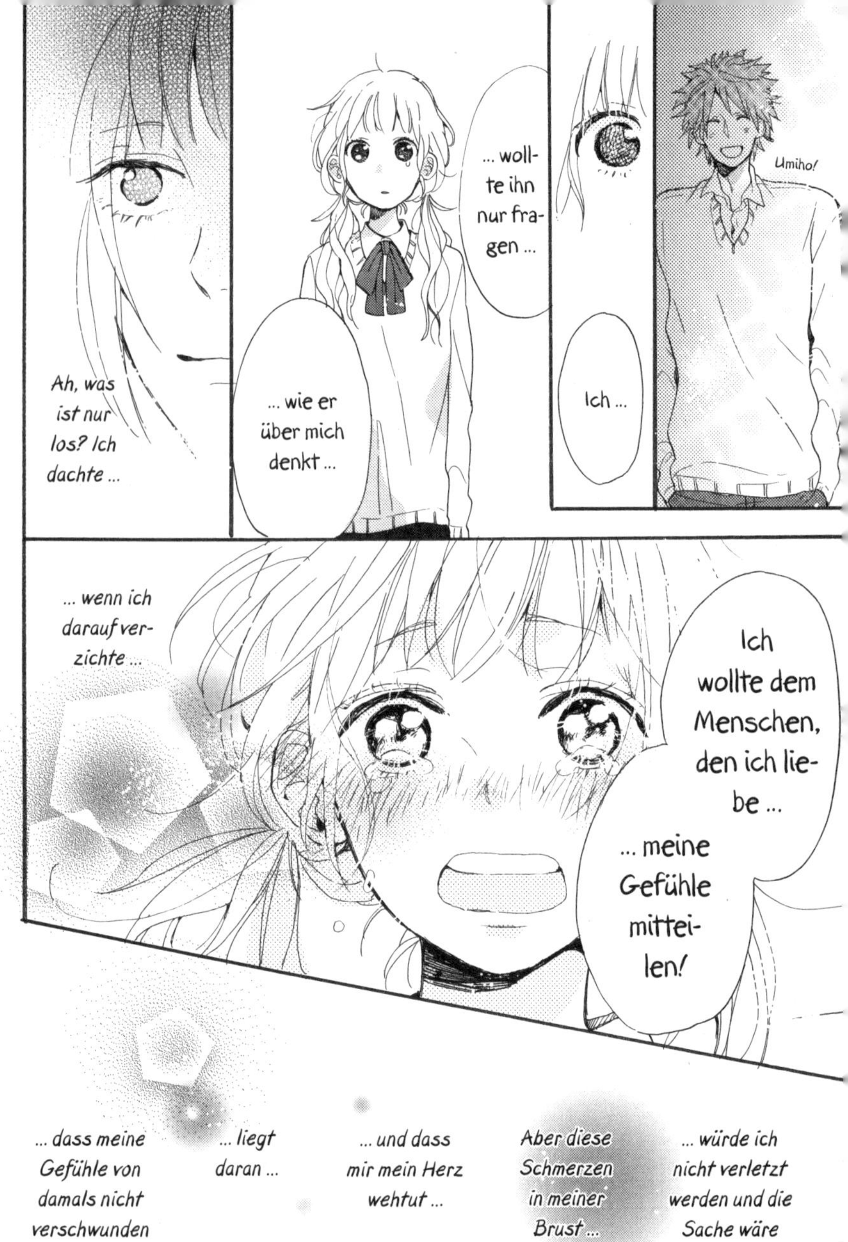
Umiho!
Ich ...
... wollte ihn nur fragen ...
... wie er über mich denkt ...
Ah, was ist nur los? Ich dachte ...
Ich wollte dem Menschen, den ich liebe ...
... meine Gefühle mitteilen!
... wenn ich darauf verzichte ...
... würde ich nicht verletzt werden und die Sache wäre erledigt.
Aber diese Schmerzen in meiner Brust ...
... und dass mir mein Herz wehtut ...
... liegt daran ...
... dass meine Gefühle von damals nicht verschwunden sind.

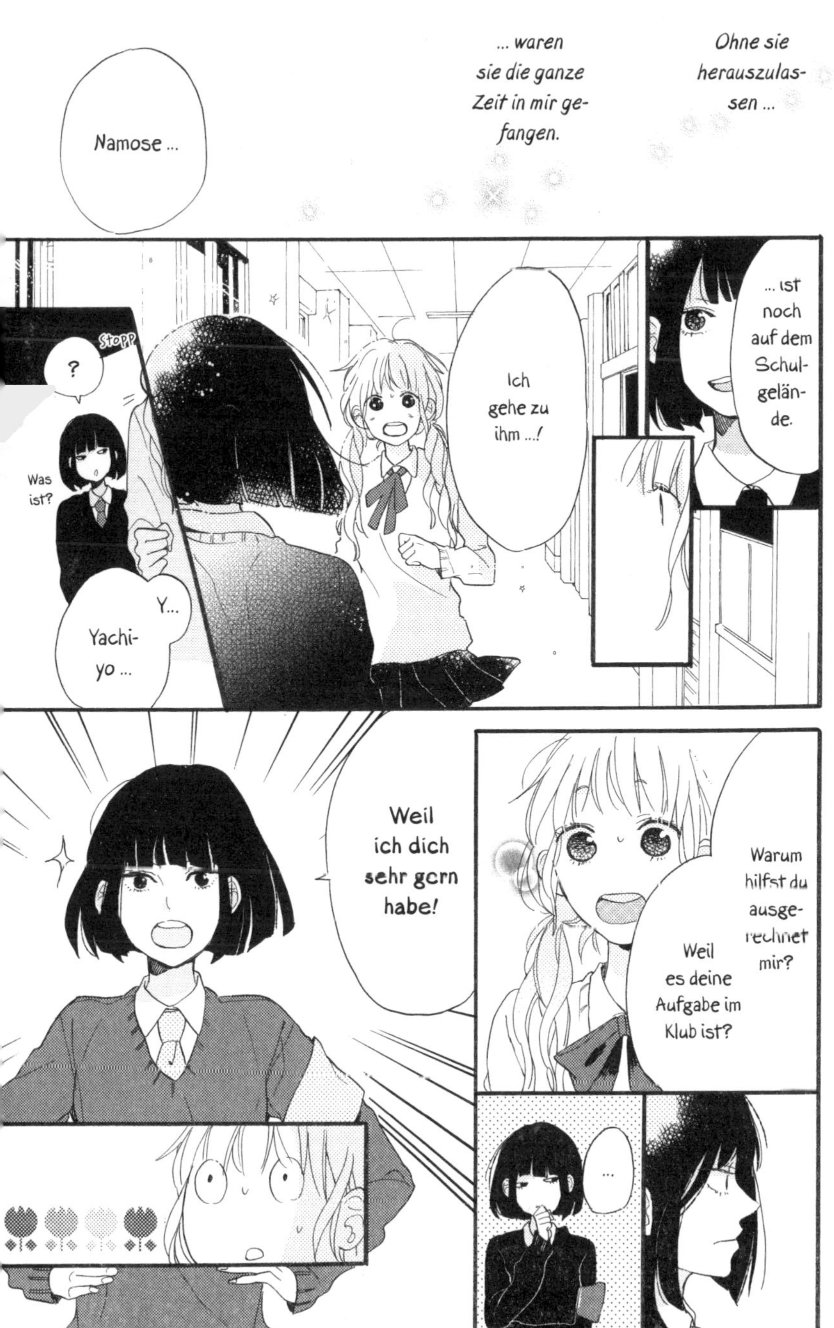
Ohne sie herauszulassen ...
... waren sie die ganze Zeit in mir gefangen.
Namose ...
... ist noch auf dem Schulgelände.
Ich gehe zu ihm ...!
Stopp
?
Was ist?
Y... Yachiyo ...
Warum hilfst du ausgerechnet mir?
Weil es deine Aufgabe im Klub ist?
Weil ich dich sehr gern habe!
...

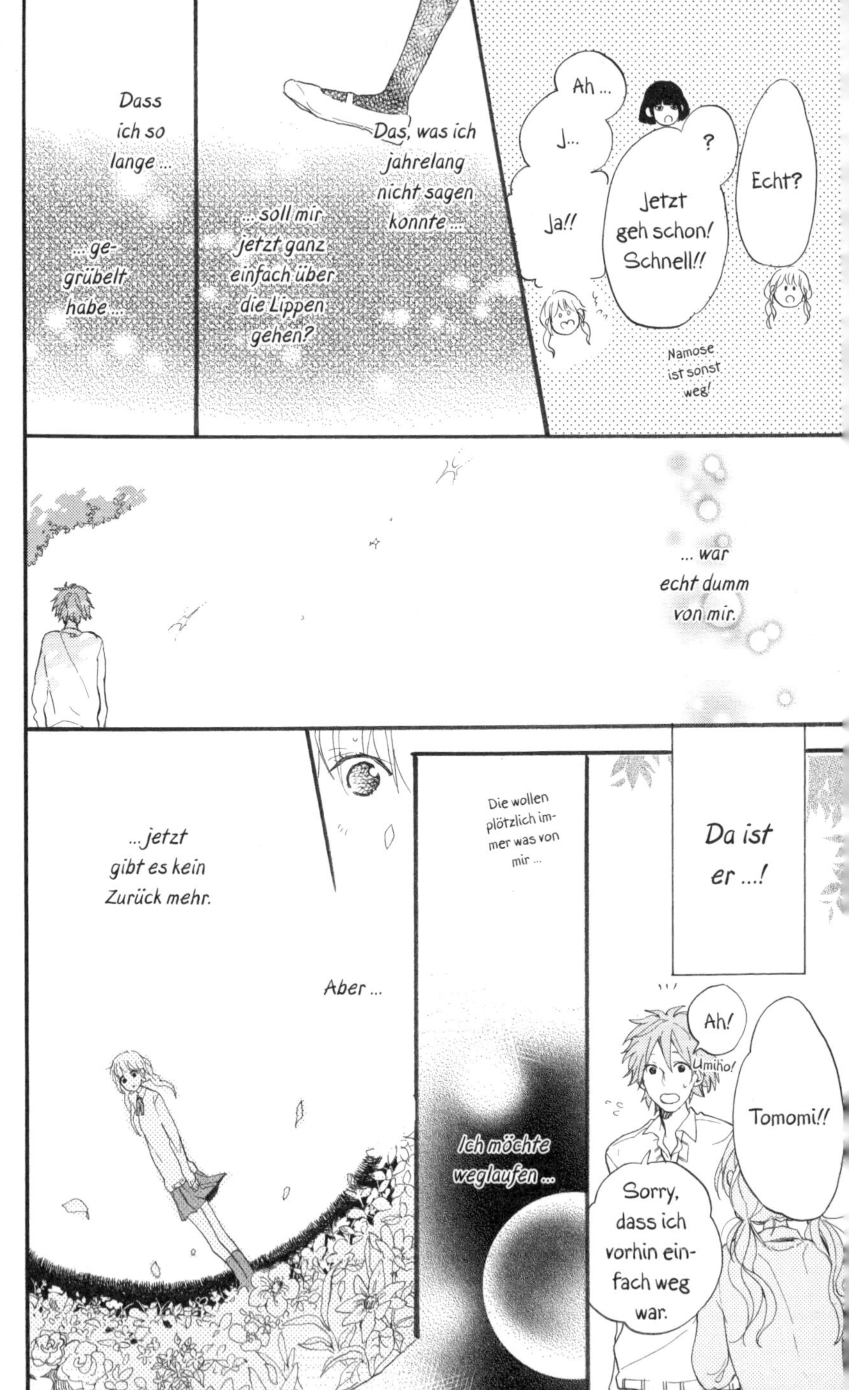
Echt?
?
Jetzt geh schon! Schnell!!
Ah ... J... Ja!!
Namose ist sonst weg!
Das, was ich jahrelang nicht sagen konnte ...
... soll mir jetzt ganz einfach über die Lippen gehen?
Dass ich so lange ...
... ge-grübelt habe ...
... war echt dumm von mir.
Da ist er ...!
Tomomi!!
Ah!
Umiho!
Sorry, dass ich vorhin ein-fach weg war.
Die wollen plötzlich im-mer was von mir ...
Ich möchte weglaufen ...
Aber ...
... jetzt gibt es kein Zurück mehr.

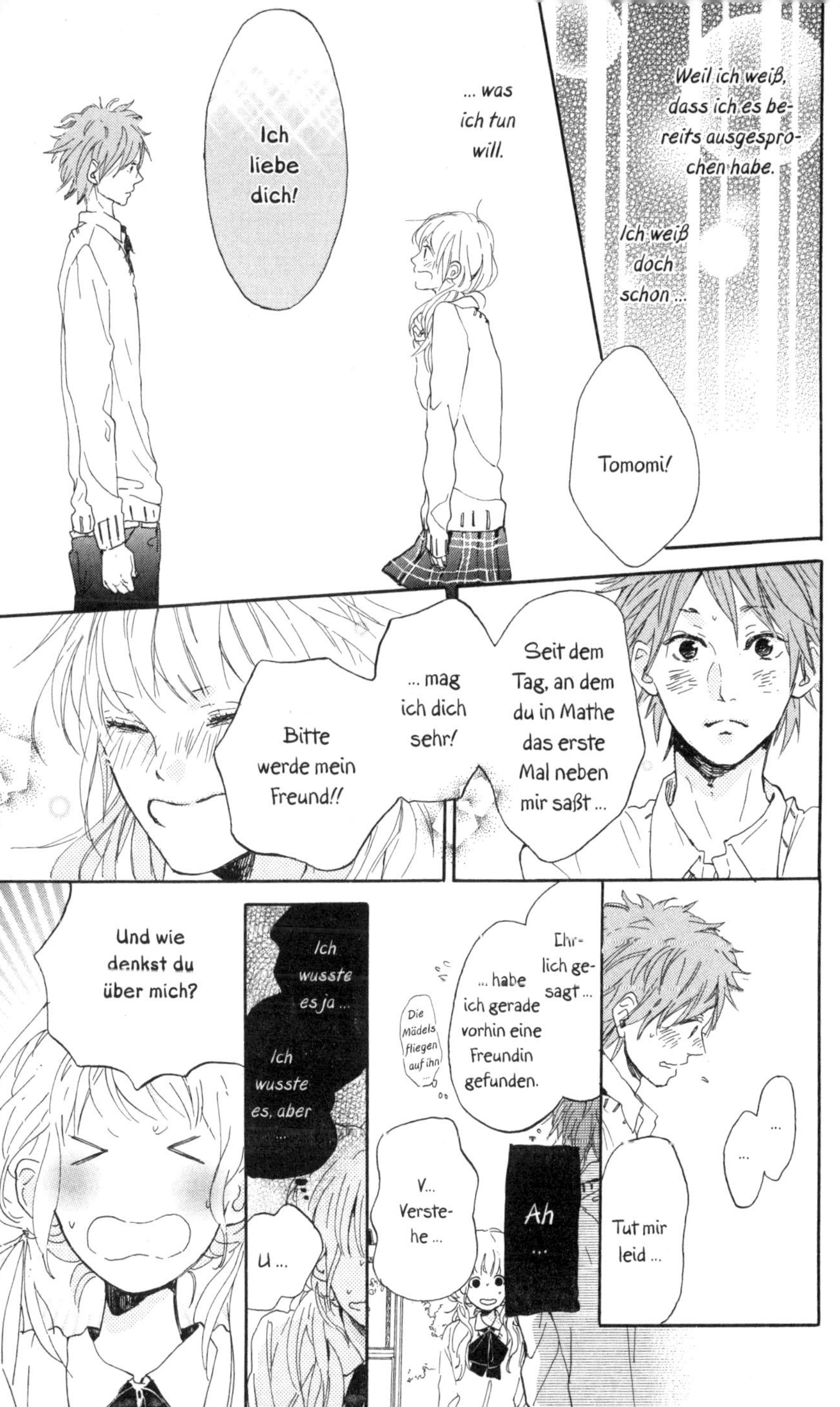

Weil ich weiß, dass ich es bereits ausgesprochen habe.
Ich weiß doch schon ...
Tomomi!
... was ich tun will.
Ich liebe dich!
Seit dem Tag, an dem du in Mathe das erste Mal neben mir saßt ...
... mag ich dich sehr!
Bitte werde mein Freund!!
...
...
Tut mir leid ...
Ehrlich gesagt ...
... habe ich gerade vorhin eine Freundin gefunden.
Die Mädels fliegen auf ihn ...
Ah ...
V... Verstehe ...
U ...
Ich wusste es ja ...
Ich wusste es, aber ...
Und wie denkst du über mich?

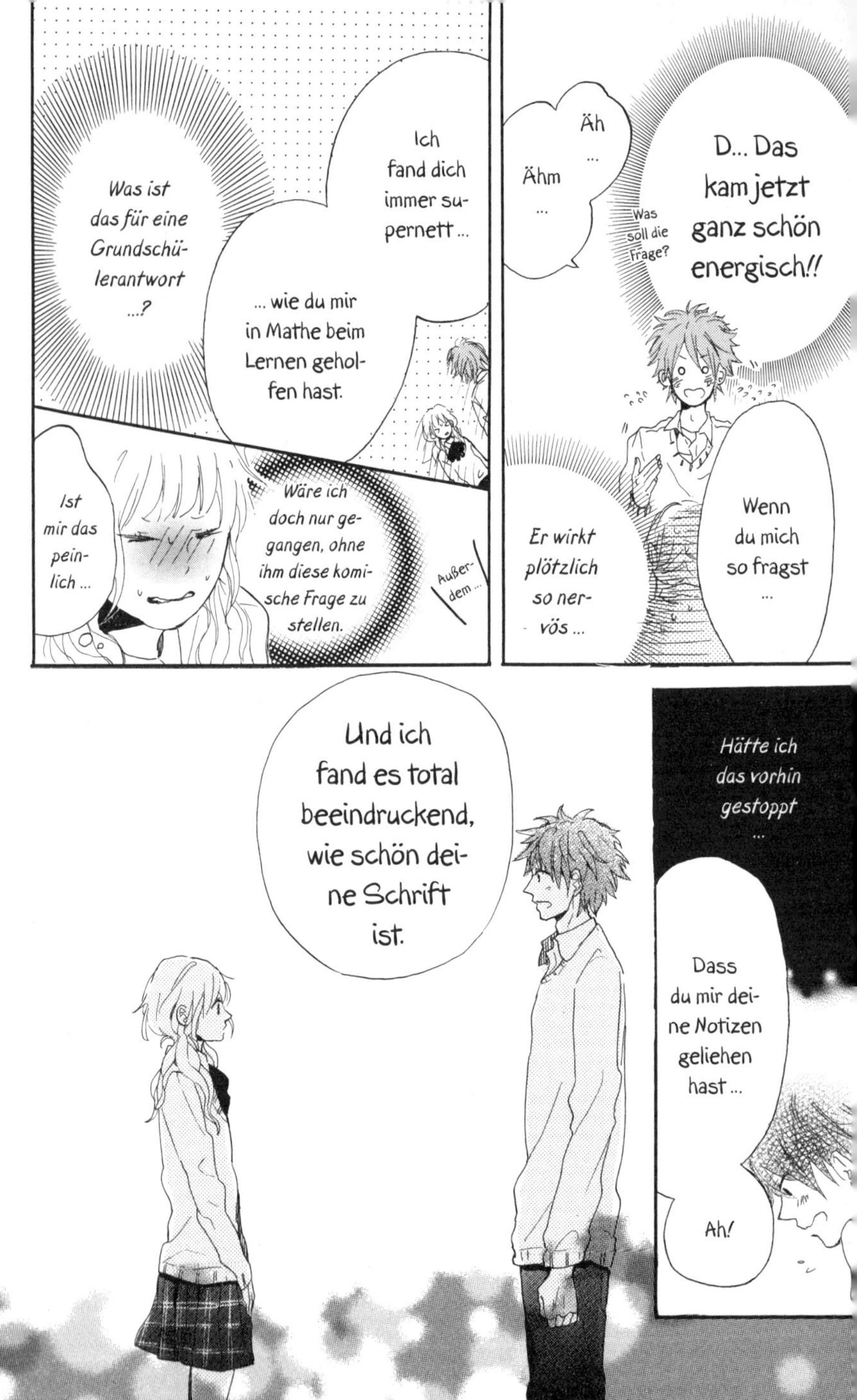
D... Das kam jetzt ganz schön energisch!!
Was soll die Frage?
Äh ... Ähm ...
Wenn du mich so fragst ...
Er wirkt plötzlich so nervös ...
Ich fand dich immer supernett ...
... wie du mir in Mathe beim Lernen geholfen hast.
Was ist das für eine Grundschülerantwort ...?
Außerdem ...
Wäre ich doch nur gegangen, ohne ihm diese komische Frage zu stellen.
Ist mir das peinlich ...
Hätte ich das vorhin gestoppt ...
Dass du mir deine Notizen geliehen hast ...
Ah!
Und ich fand es total beeindruckend, wie schön deine Schrift ist.

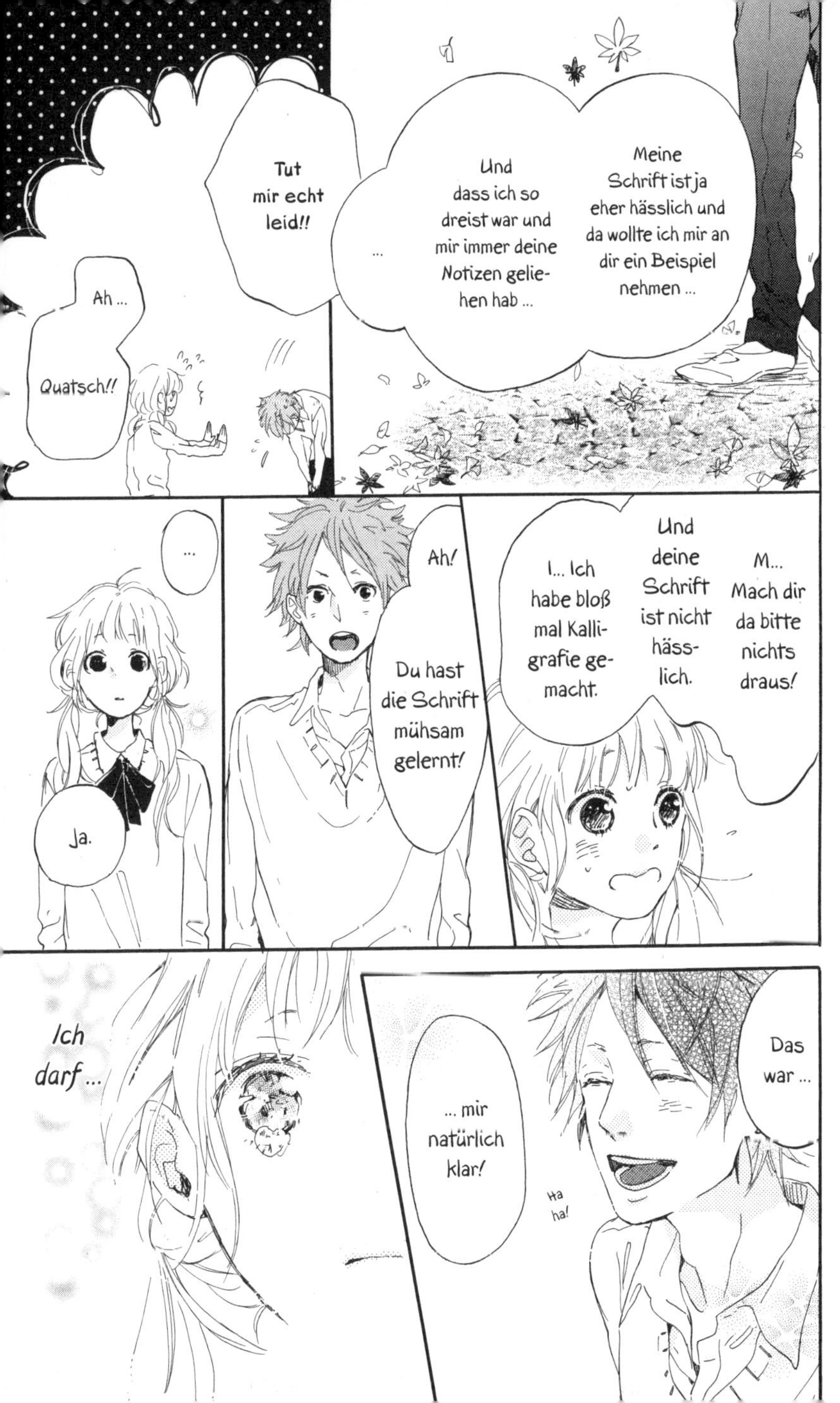
Meine Schrift ist ja eher hässlich und da wollte ich mir an dir ein Beispiel nehmen ...
Und dass ich so dreist war und mir immer deine Notizen geliehen hab ...
...
Tut mir echt leid!!
Ah ...
Quatsch!!
M... Mach dir da bitte nichts draus!
Und deine Schrift ist nicht hässlich.
I... Ich habe bloß mal Kalligrafie gemacht.
Ah!
Du hast die Schrift mühsam gelernt!
...
Ja.
Das war ...
Ha ha!
... mir natürlich klar!
Ich darf ...

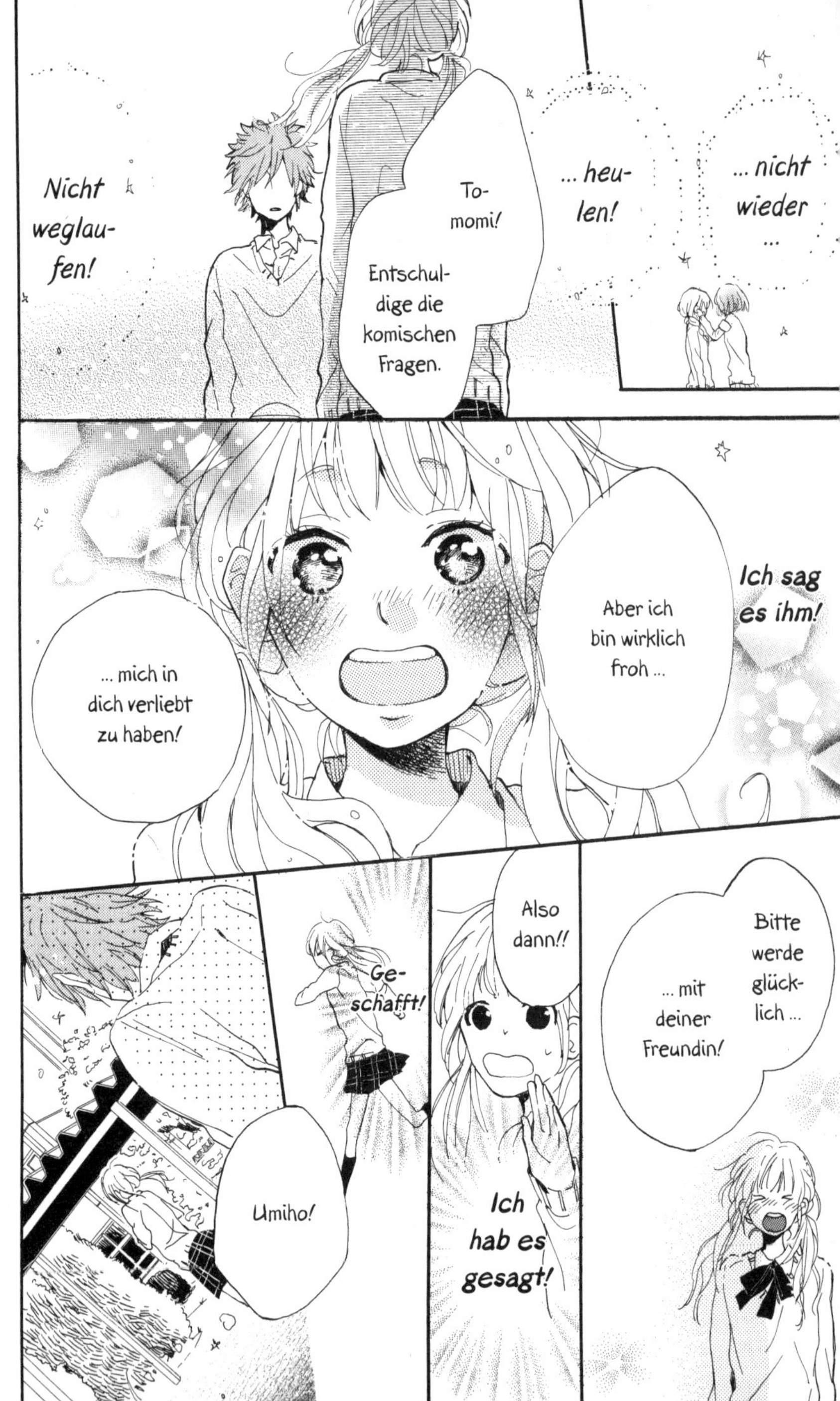
... nicht wieder ...
... heulen!
To-momi!
Entschuldige die komischen Fragen.
Nicht weglaufen!
Ich sag es ihm!
Aber ich bin wirklich froh ...
... mich in dich verliebt zu haben!
Bitte werde glücklich ...
... mit deiner Freundin!
Also dann!!
Ich hab es gesagt!
Geschafft!
Umiho!

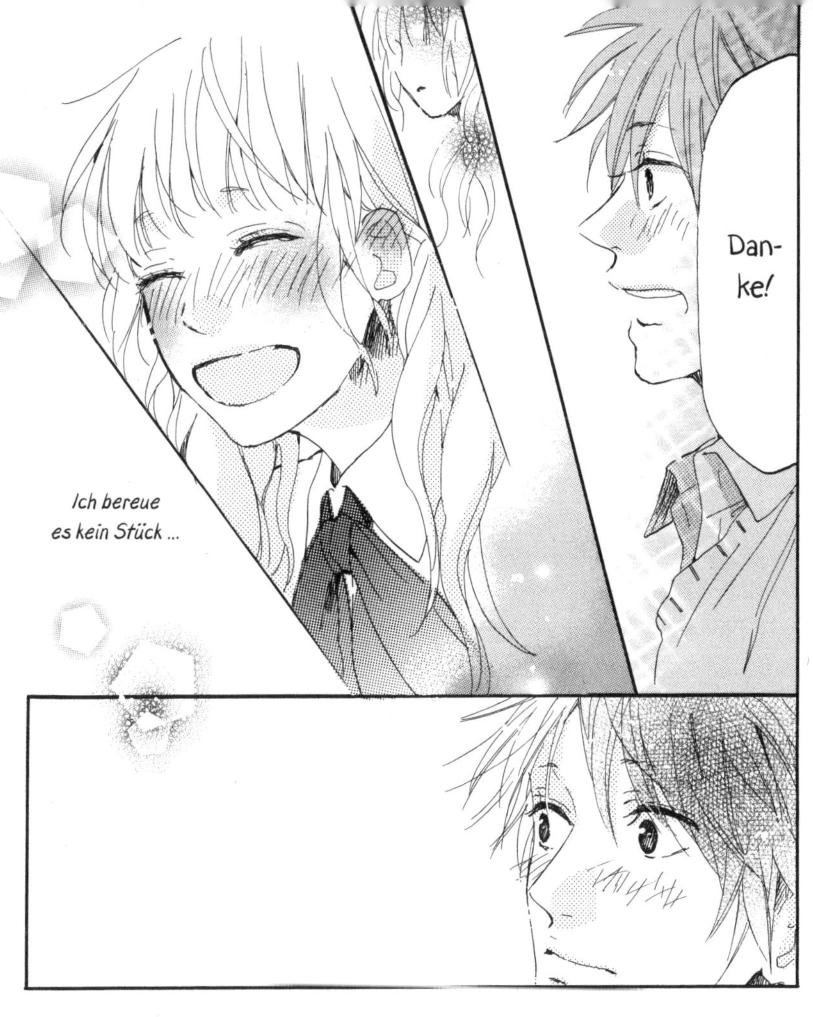

... mich in so einen
tollen Menschen
verliebt zu haben.

Es gibt absolut nichts zu bereuen.

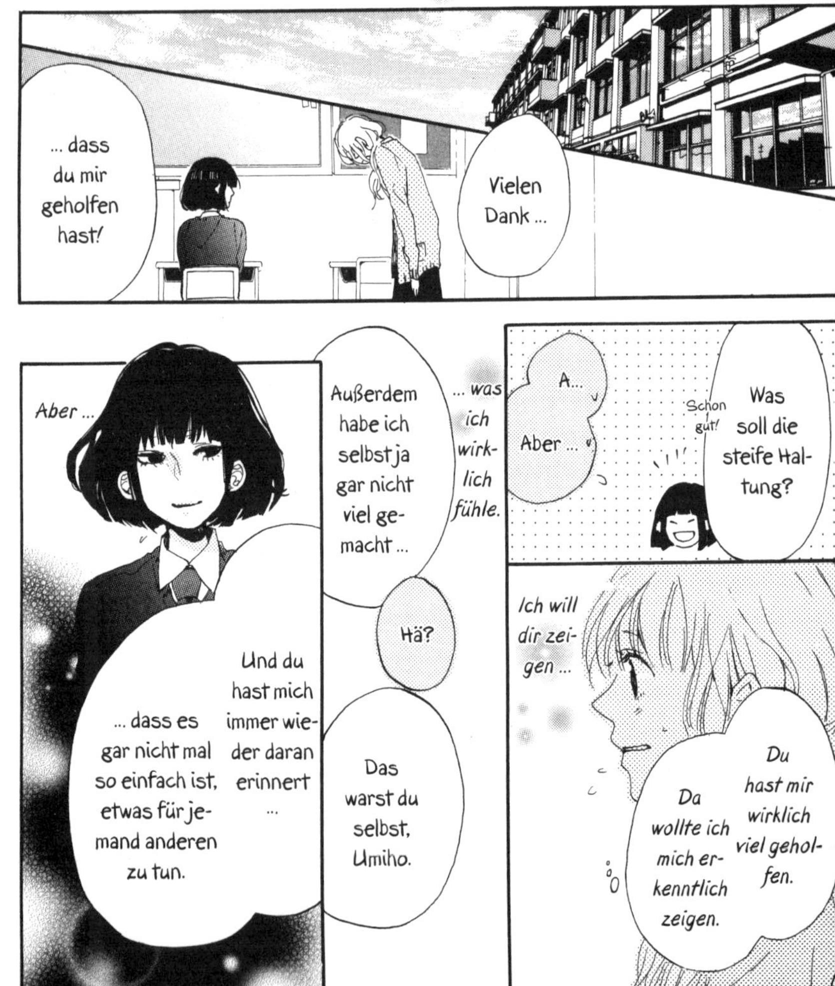

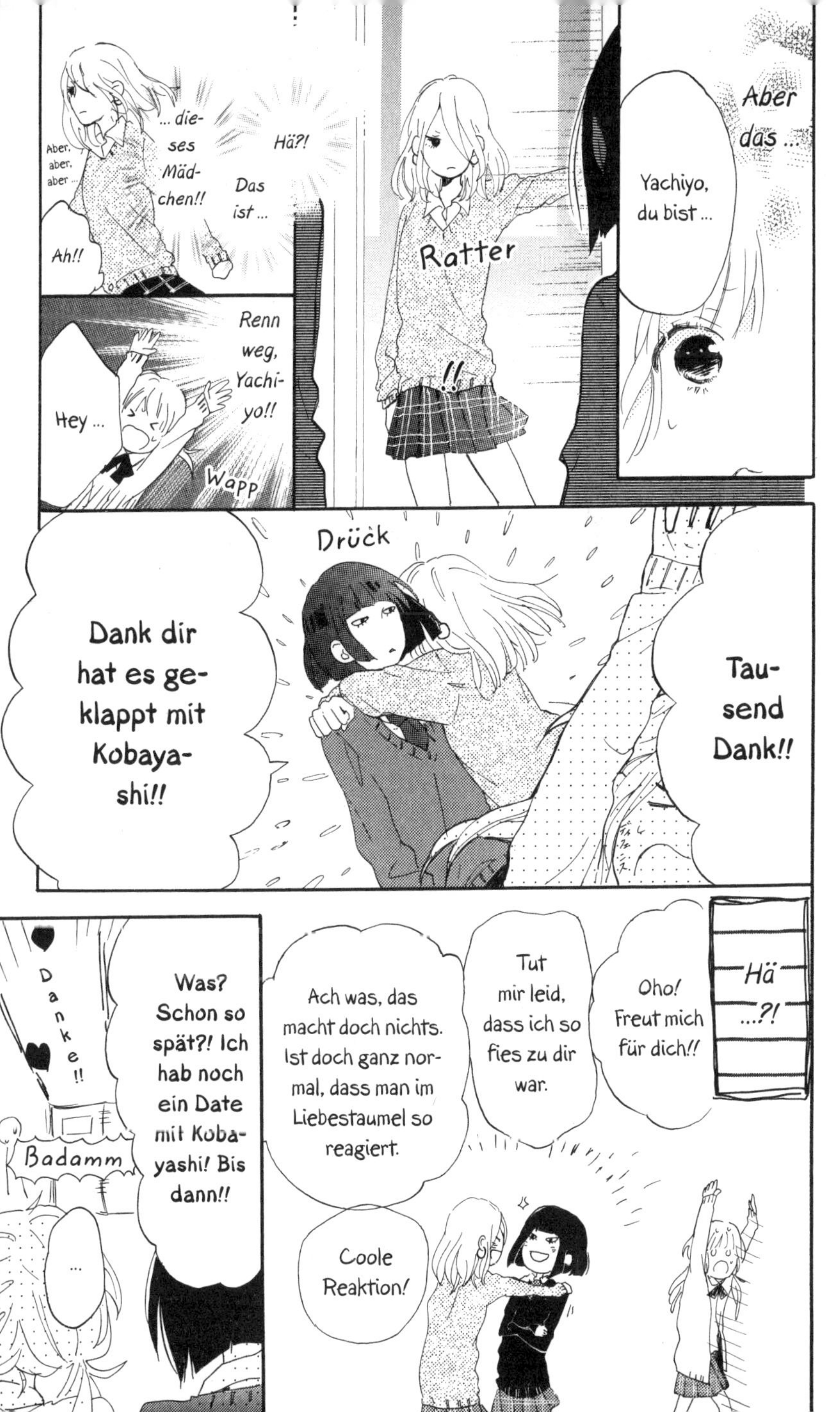

Aber das ...
Yachiyo, du bist ...
Ratter
!!
Hä?!
Das ist ...
... dieses Mädchen!!
Aber, aber, aber ...
Ah!!
Renn weg, Yachiyo!!
Hey ...
Wapp
Tausend Dank!!
Drück
Dank dir hat es geklappt mit Kobayashi!!
Hä ...?!
Oho! Freut mich für dich!!
Tut mir leid, dass ich so fies zu dir war.
Ach was, das macht doch nichts. Ist doch ganz normal, dass man im Liebestaumel so reagiert.
Coole Reaktion!
Was? Schon so spät?! Ich hab noch ein Date mit Kobayashi! Bis dann!!
Danke!!
Badamm
...

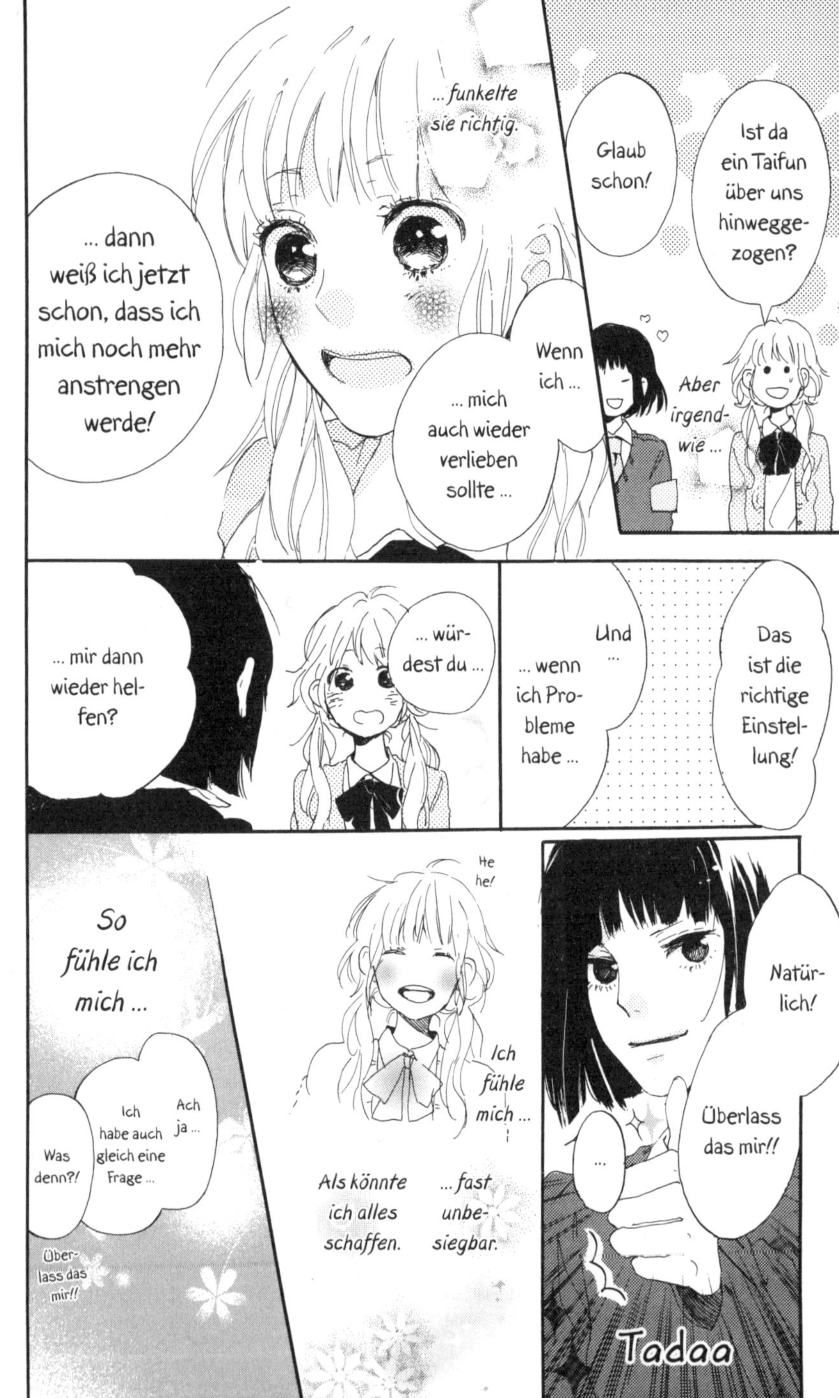
Ist da ein Taifun über uns hinweggezogen?
Glaub schon!
Aber irgendwie ...
... funkelte sie richtig.
Wenn ich ...
... mich auch wieder verlieben sollte ...
... dann weiß ich jetzt schon, dass ich mich noch mehr anstrengen werde!
Das ist die richtige Einstellung!
Und ...
... wenn ich Probleme habe ...
... würdest du ...
... mir dann wieder helfen?
Natürlich!
Überlass das mir!!
...
Tadaa
He he!
Ich fühle mich ...
... fast unbesiegbar.
Als könnte ich alles schaffen.
So fühle ich mich ...
Ach ja ...
Ich habe auch gleich eine Frage ...
Was denn?!
Überlass das mir!!

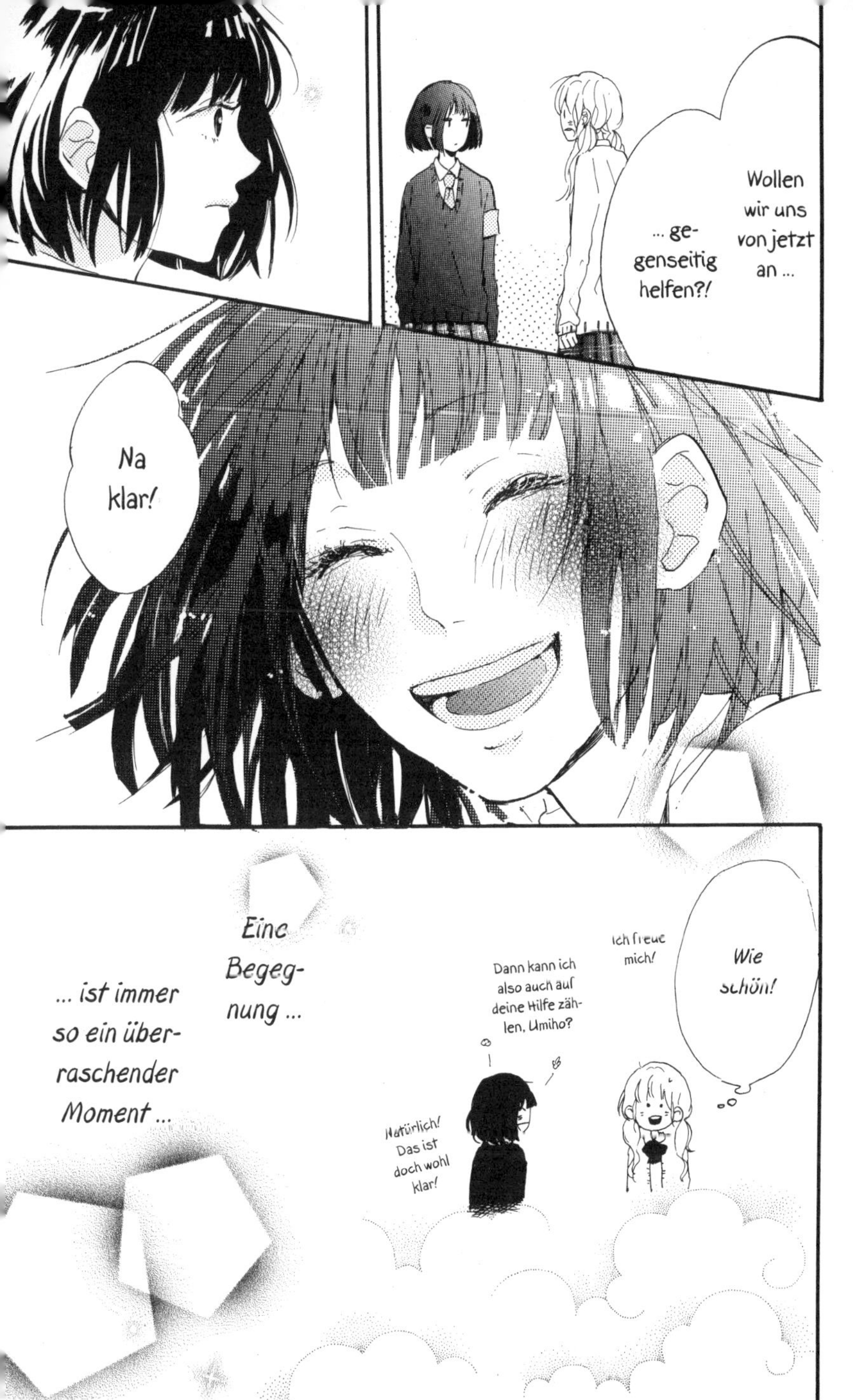
Wollen wir uns von jetzt an ...
... gegenseitig helfen?!
Na klar!
Wie schön!
Ich freue mich!
Dann kann ich also auch auf deine Hilfe zählen, Umiho?
Natürlich! Das ist doch wohl klar!
Eine Begegnung ...
... ist immer so ein überraschender Moment ...

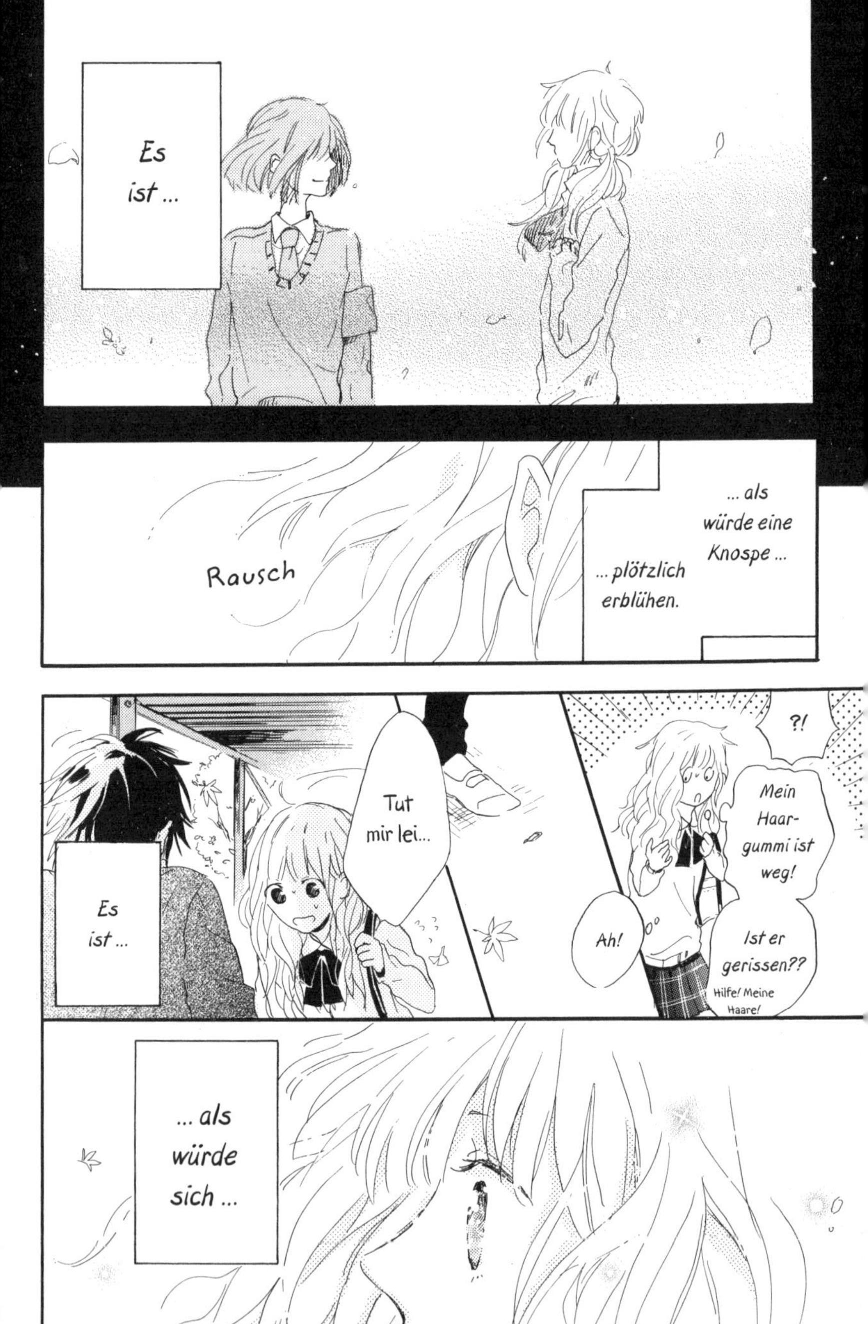

Es ist ...
... als würde eine Knospe ...
... plötzlich erblühen.
Rausch
?!
Mein Haargummi ist weg!
Ist er gerissen??
Hilfe! Meine Haare!
Ah!
Tut mir lei...
Es ist ...
... als würde sich ...

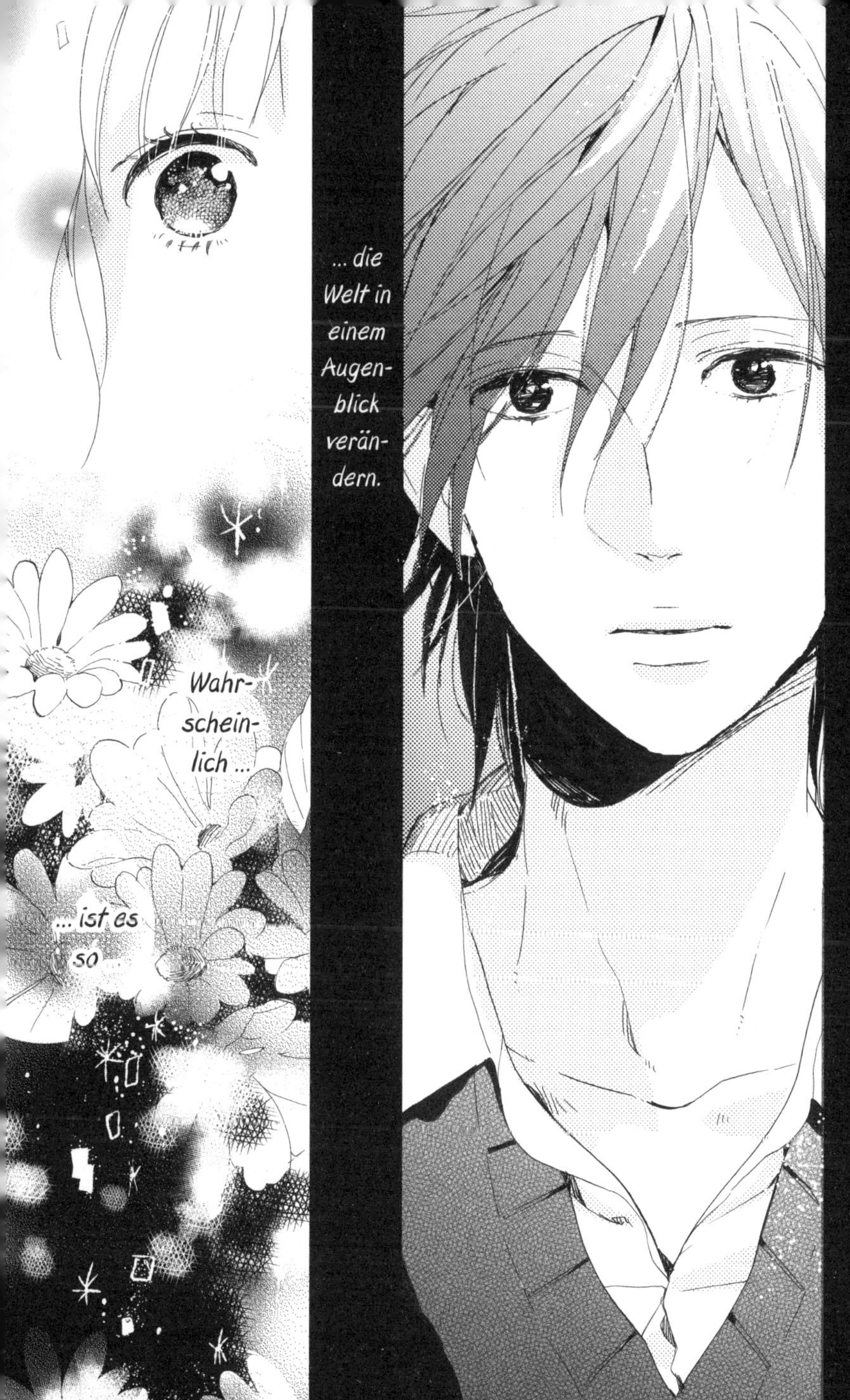
... die Welt in einem Augenblick verändern.
Wahrscheinlich ...
... ist es so ...

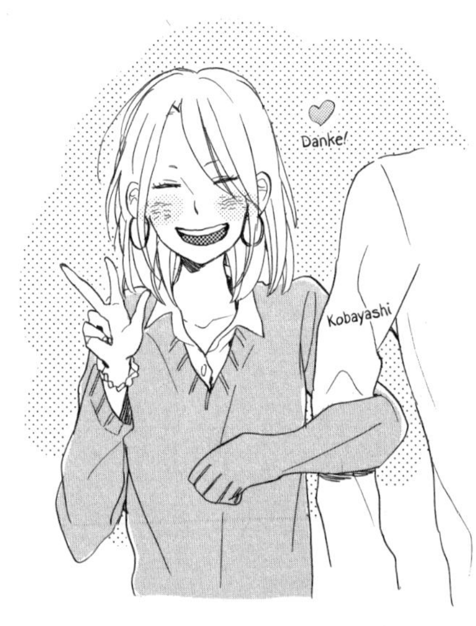
Danke!
Kobayashi

Wie Blüten und Blitze

Kapitel 2: Shiro Shinomiya

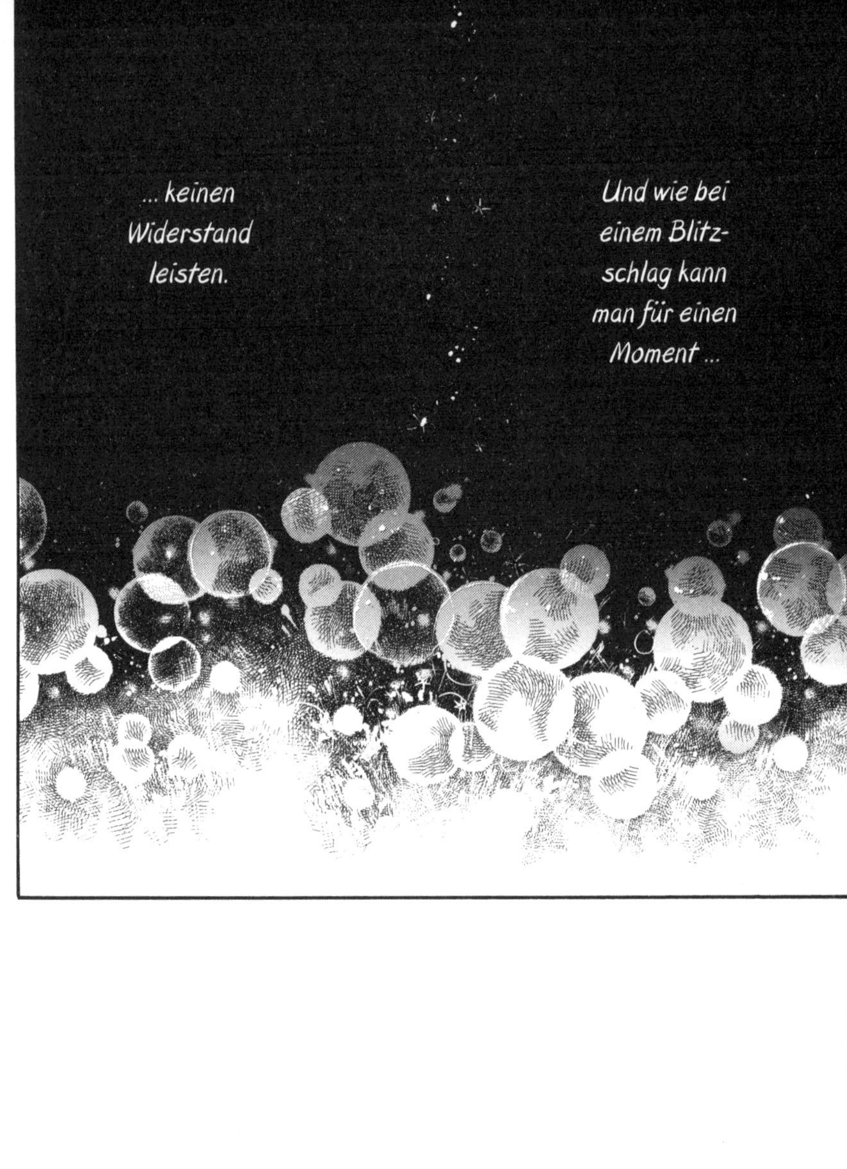
Und wie bei einem Blitzschlag kann man für einen Moment ...
... keinen Widerstand leisten.

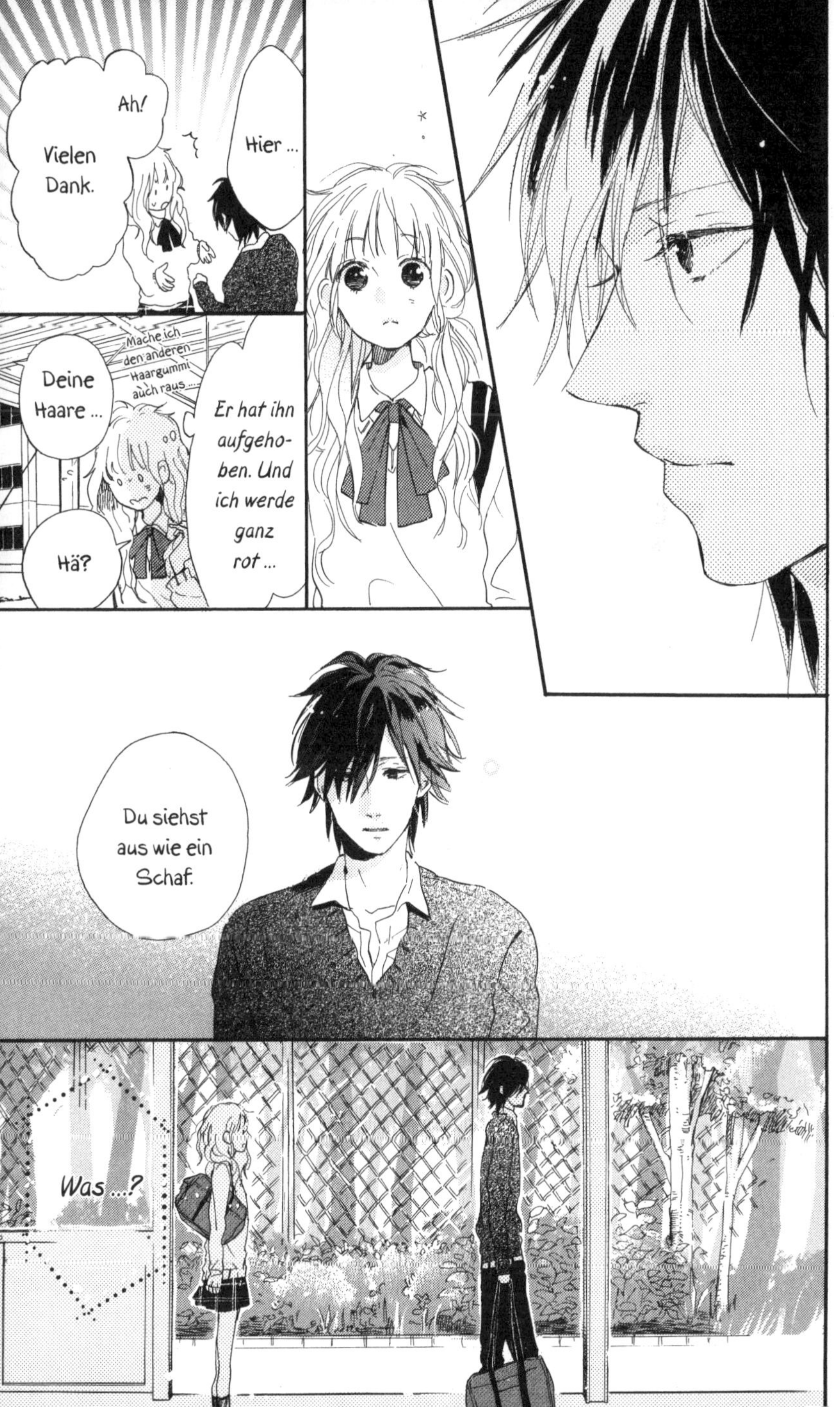
Hier ...
Ah!
Vielen Dank.
Er hat ihn aufgehoben. Und ich werde ganz rot ...
Mache ich den anderen Haargummi auch raus ...
Deine Haare ...
Hä?
Du siehst aus wie ein Schaf.
Was ...?

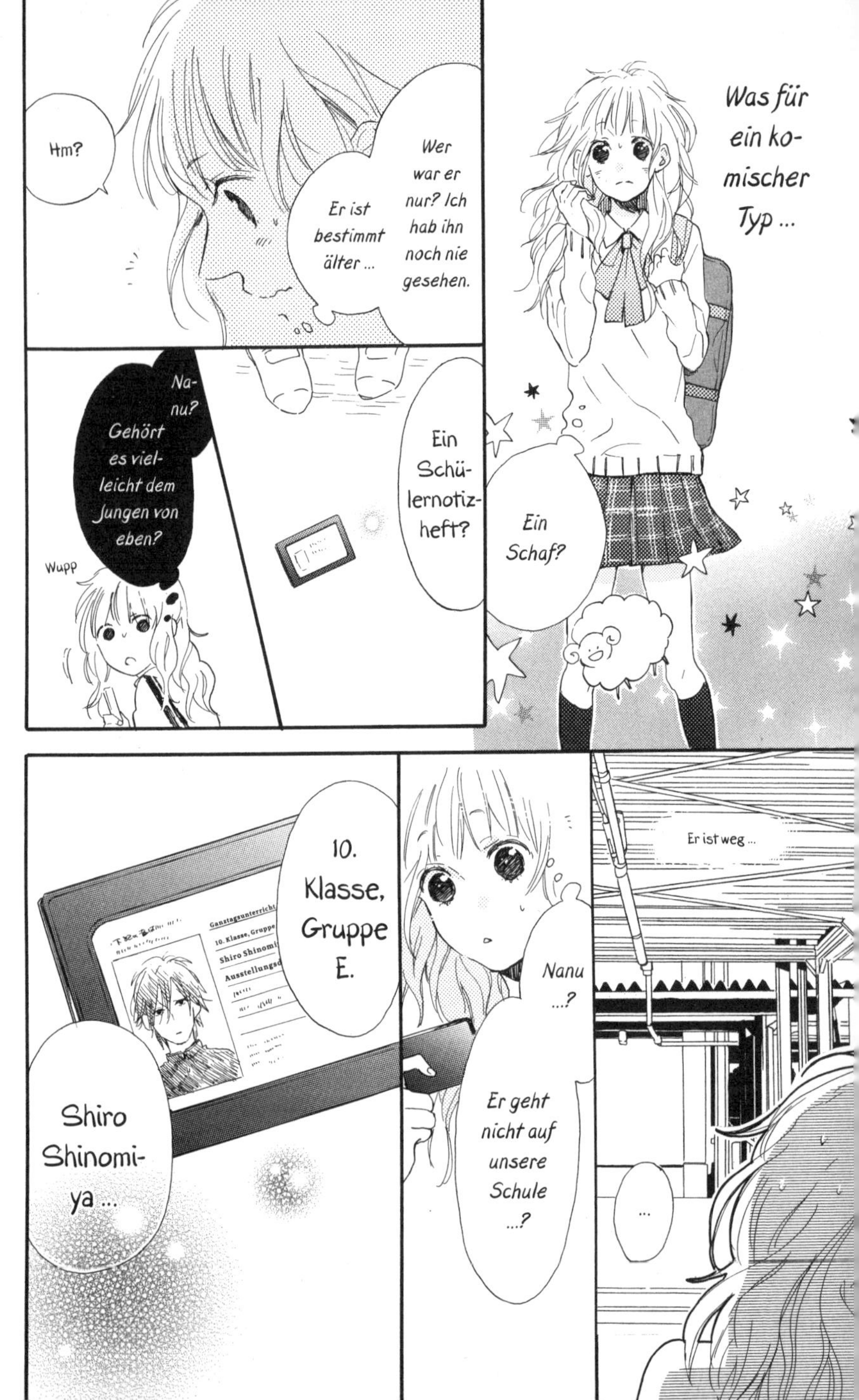

Was für ein komischer Typ ...
Ein Schaf?
Wer war er nur? Ich hab ihn noch nie gesehen.
Er ist bestimmt älter ...
Hm?
Ein Schülernotizheft?
Nanu? Gehört es vielleicht dem Jungen von eben?
Wupp
Er ist weg ...
...
Nanu ...?
Er geht nicht auf unsere Schule ...?
10. Klasse, Gruppe E.
Shiro Shinomiya ...

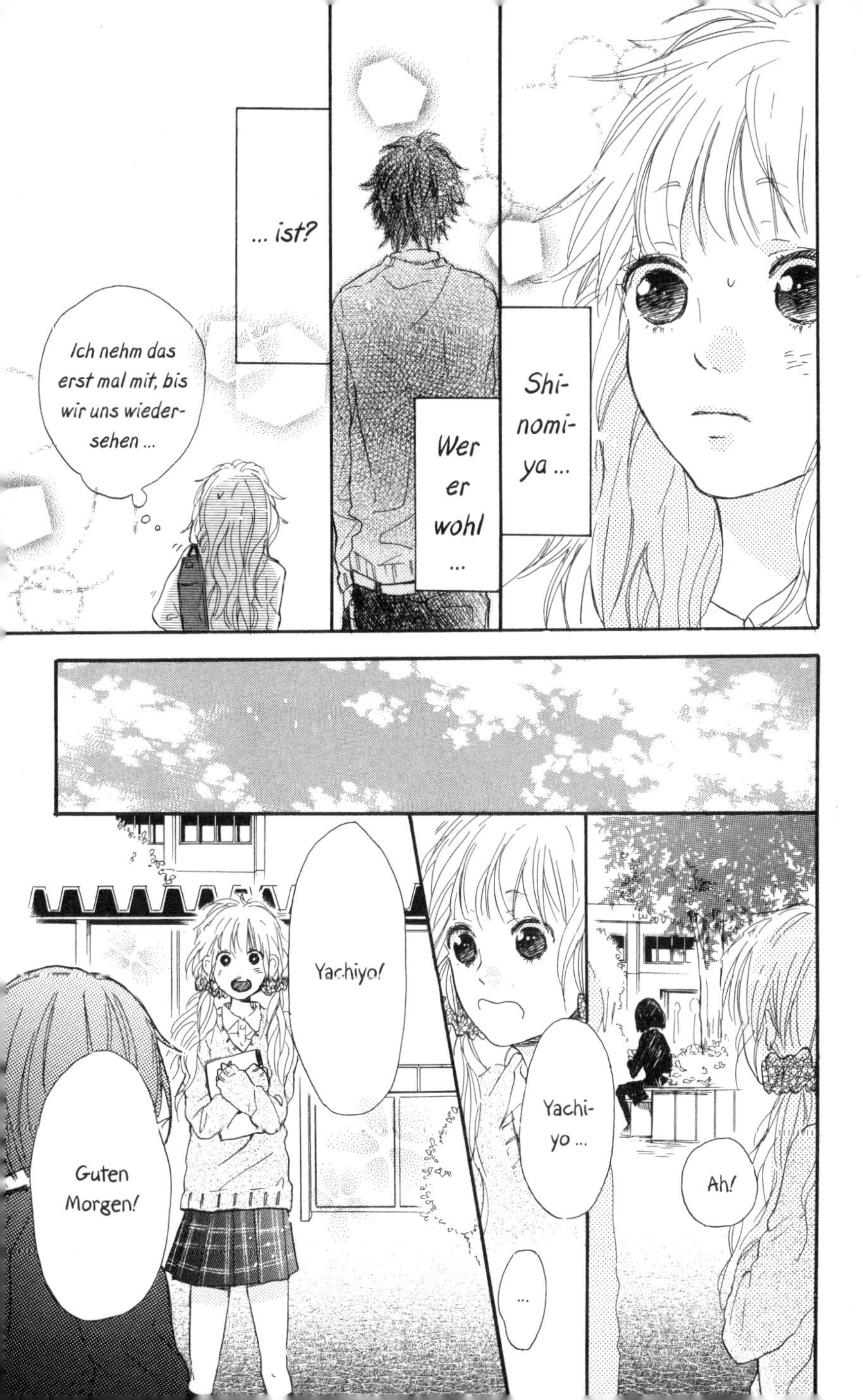

Shinomiya ...
Wer er wohl ...
... ist?
Ich nehm das erst mal mit, bis wir uns wiedersehen ...
Ah!
Yachiyo ...
...
Yachiyo!
Guten Morgen!

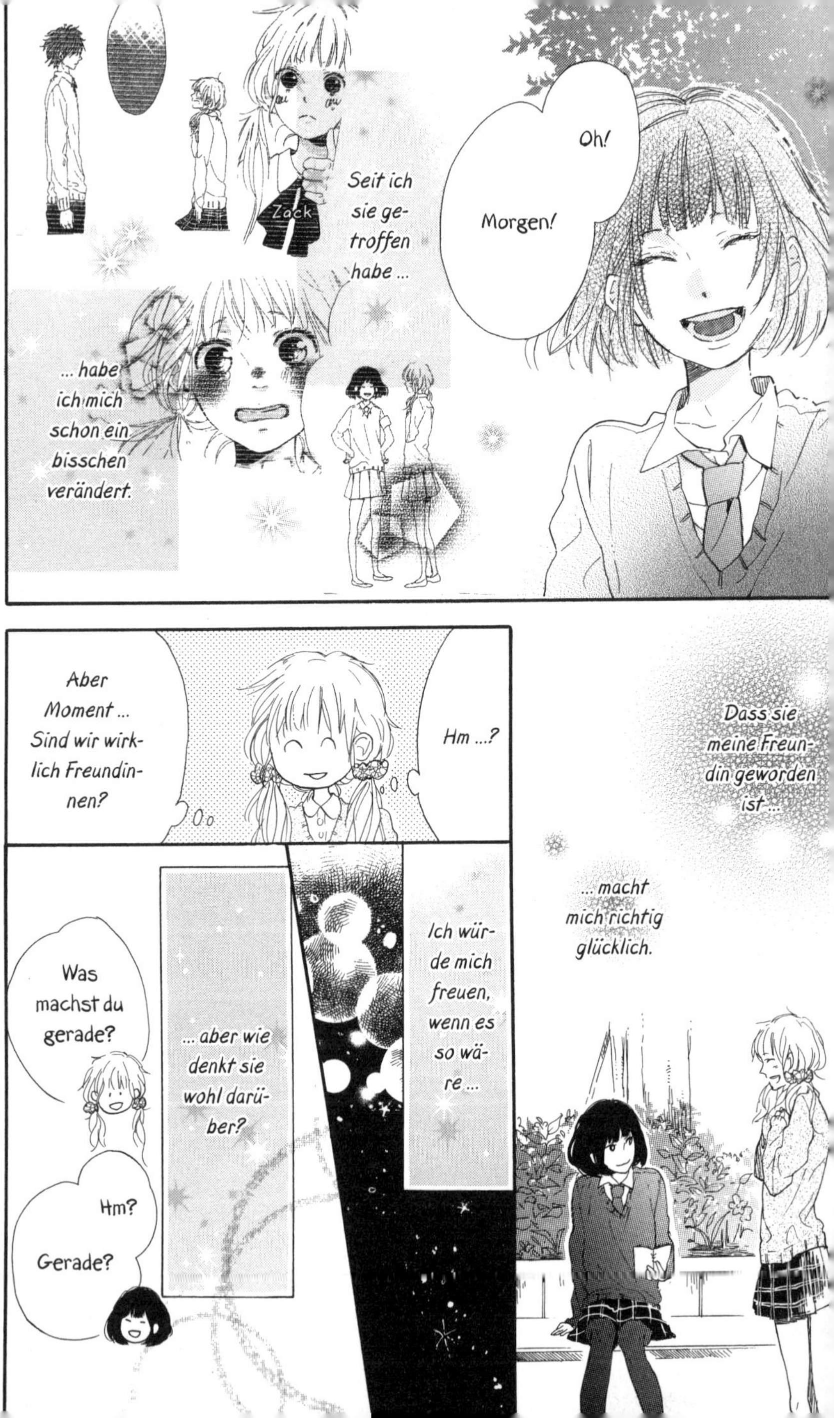

Oh!
Morgen!
Seit ich sie getroffen habe ...
Zack
... habe ich mich schon ein bisschen verändert.
Dass sie meine Freundin geworden ist ...
... macht mich richtig glücklich.
Hm ...?
Aber Moment ... Sind wir wirklich Freundinnen?
Ich würde mich freuen, wenn es so wäre ...
... aber wie denkt sie wohl darüber?
Was machst du gerade?
Hm?
Gerade?

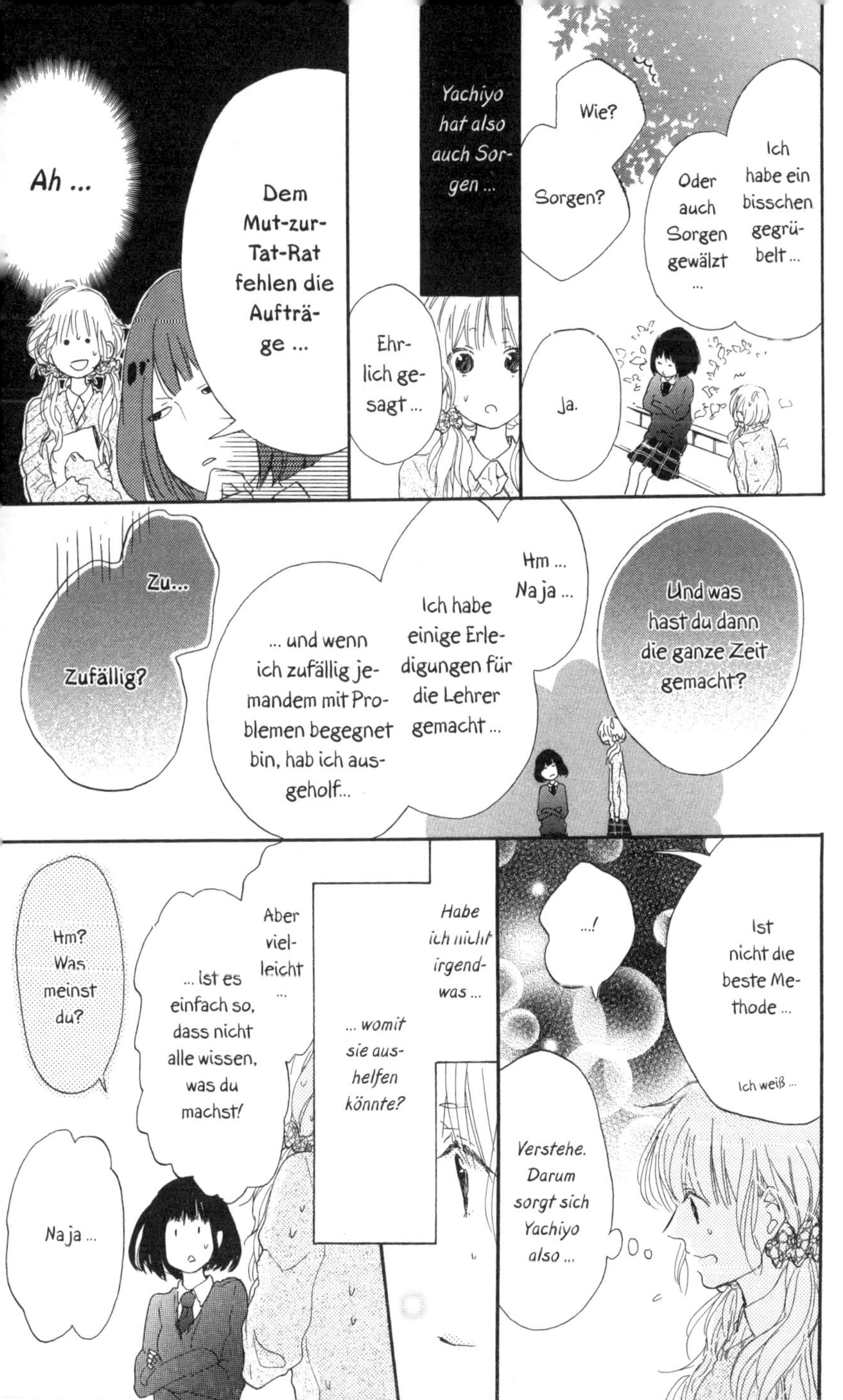

Ich habe ein bisschen gegrübelt ...
Oder auch Sorgen gewälzt ...
Wie? Sorgen?
Ja.
Yachiyo hat also auch Sorgen ...
Ehrlich gesagt ...
Dem Mut-zur-Tat-Rat fehlen die Aufträge ...
Ah ...
Und was hast du dann die ganze Zeit gemacht?
Hm ... Na ja ...
Ich habe einige Erledigungen für die Lehrer gemacht ...
... und wenn ich zufällig jemandem mit Problemen begegnet bin, hab ich ausgeholf...
Zu...
Zufällig?
Ist nicht die beste Methode ...
Ich weiß ...
...!
Verstehe. Darum sorgt sich Yachiyo also ...
Habe ich nicht irgendwas ...
... womit sie aushelfen könnte?
Aber vielleicht ...
... Ist es einfach so, dass nicht alle wissen, was du machst!
Hm? Was meinst du?
Na ja ...

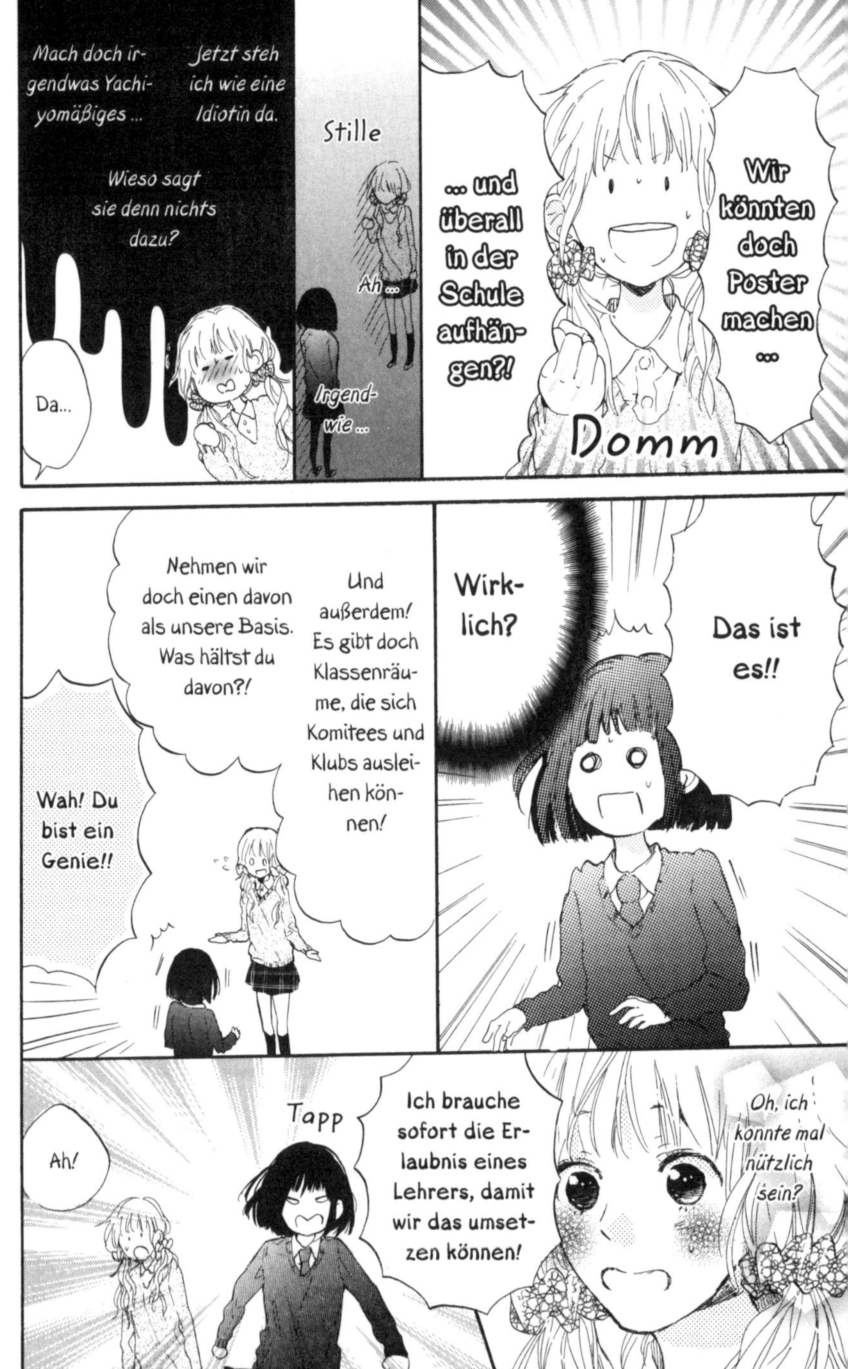

Wir könnten doch Poster machen ...
... und überall in der Schule aufhängen?!
Domm
Stille
Ah ...
Irgendwie ...
Jetzt steh ich wie eine Idiotin da.
Mach doch irgendwas Yachiyomäßiges ...
Wieso sagt sie denn nichts dazu?
Da...
Das ist es!!
Wirklich?
Und außerdem! Es gibt doch Klassenräume, die sich Komitees und Klubs ausleihen können!
Nehmen wir doch einen davon als unsere Basis. Was hältst du davon?!
Wah! Du bist ein Genie!!
Oh, ich konnte mal nützlich sein?
Ich brauche sofort die Erlaubnis eines Lehrers, damit wir das umsetzen können!
Tapp
Ah!

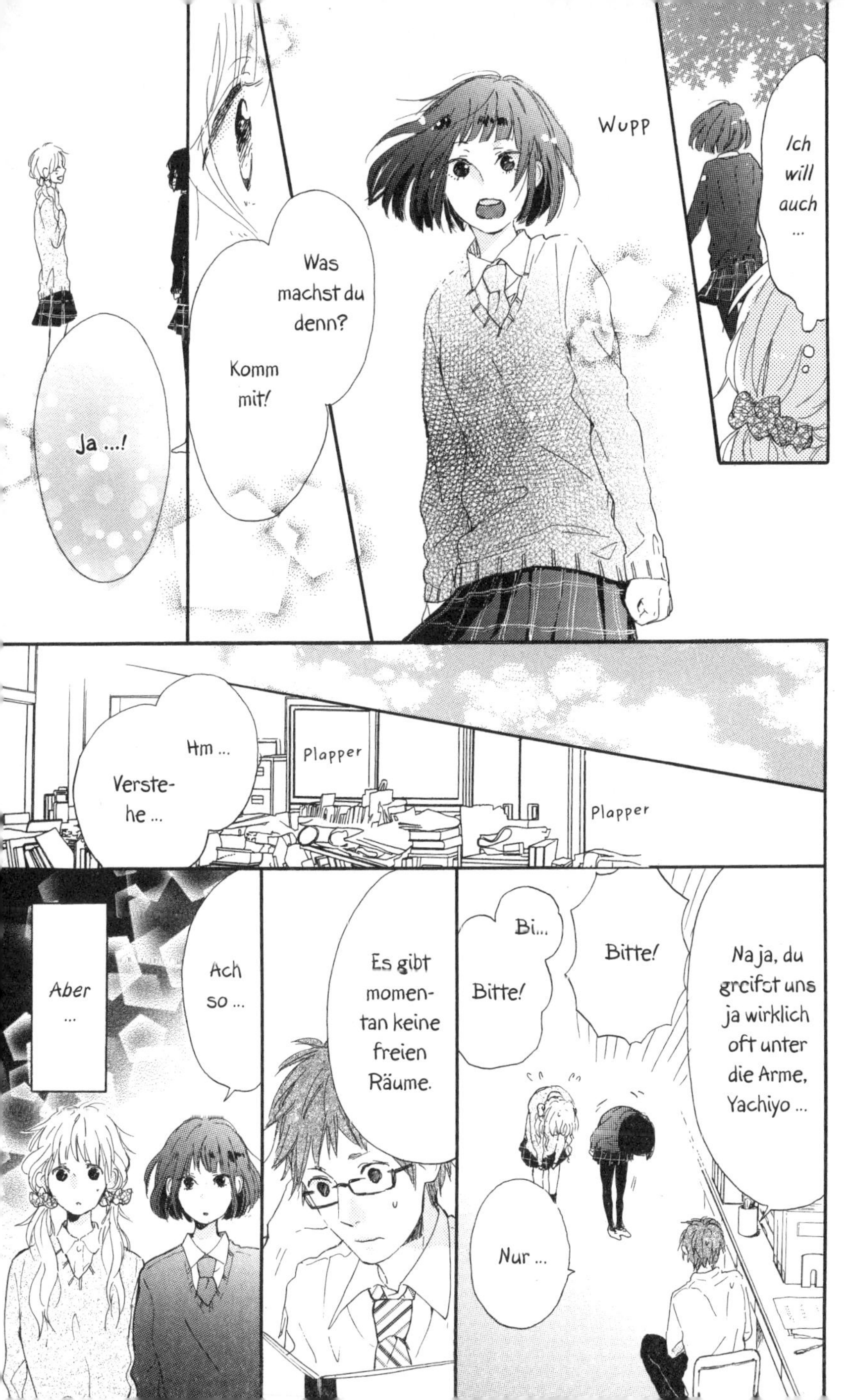
Ich will auch ...
Wupp
Was machst du denn?
Komm mit!
Ja ...!
Plapper
Plapper
Hm ...
Verste-he ...
Na ja, du greifst uns ja wirklich oft unter die Arme, Yachiyo ...
Bitte!
Bi...
Bitte!
Nur ...
Es gibt momen-tan keine freien Räume.
Ach so ...
Aber ...

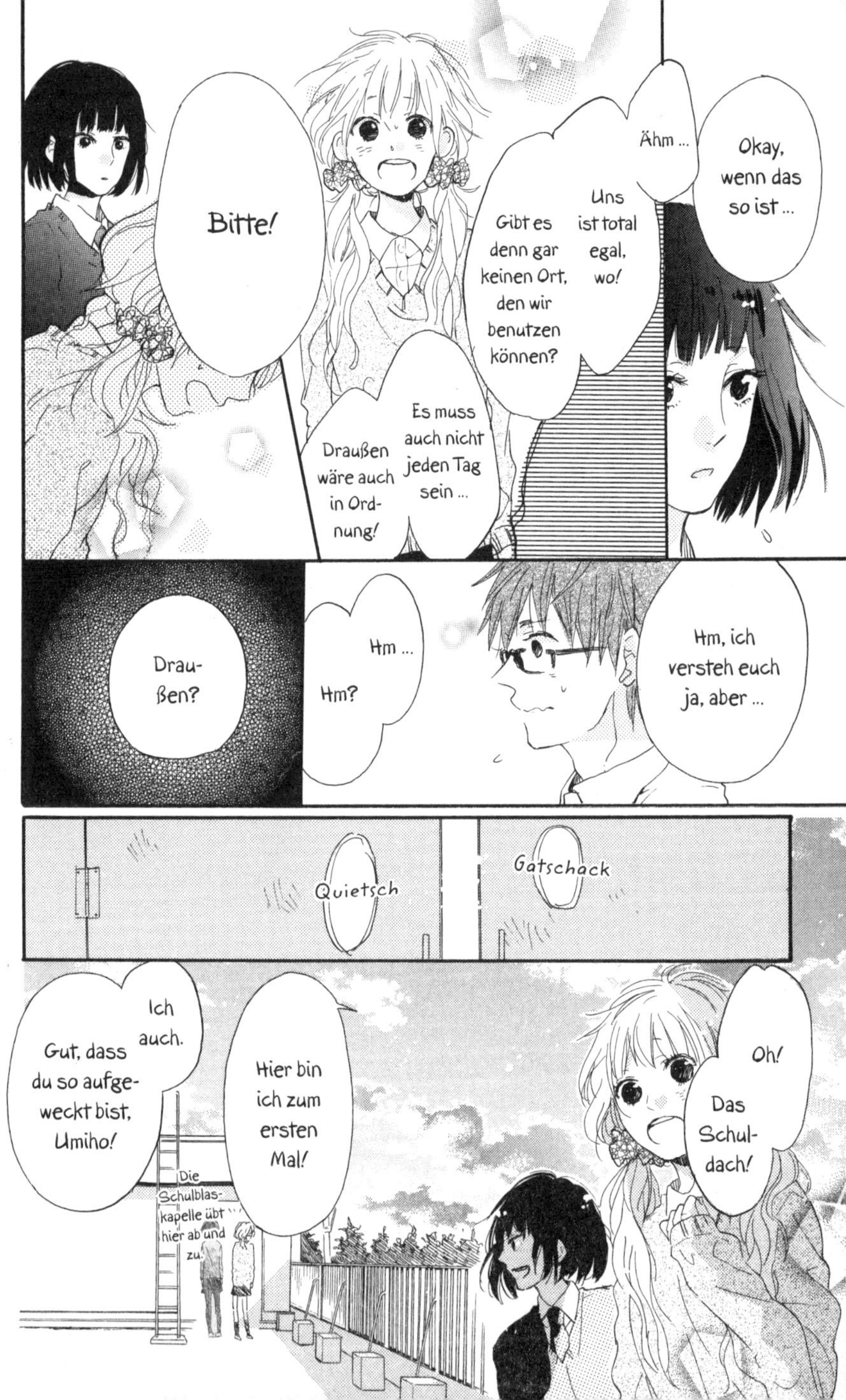
Okay, wenn das so ist …
Ähm …
Uns ist total egal, wo!
Gibt es denn gar keinen Ort, den wir benutzen können?
Bitte!
Es muss auch nicht jeden Tag sein …
Draußen wäre auch in Ordnung!
Hm, ich versteh euch ja, aber …
Hm …
Hm?
Drau-ßen?
Gatschack
Quietsch
Oh!
Das Schul-dach!
Hier bin ich zum ersten Mal!
Ich auch.
Gut, dass du so aufge-weckt bist, Umiho!
Die Schulblas-kapelle übt hier ab und zu.

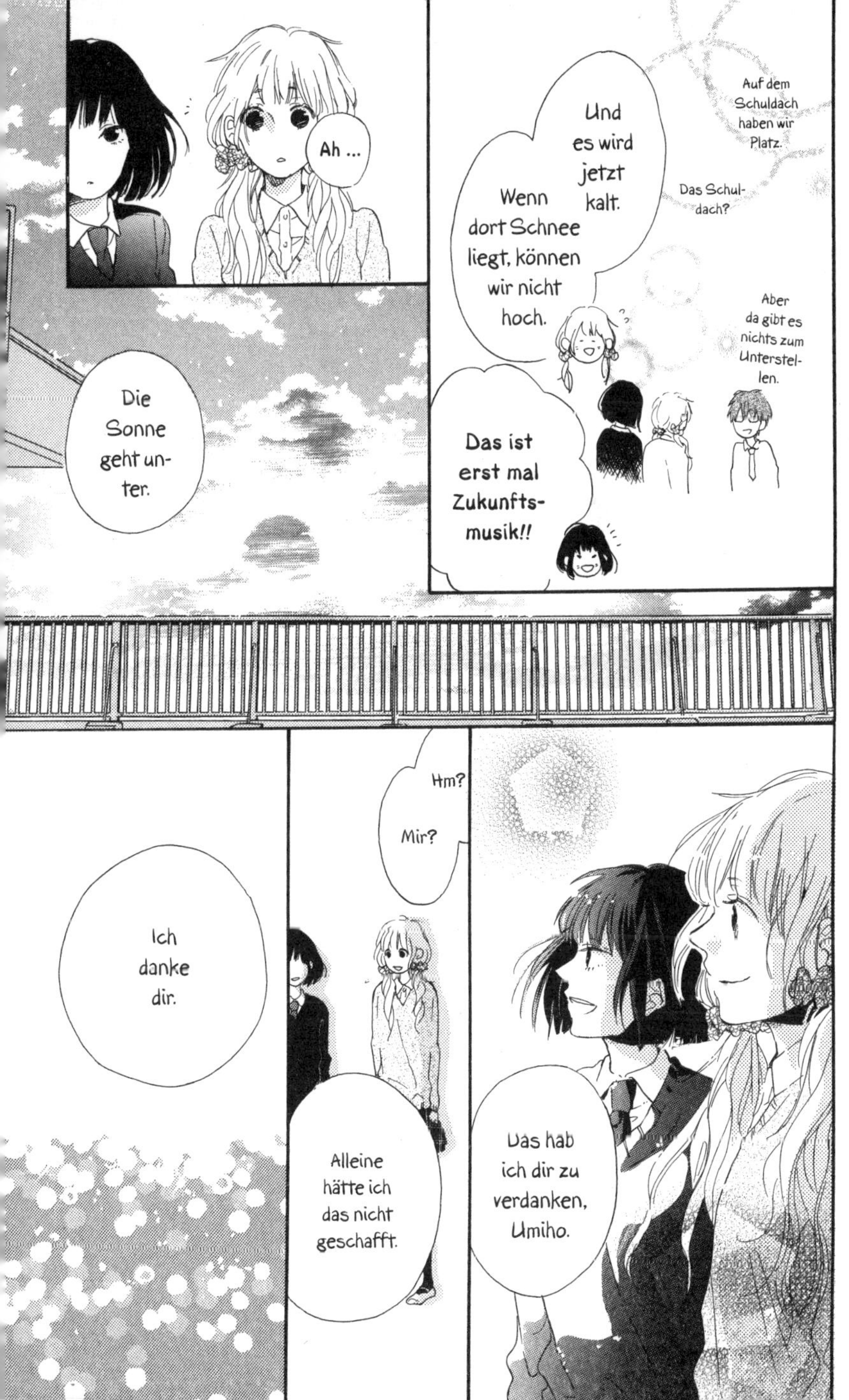
Auf dem Schuldach haben wir Platz.
Das Schuldach?
Aber da gibt es nichts zum Unterstellen.
Und es wird jetzt kalt.
Wenn dort Schnee liegt, können wir nicht hoch.
Das ist erst mal Zukunftsmusik!!
Ah ...
Die Sonne geht unter.
Das hab ich dir zu verdanken, Umiho.
Hm?
Mir?
Alleine hätte ich das nicht geschafft.
Ich danke dir.

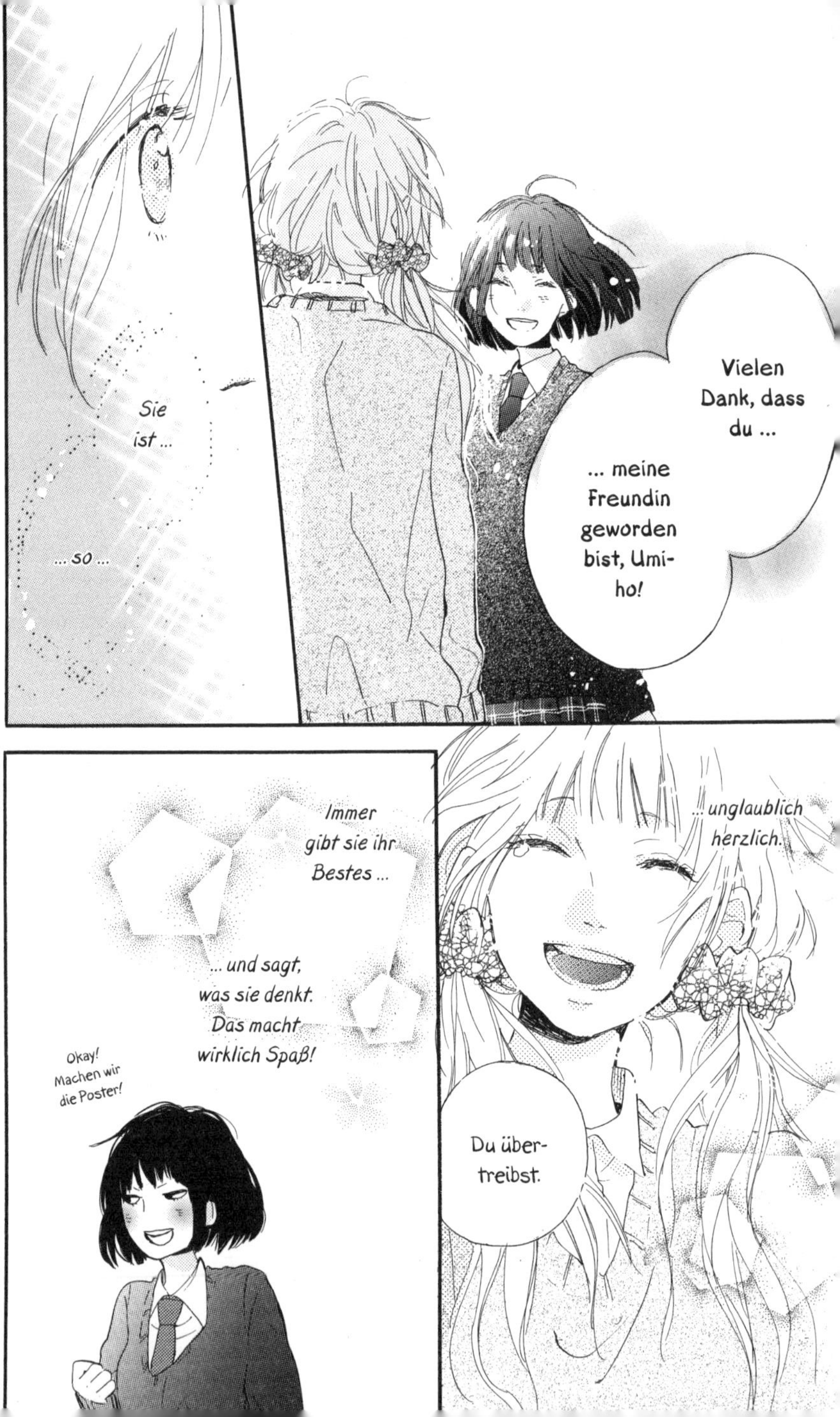

Vielen Dank, dass du ...

... meine Freundin geworden bist, Umiho!

Sie ist ...

... so ...

... unglaublich herzlich.

Du übertreibst.

Immer gibt sie ihr Bestes ...

... und sagt, was sie denkt. Das macht wirklich Spaß!

Okay! Machen wir die Poster!

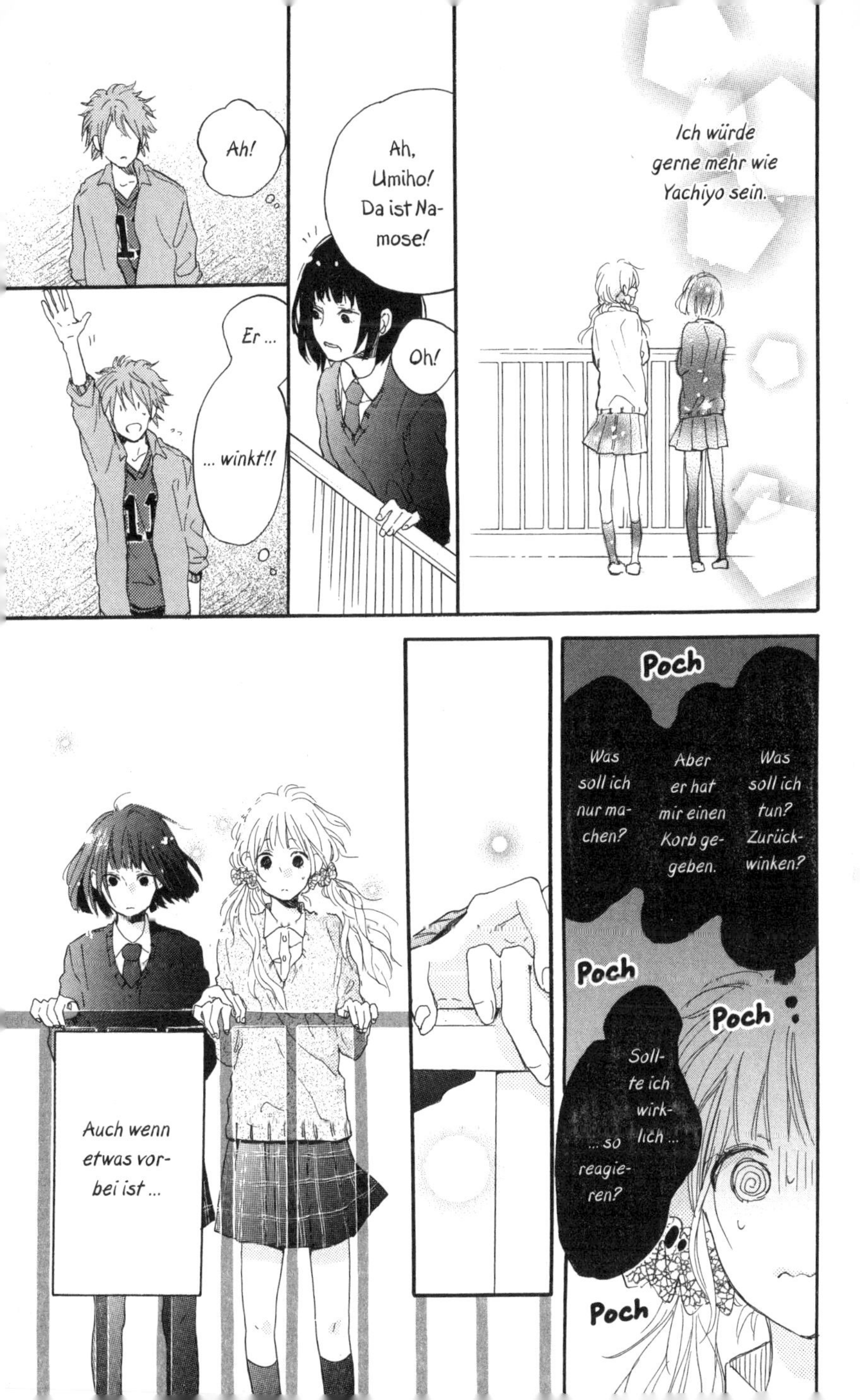

Ich würde gerne mehr wie Yachiyo sein.

Ah, Umiho! Da ist Namose!

Oh!

Ah!

Er ... ... winkt!!

Poch

Was soll ich tun? Zurückwinken?

Aber er hat mir einen Korb gegeben.

Was soll ich nur machen?

Poch

Poch

Sollte ich wirklich ... so reagieren?

Poch

Auch wenn etwas vorbei ist ...

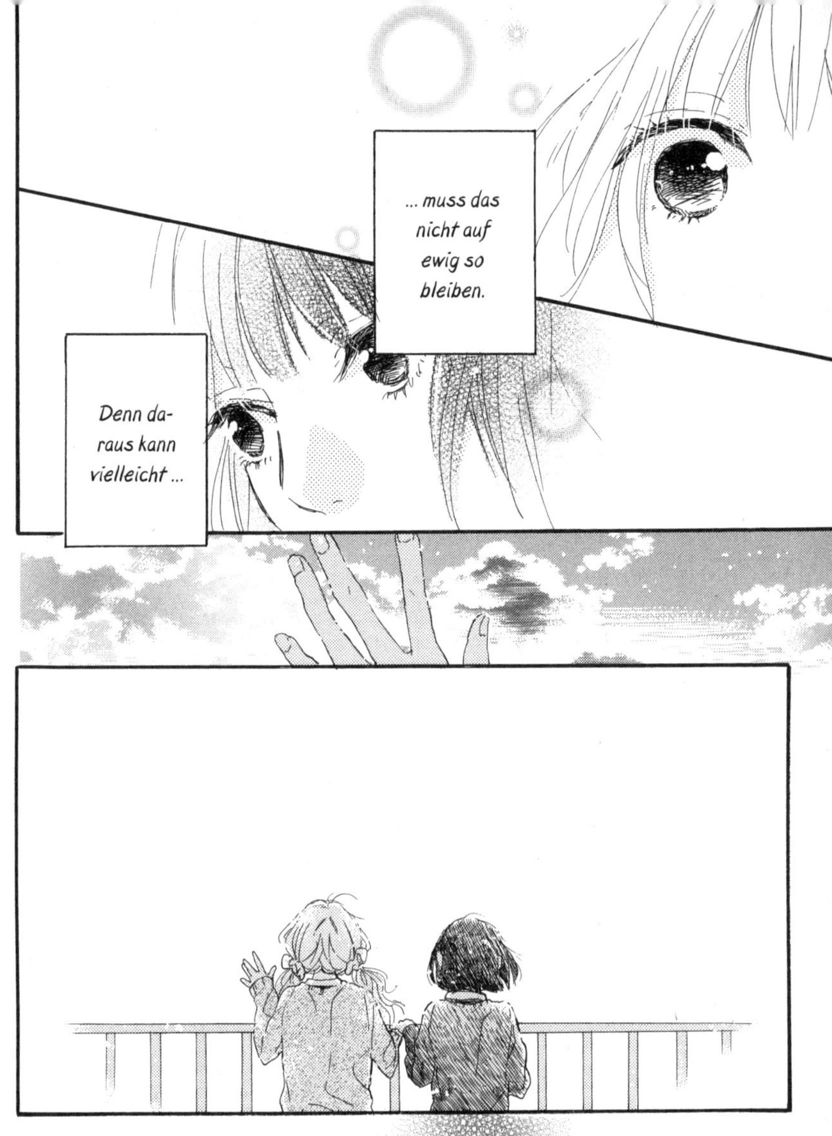

... wieder etwas ganz Neues ent-stehen.

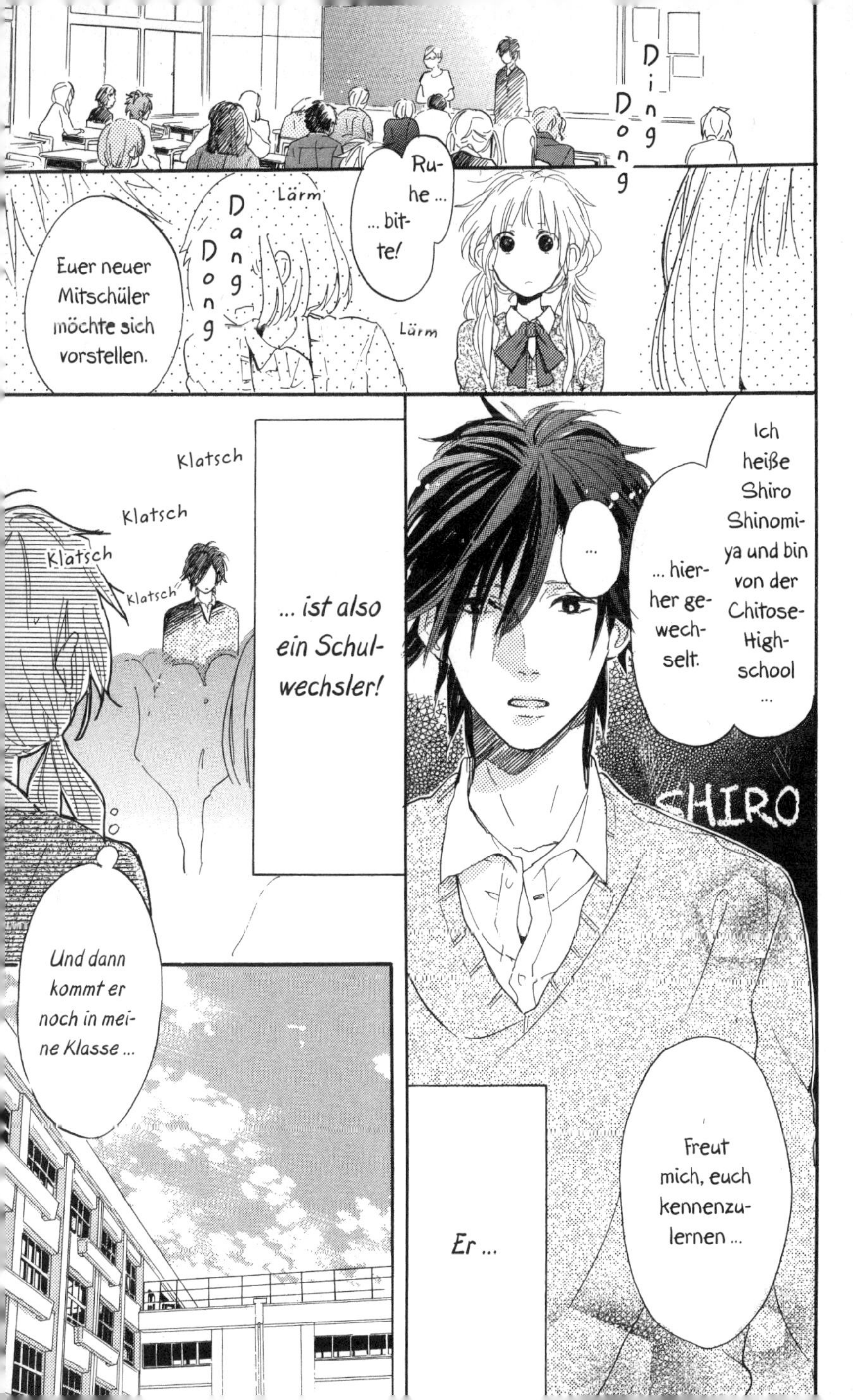
Ding Dong
Ruhe ... ... bitte!
Lärm
Dang Dong
Euer neuer Mitschüler möchte sich vorstellen.
Lärm
Ich heiße Shiro Shinomiya und bin von der Chitose-Highschool ...
...
... hierher gewechselt.
SHIRO
Freut mich, euch kennenzulernen ...
Klatsch
Klatsch
Klatsch
Klatsch
... ist also ein Schulwechsler!
Er ...
Und dann kommt er noch in meine Klasse ...

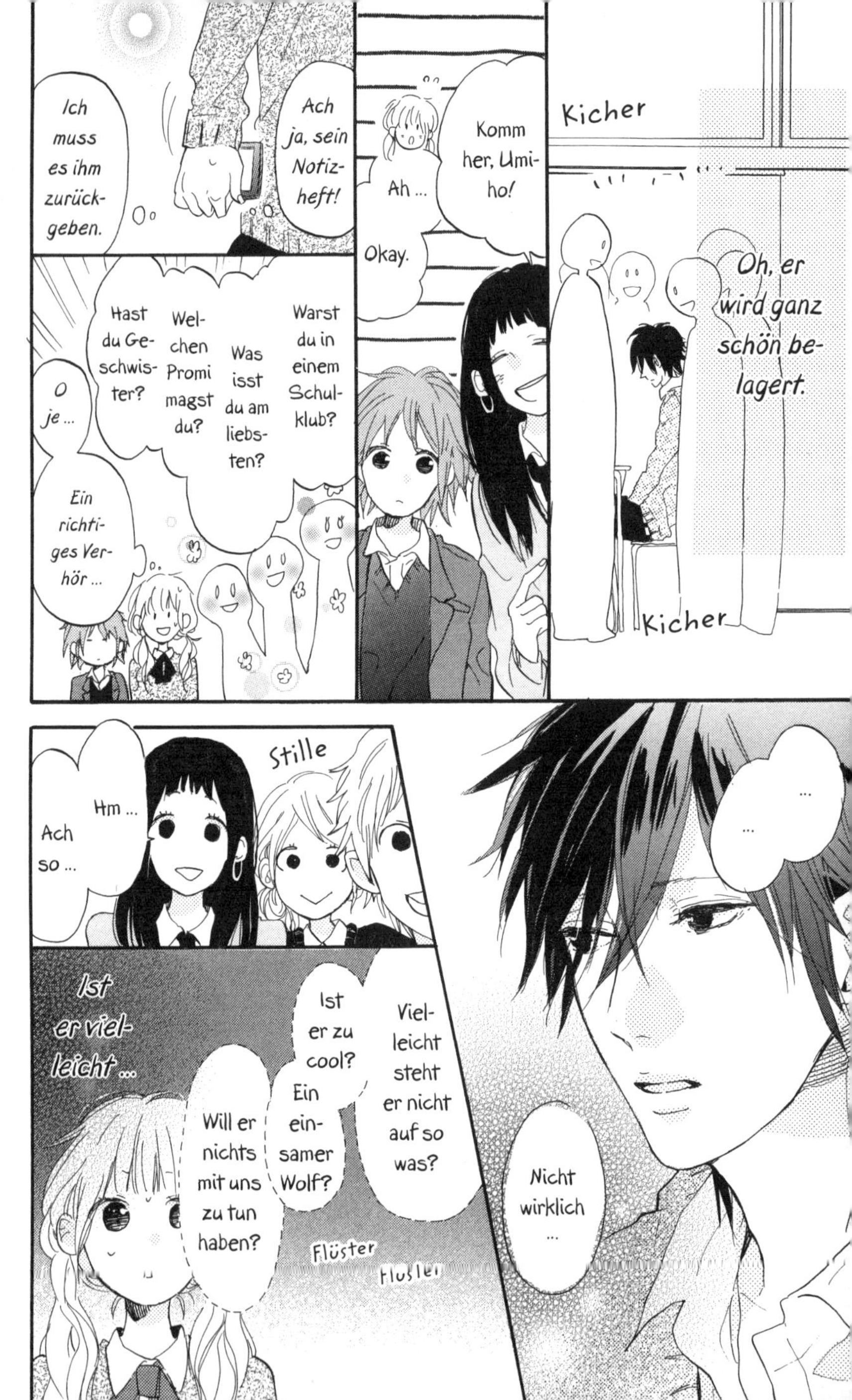
Ach ja, sein Notizheft!
Ich muss es ihm zurückgeben.
Komm her, Umiho!
Ah ...
Okay.
Kicher
Oh, er wird ganz schön belagert.
Kicher
Warst du in einem Schulklub?
Was isst du am liebsten?
Welchen Promi magst du?
Hast du Geschwister?
O je ...
Ein richtiges Verhör ...
...
...
Stille
Hm ...
Ach so ...
Nicht wirklich ...
Vielleicht steht er nicht auf so was?
Ist er zu cool?
Ein einsamer Wolf?
Will er nichts mit uns zu tun haben?
Ist er vielleicht ...
Flüster
Flüster

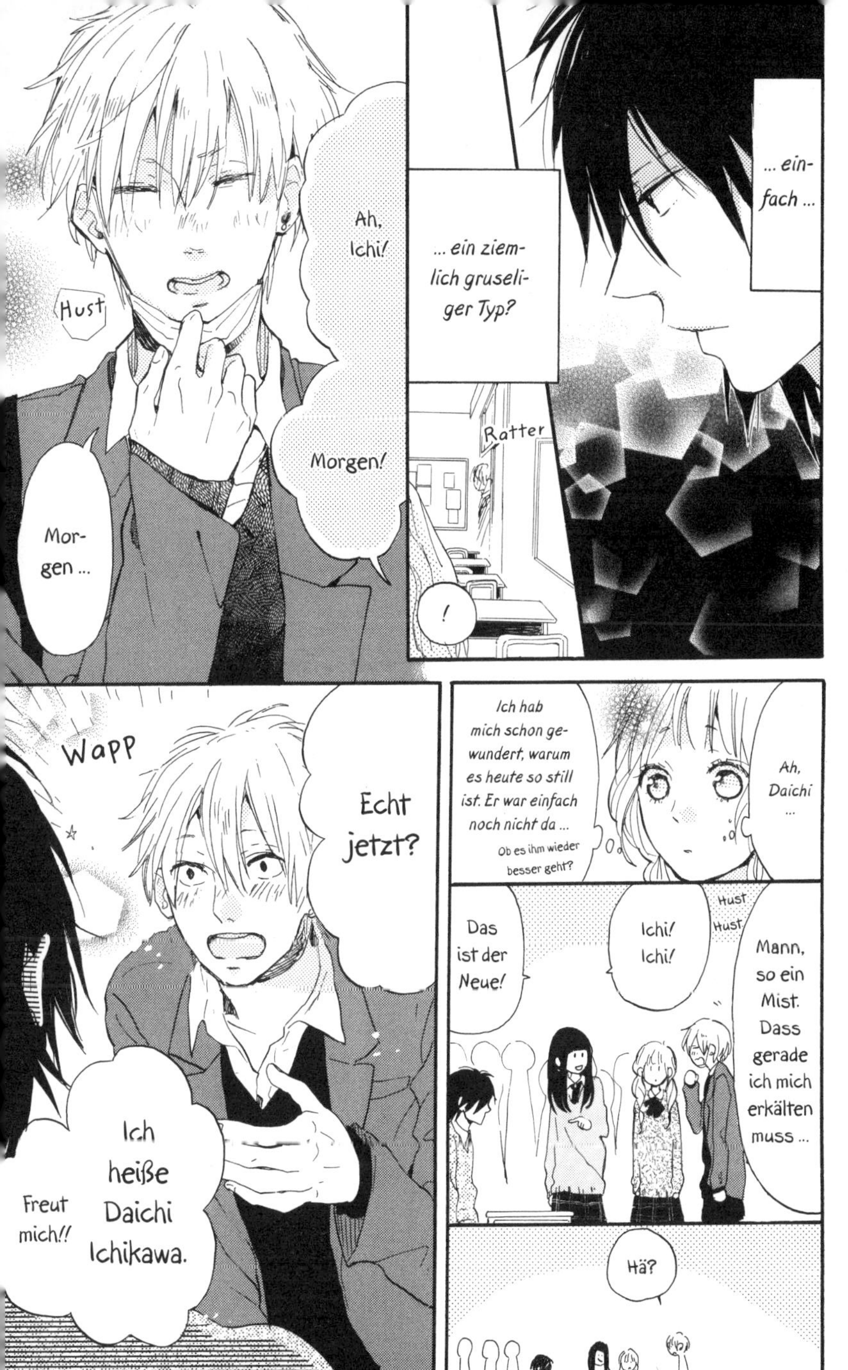
... ein-
fach ...
... ein ziemlich gruseliger Typ?
Ah, Ichi!
Hust
Morgen!
Morgen ...
Ratter
!
Ah, Daichi ...
Ich hab mich schon gewundert, warum es heute so still ist. Er war einfach noch nicht da ...
Ob es ihm wieder besser geht?
Echt jetzt?
Wapp
Ich heiße Daichi Ichikawa.
Freut mich!!
Hust
Hust
Mann, so ein Mist. Dass gerade ich mich erkälten muss ...
Ichi! Ichi!
Das ist der Neue!
Hä?

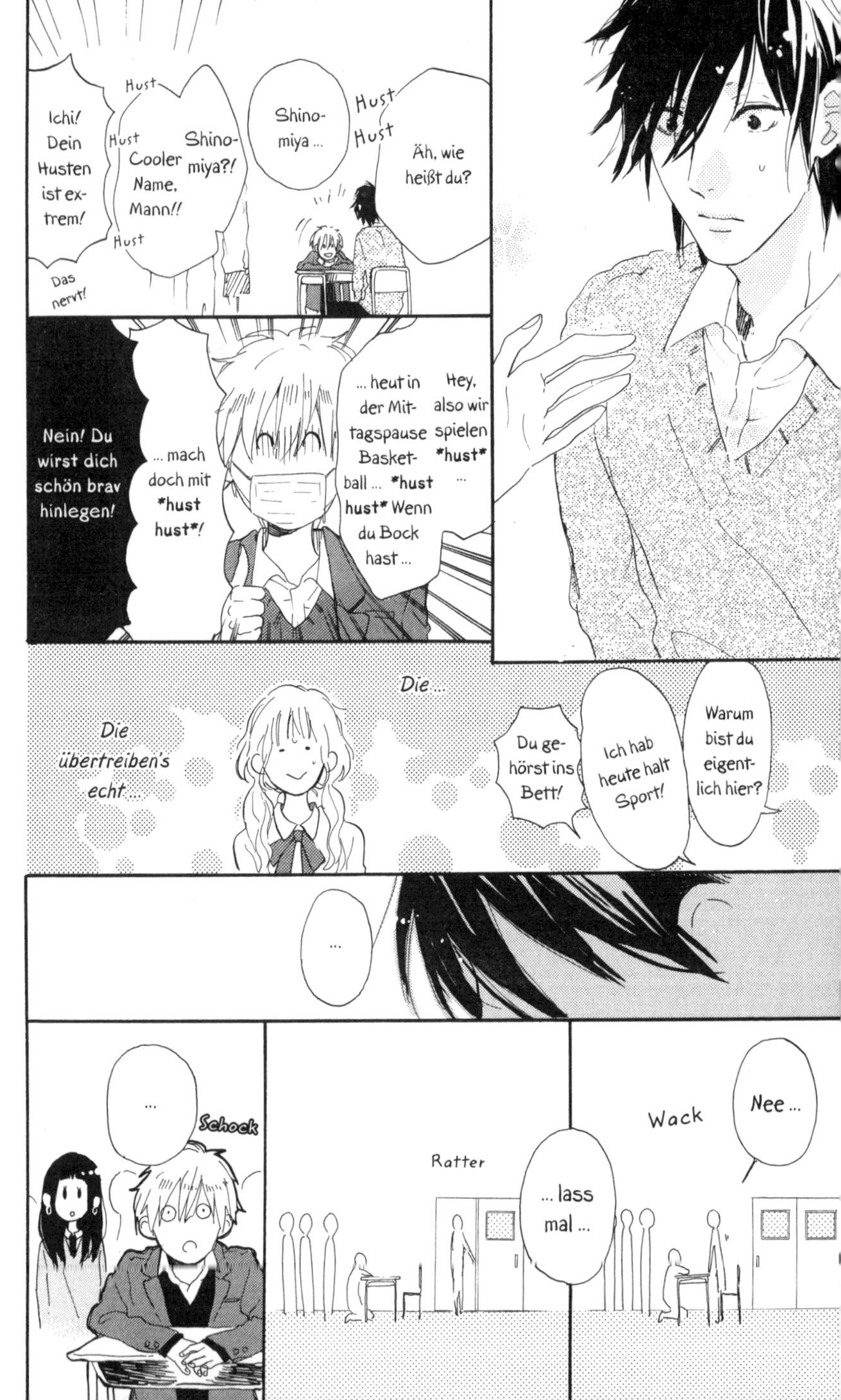
Äh, wie heißt du?
Hust
Hust
Shino-miya ...
Shino-miya?!
Cooler Name, Mann!!
Hust
Hust
Hust
Ichi! Dein Husten ist ex-trem!
Das nervt!
Hey, also wir spielen *hust* ...
... heut in der Mit-tagspause Basket-ball ... *hust hust* Wenn du Bock hast ...
... mach doch mit *hust hust*!
Nein! Du wirst dich schön brav hinlegen!
Warum bist du eigent-lich hier?
Ich hab heute halt Sport!
Du ge-hörst ins Bett!
Die ...
Die übertreiben's echt ...
...
Nee ...
Wack
... lass mal ...
Ratter
...
Schock

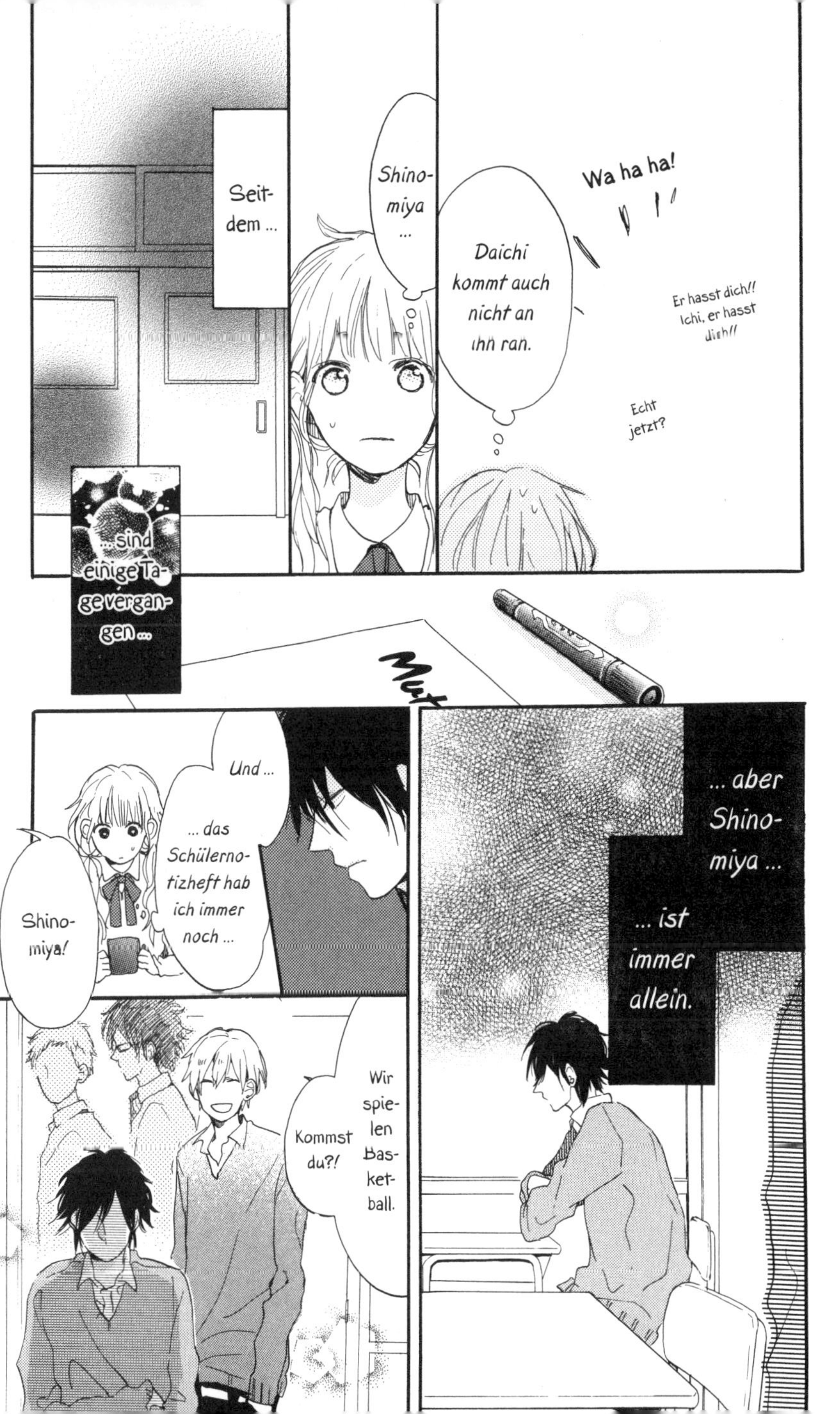

Wa ha ha!
Er hasst dich!! Ichi, er hasst dich!!
Echt jetzt?
Daichi kommt auch nicht an ihn ran.
Shinomiya ...
Seitdem ...
... sind einige Tage vergangen ...
Mut
... aber Shinomiya ...
... ist immer allein.
Und ...
... das Schülernotizheft hab ich immer noch ...
Shinomiya!
Wir spielen Basketball.
Kommst du?!

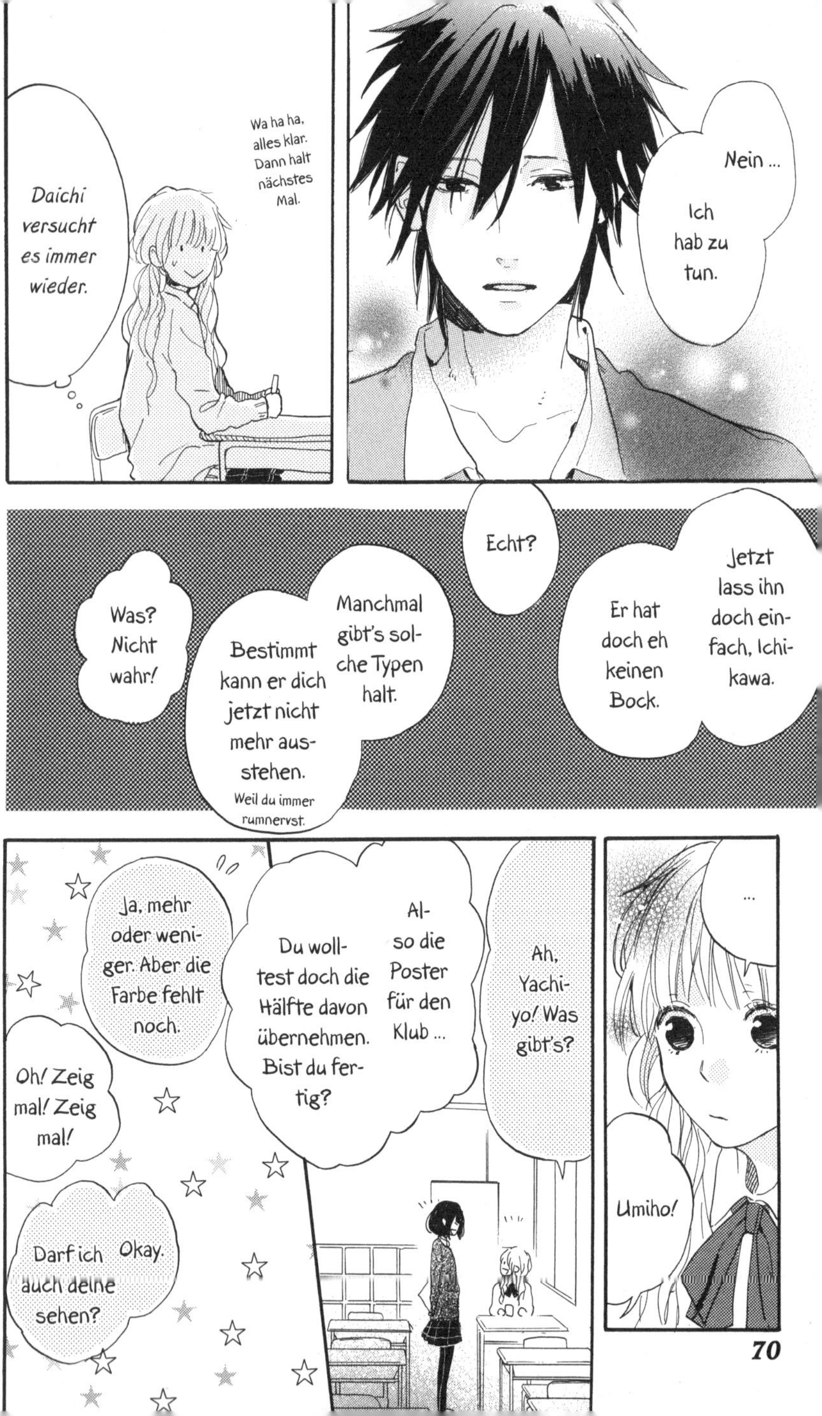

Nein …
Ich hab zu tun.
Wa ha ha, alles klar. Dann halt nächstes Mal.
Daichi versucht es immer wieder.
Echt?
Jetzt lass ihn doch einfach, Ichikawa.
Er hat doch eh keinen Bock.
Manchmal gibt's solche Typen halt.
Bestimmt kann er dich jetzt nicht mehr ausstehen. Weil du immer rumnervst.
Was? Nicht wahr!
…
Umiho!
Ah, Yachiyo! Was gibt's?
Also die Poster für den Klub …
Du wolltest doch die Hälfte davon übernehmen. Bist du fertig?
Ja, mehr oder weniger. Aber die Farbe fehlt noch.
Oh! Zeig mal! Zeig mal!
Okay.
Darf ich auch deine sehen?

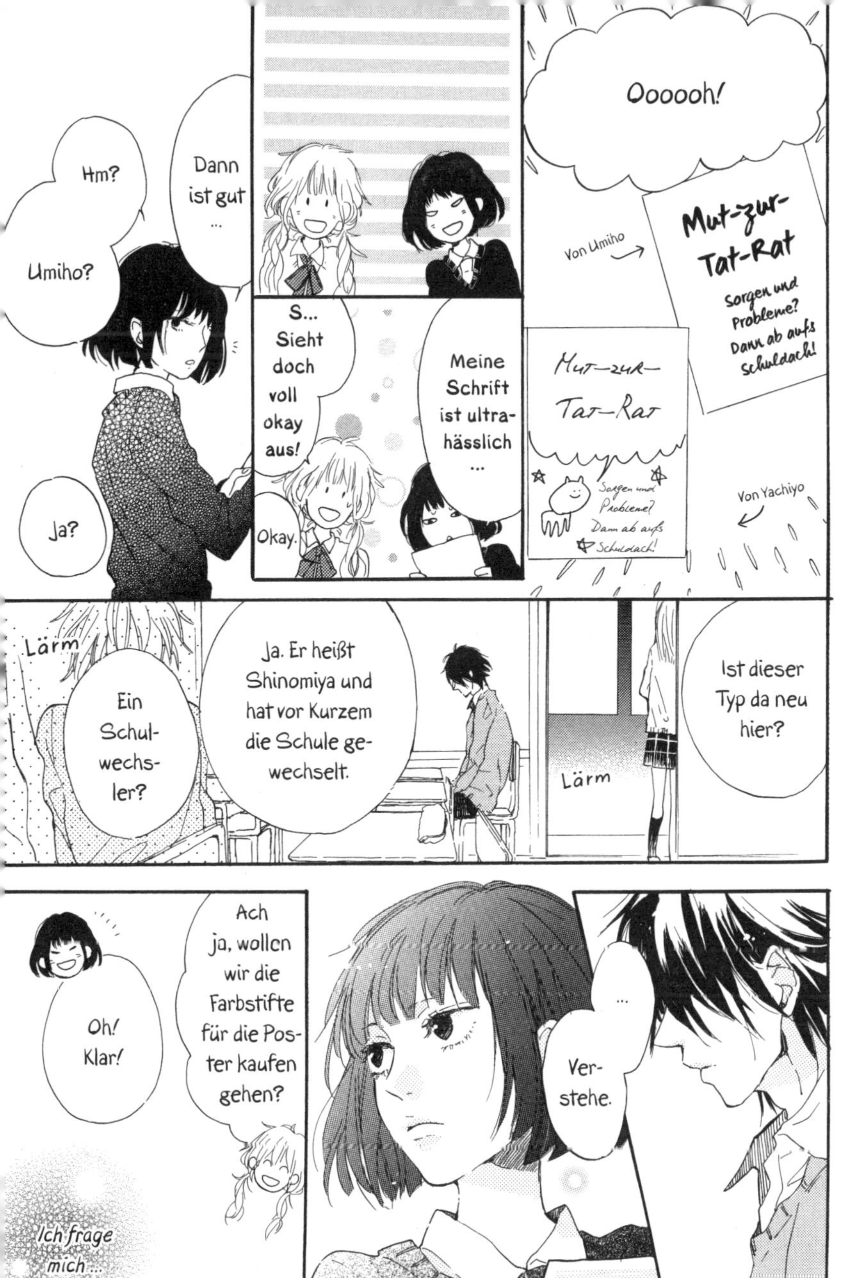
Ooooh!
Von Umiho
Mut-zur-Tat-Rat
Sorgen und Probleme? Dann ab aufs Schuldach!
Mut-zur-Tat-Rat
Sorgen und Probleme? Dann ab aufs Schuldach!
Von Yachiyo
Meine Schrift ist ultrahässlich ...
S... Sieht doch voll okay aus!
Okay.
Dann ist gut ...
Hm?
Umiho?
Ja?
Ist dieser Typ da neu hier?
Lärm
Ja. Er heißt Shinomiya und hat vor Kurzem die Schule gewechselt.
Ein Schulwechsler?
Lärm
...
Verstehe.
Ach ja, wollen wir die Farbstifte für die Poster kaufen gehen?
Oh! Klar!
Ich frage mich ...

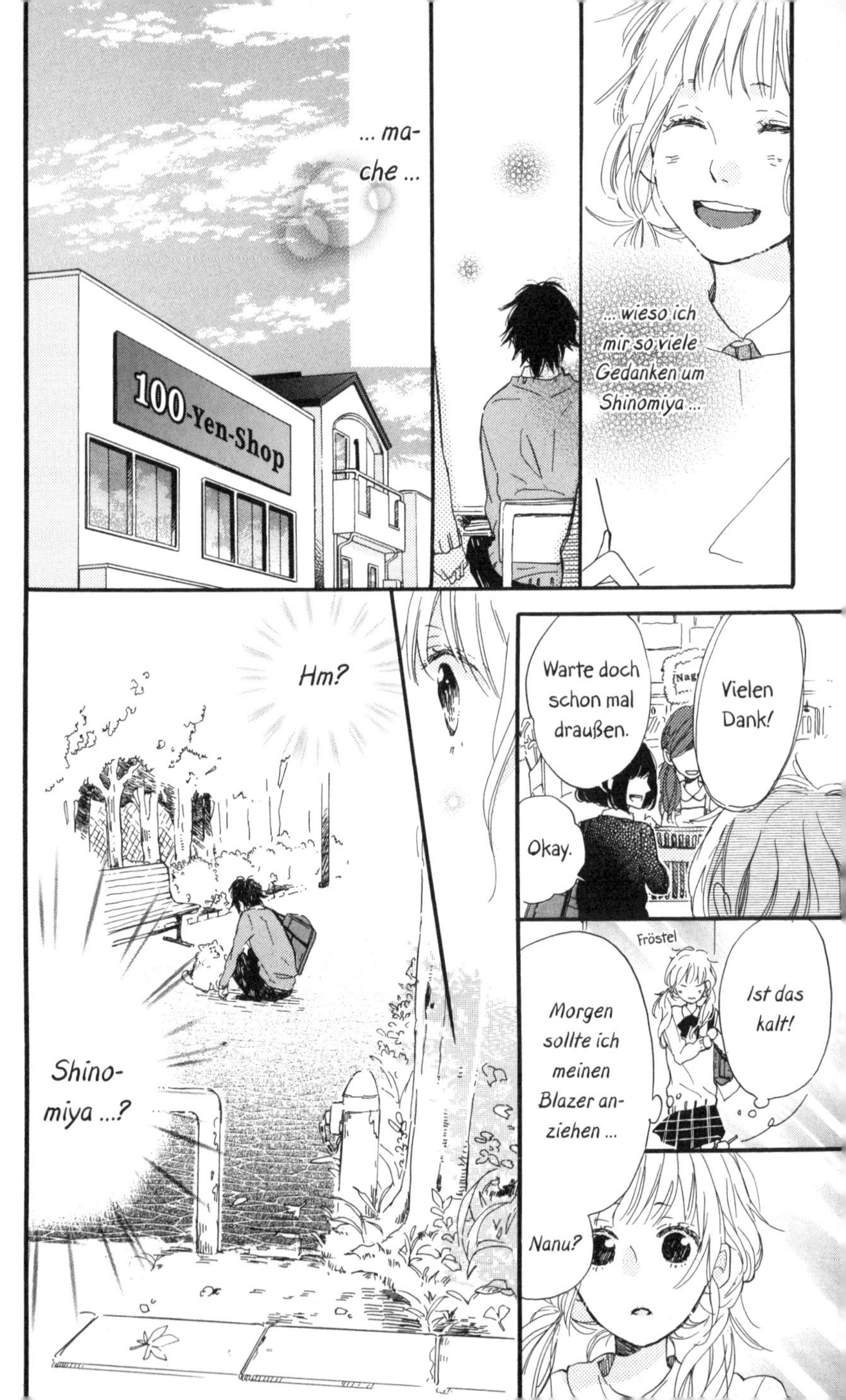
... wieso ich mir so viele Gedanken um Shinomiya ...
... ma- che ...
100-Yen-Shop
Vielen Dank!
Warte doch schon mal draußen.
Okay.
Ist das kalt!
Fröstel
Morgen sollte ich meinen Blazer an- ziehen ...
Nanu?
Hm?
Shino- miya ...?

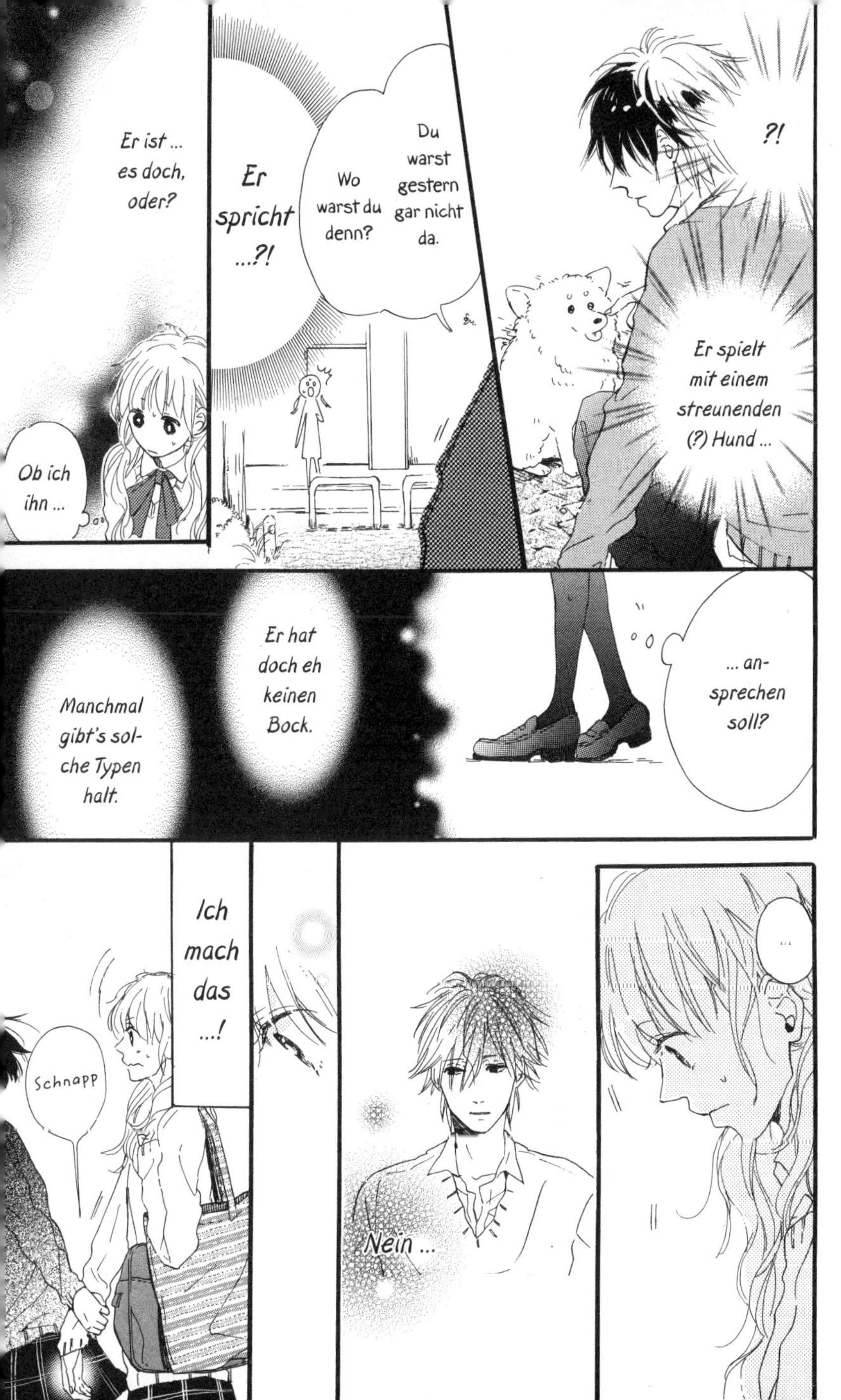
?!
Er spielt mit einem streunenden (?) Hund ...
Du warst gestern gar nicht da.
Wo warst du denn?
Er spricht ...?!
Er ist ... es doch, oder?
Ob ich ihn ...
... ansprechen soll?
Er hat doch eh keinen Bock.
Manchmal gibt's solche Typen halt.
...
Nein ...
Ich mach das ...!
Schnapp

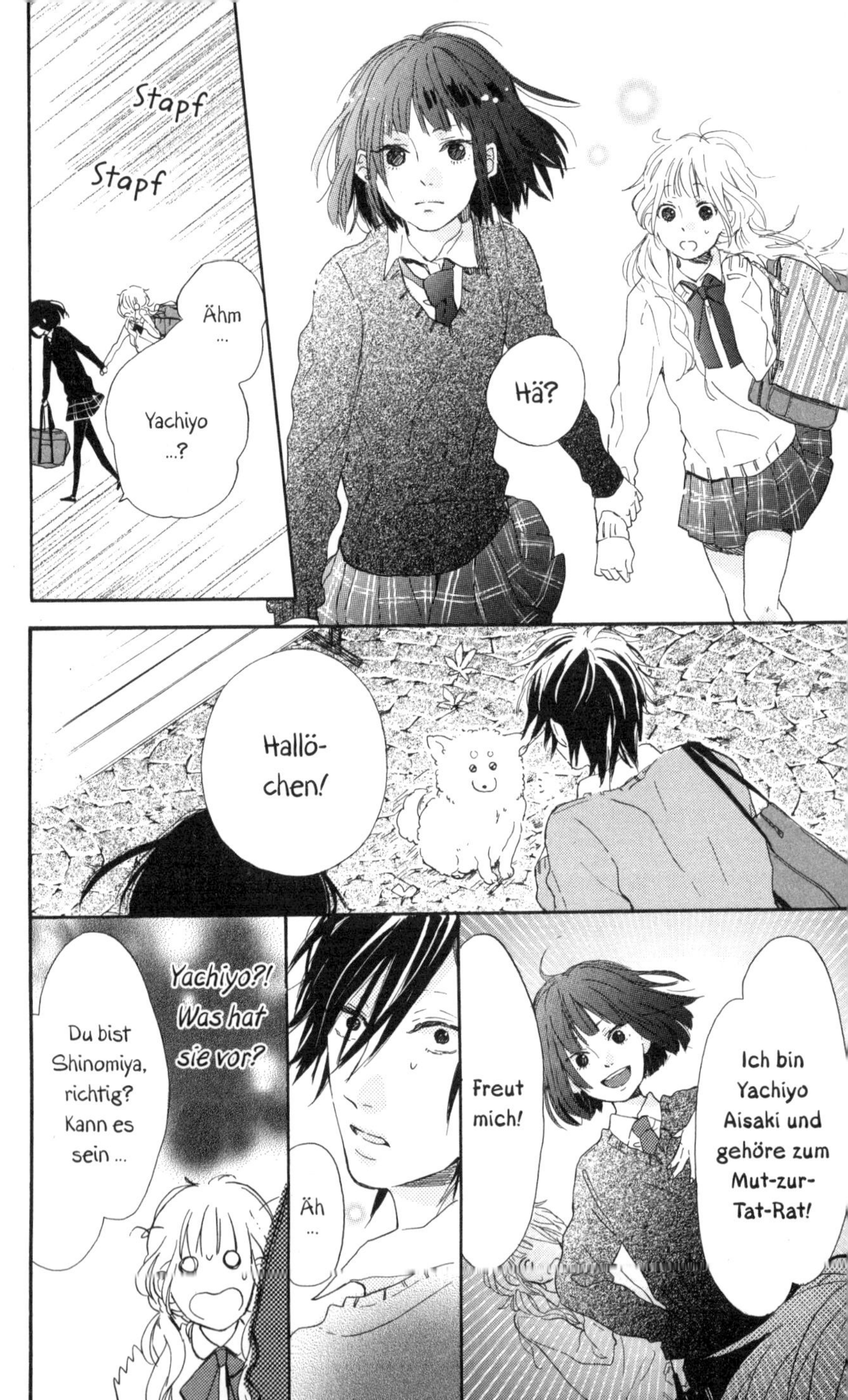
Hä?
Stapf
Stapf
Ähm ...
Yachiyo ...?
Hallöchen!
Ich bin Yachiyo Aisaki und gehöre zum Mut-zur-Tat-Rat!
Freut mich!
Äh ...
Yachiyo?! Was hat sie vor?
Du bist Shinomiya, richtig? Kann es sein ...

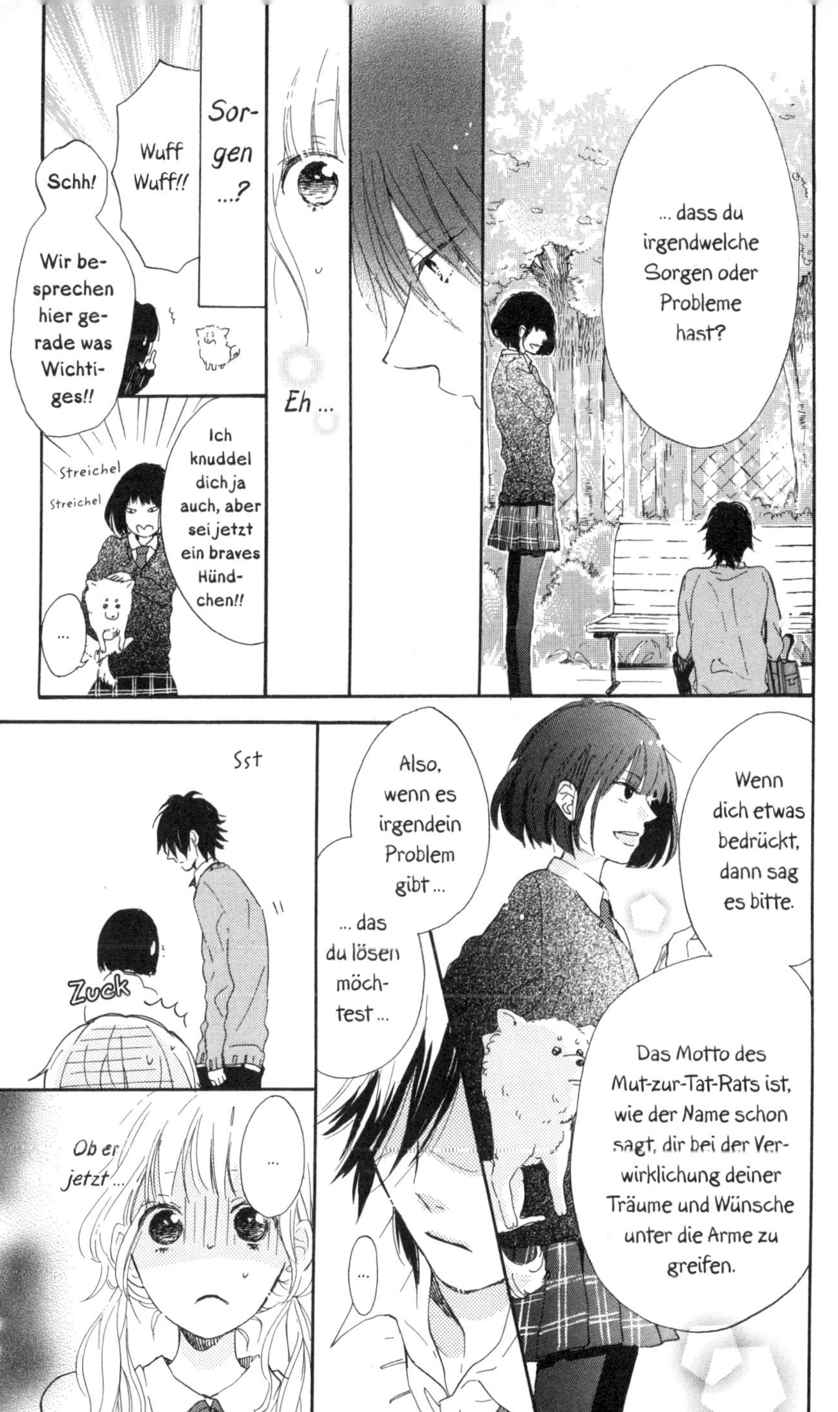
... dass du irgendwelche Sorgen oder Probleme hast?
Eh ...
Sorgen ...?
Wuff Wuff!!
Schh! Wir besprechen hier gerade was Wichtiges!!
Ich knuddel dich ja auch, aber sei jetzt ein braves Hündchen!!
Streichel
Streichel
...
Wenn dich etwas bedrückt, dann sag es bitte.
Das Motto des Mut-zur-Tat-Rats ist, wie der Name schon sagt, dir bei der Verwirklichung deiner Träume und Wünsche unter die Arme zu greifen.
Also, wenn es irgendein Problem gibt ...
... das du lösen möchtest ...
...
Sst
Zuck
...
Ob er jetzt ...

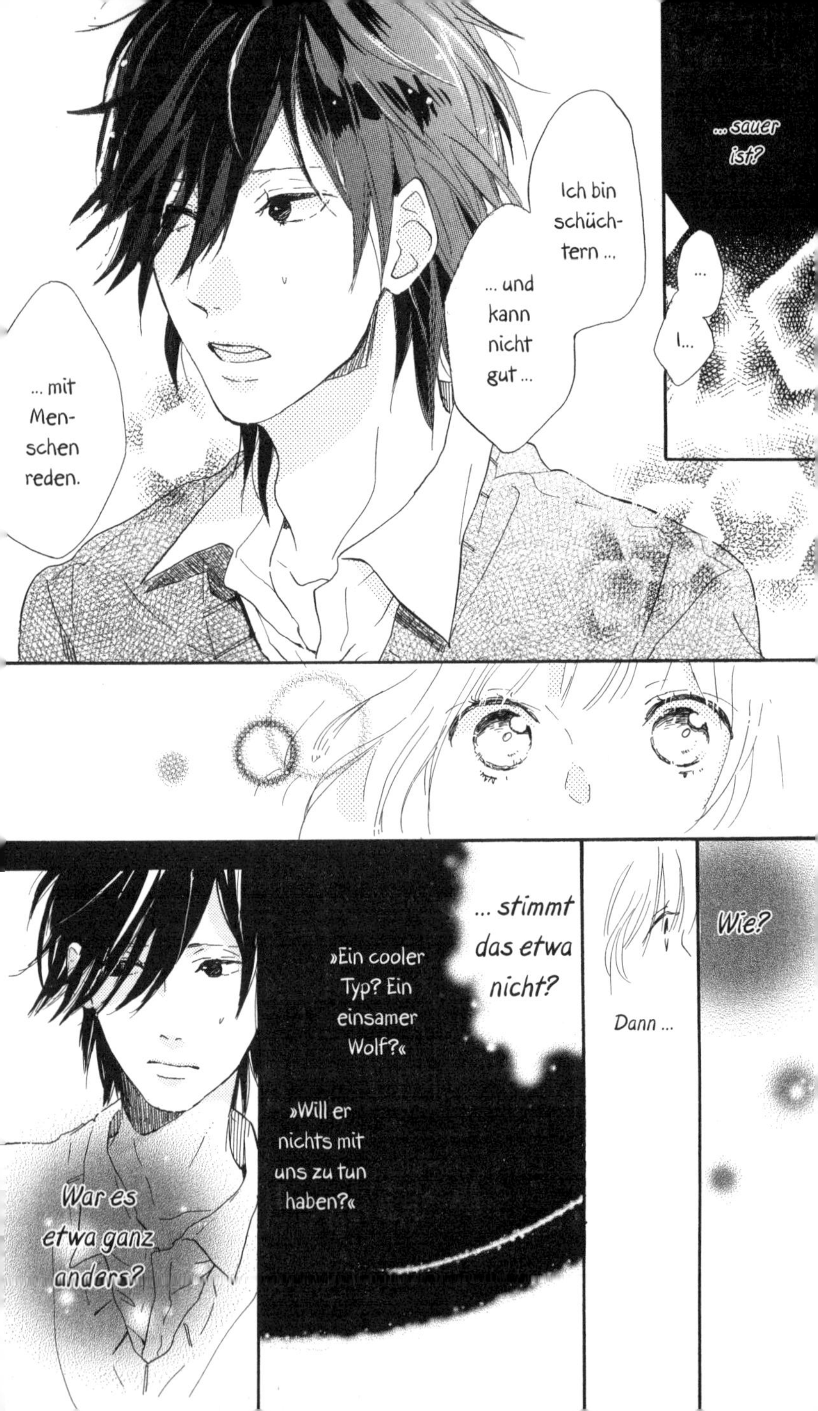
... sauer ist?
... I...
Ich bin schüchtern ...
... und kann nicht gut ...
... mit Menschen reden.
Wie?
Dann ...
... stimmt das etwa nicht?
»Ein cooler Typ? Ein einsamer Wolf?«
»Will er nichts mit uns zu tun haben?«
War es etwa ganz anders?

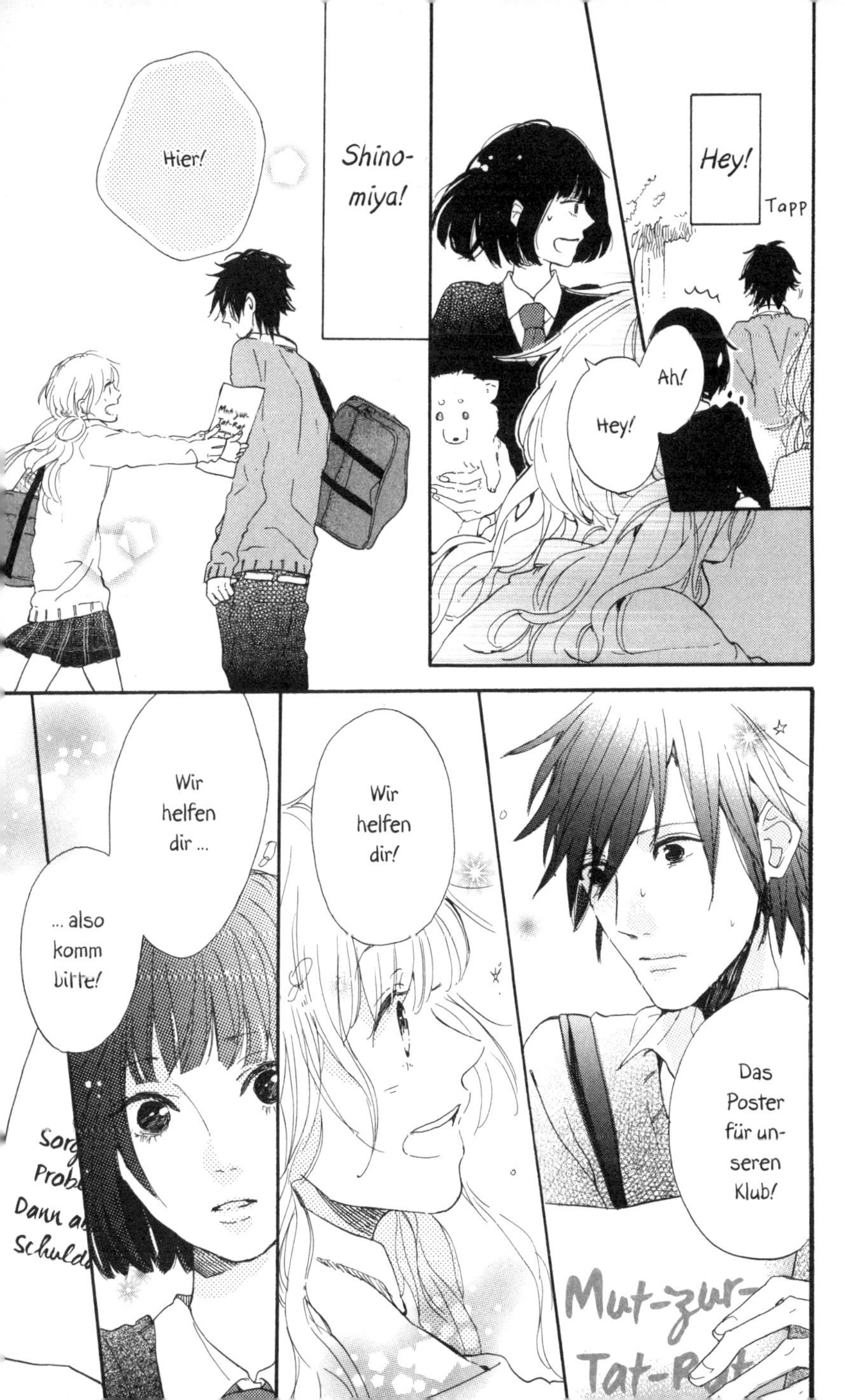

Hey!
Tapp
Ah!
Hey!
Shino-miya!
Hier!
Das Poster für unseren Klub!
Mut-zur-Tat-
Wir helfen dir!
Wir helfen dir ...
... also komm bitte!

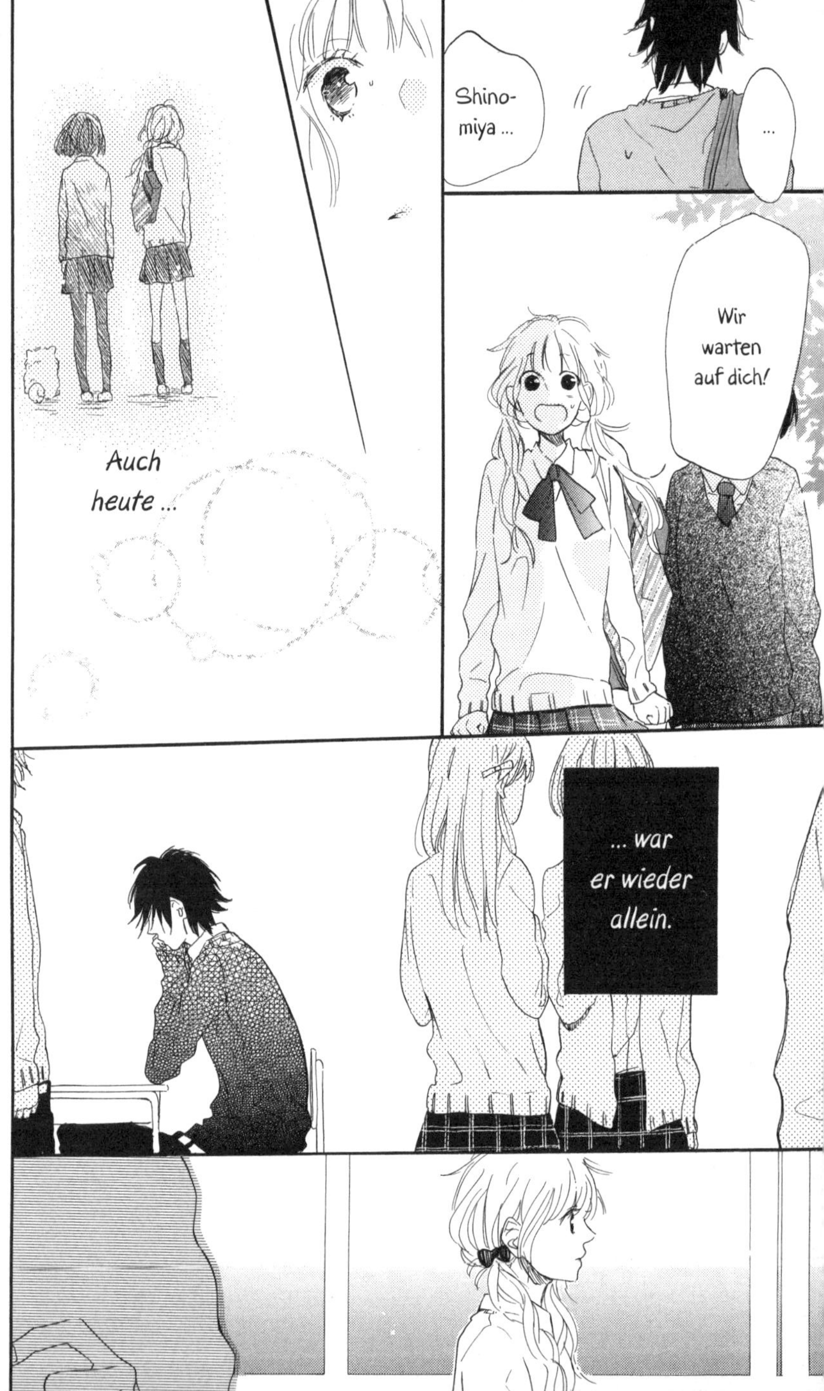
...
Shino-miya ...
Wir warten auf dich!
Auch heute ...
... war er wieder allein.

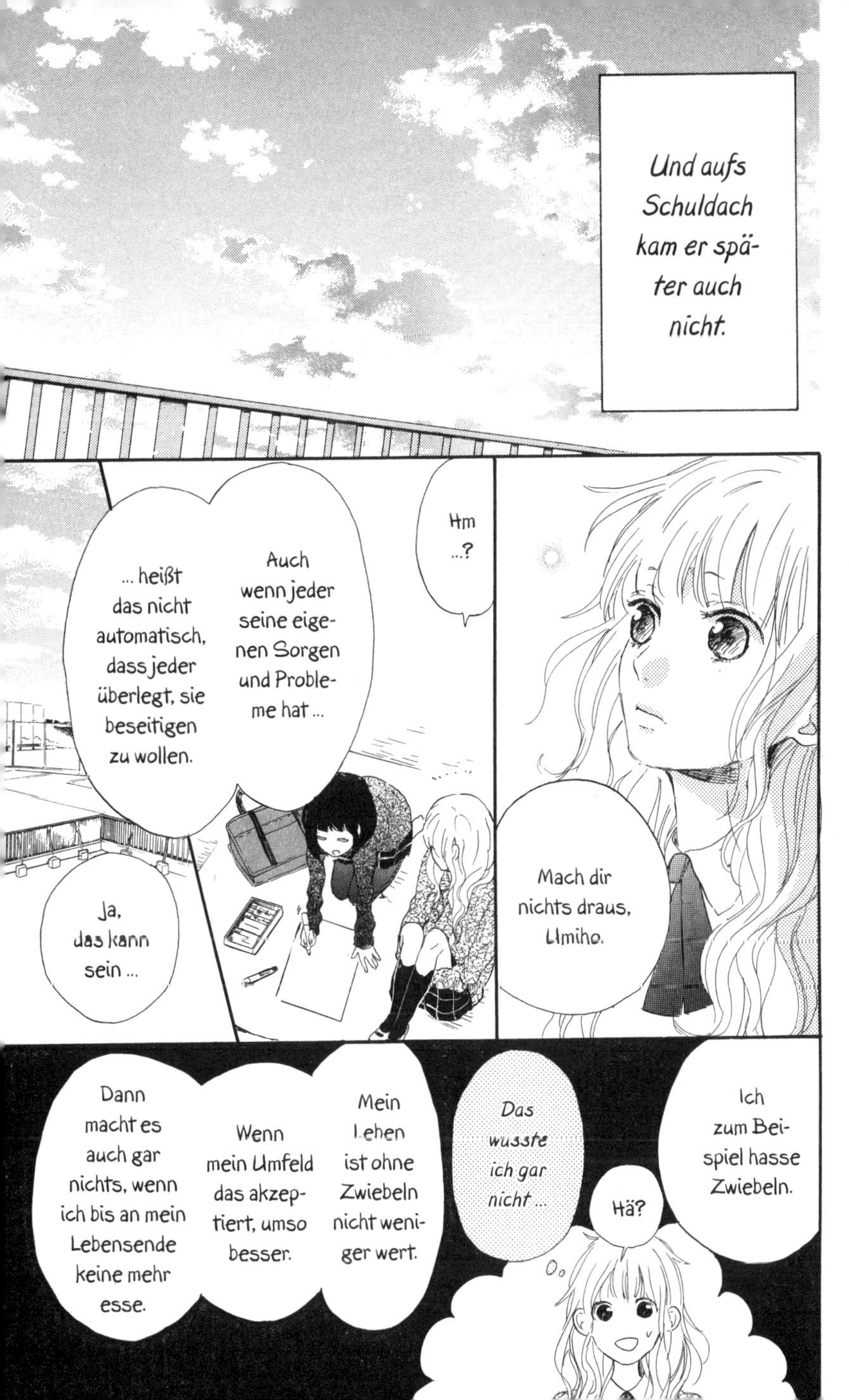
Und aufs Schuldach kam er später auch nicht.
Hm ...?
Auch wenn jeder seine eigenen Sorgen und Probleme hat ...
... heißt das nicht automatisch, dass jeder überlegt, sie beseitigen zu wollen.
Mach dir nichts draus, Umiho.
Ja, das kann sein ...
Ich zum Beispiel hasse Zwiebeln.
Hä?
Das wusste ich gar nicht ...
Mein Leben ist ohne Zwiebeln nicht weniger wert.
Wenn mein Umfeld das akzeptiert, umso besser.
Dann macht es auch gar nichts, wenn ich bis an mein Lebensende keine mehr esse.

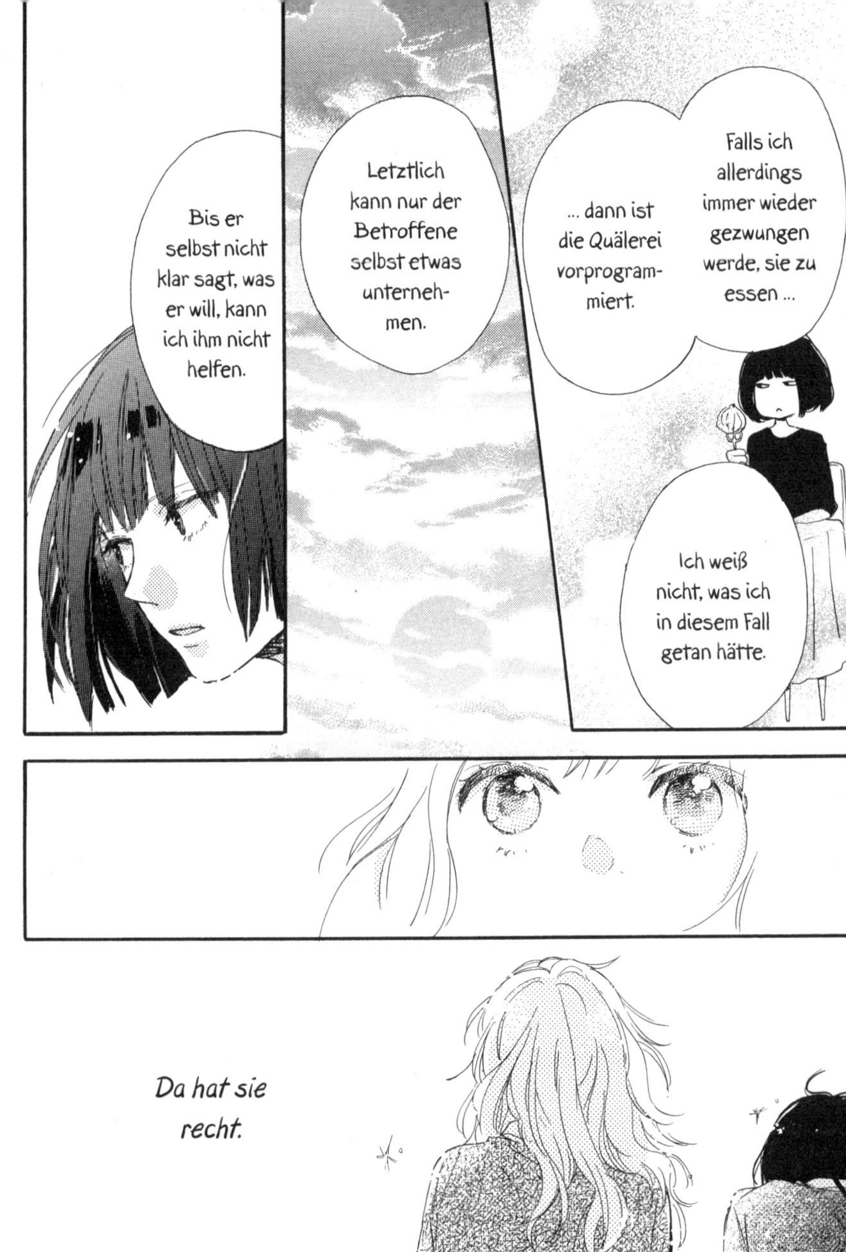
Falls ich allerdings immer wieder gezwungen werde, sie zu essen ...
... dann ist die Quälerei vorprogrammiert.
Ich weiß nicht, was ich in diesem Fall getan hätte.
Letztlich kann nur der Betroffene selbst etwas unternehmen.
Bis er selbst nicht klar sagt, was er will, kann ich ihm nicht helfen.
Da hat sie recht.

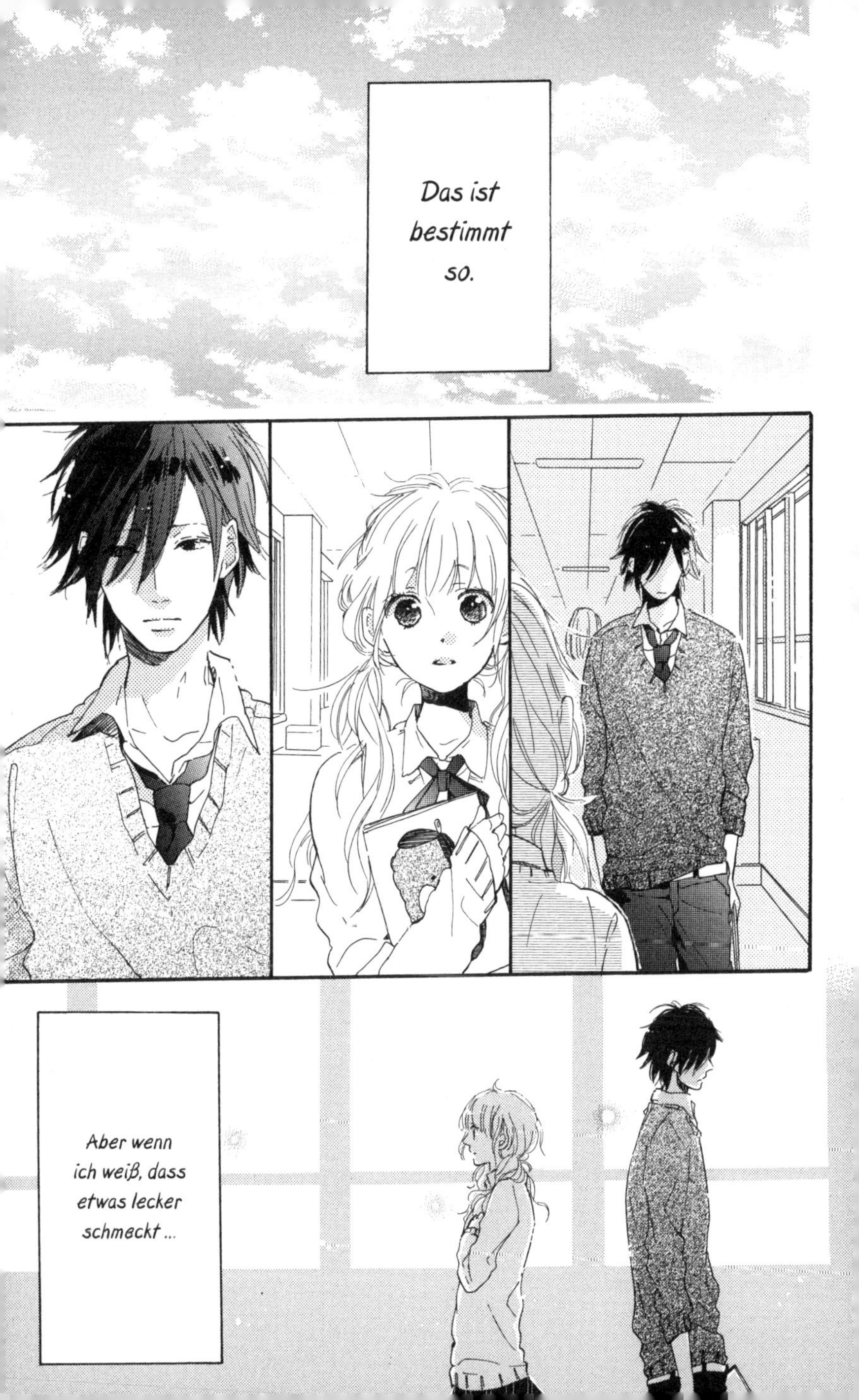

Das ist bestimmt so.

Aber wenn ich weiß, dass etwas lecker schmeckt ...

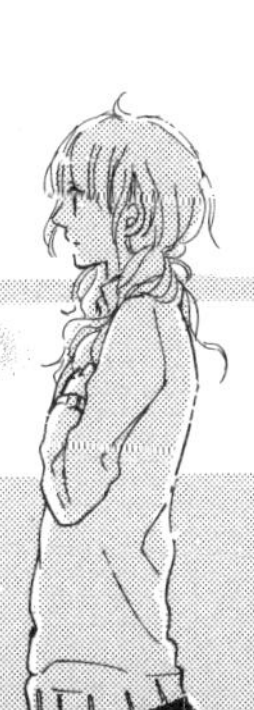

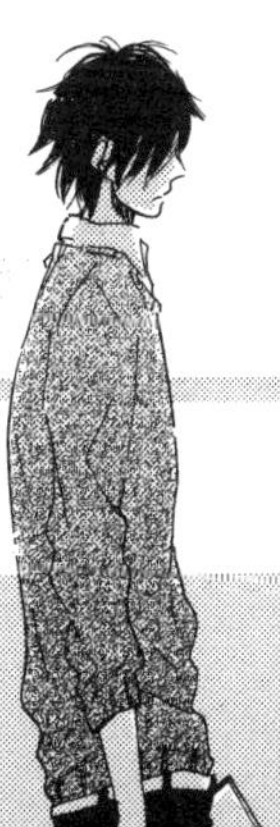

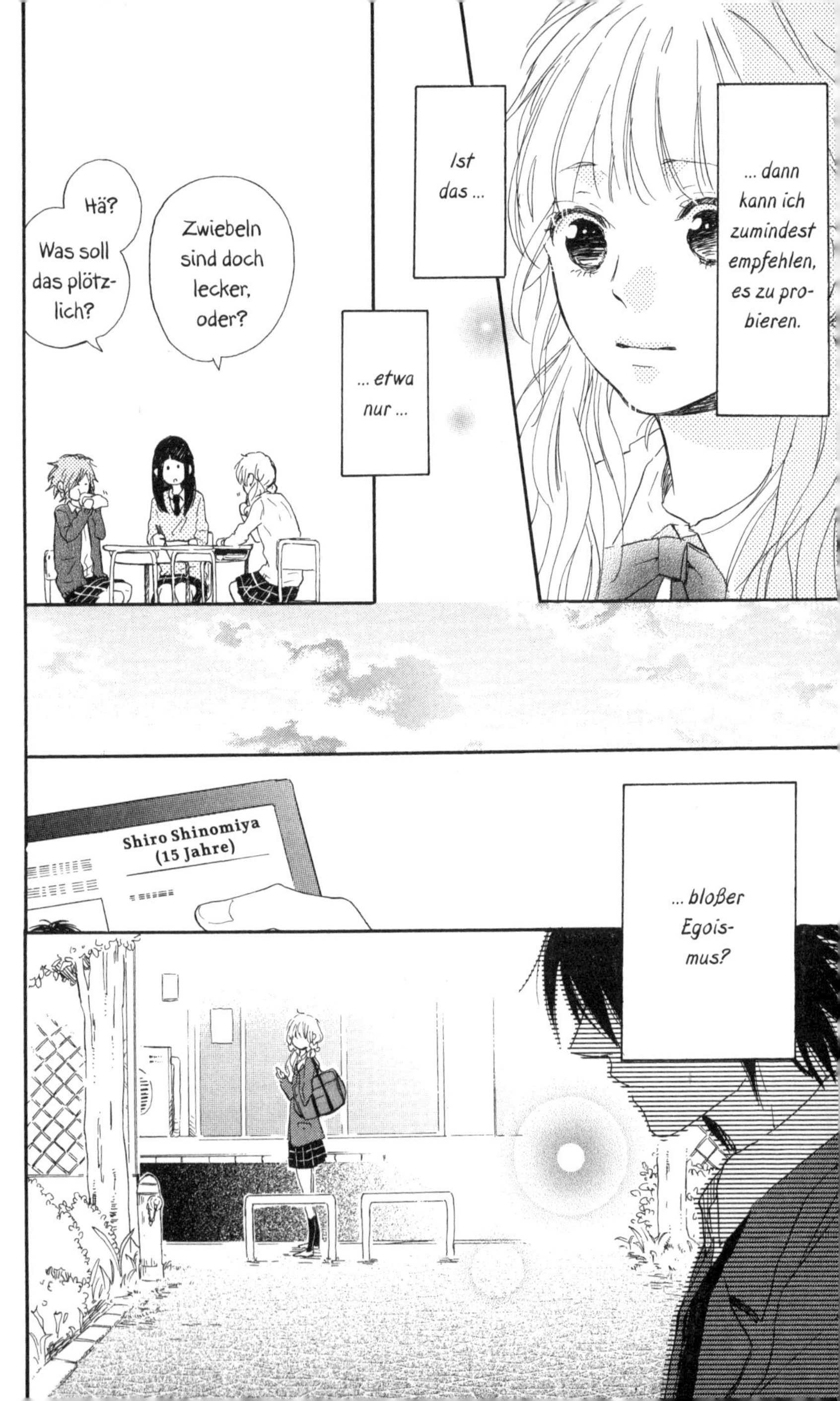
Ist das ...
... dann kann ich zumindest empfehlen, es zu probieren.
... etwa nur ...
Zwiebeln sind doch lecker, oder?
Hä? Was soll das plötzlich?
Shiro Shinomiya (15 Jahre)
... bloßer Egoismus?

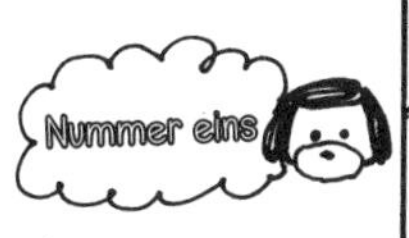

Hallihallo! Hier ist Kana Watanabe.

Vielen Dank, dass ihr diesen Manga gekauft habt. !!
Ich wollte schon lange mal etwas in diese seitliche leere Spalte schreiben, und endlich hat es geklappt! (Auch wenn ich eigentlich nichts zu schreiben habe … *lol*)
Übrigens hab ich zu meiner Schulzeit nie die Dinge gelesen, die in diesen Spalten standen. Aber als ich es eines Tages tat, dachte ich mir, das ist ja ganz schön cool, dass der Mangaka hier Sachen über sich selbst schreibt. Ich erinnere mich, dass ich alle meine Manga rausgekramt habe, um diese Spalten zu lesen (lol).
Auch wenn ihr das hier nur überfliegt, würde ich mich freuen, wenn ihr den Manga dafür komplett lest!! (lol)

Da ist eine freie Spalte!

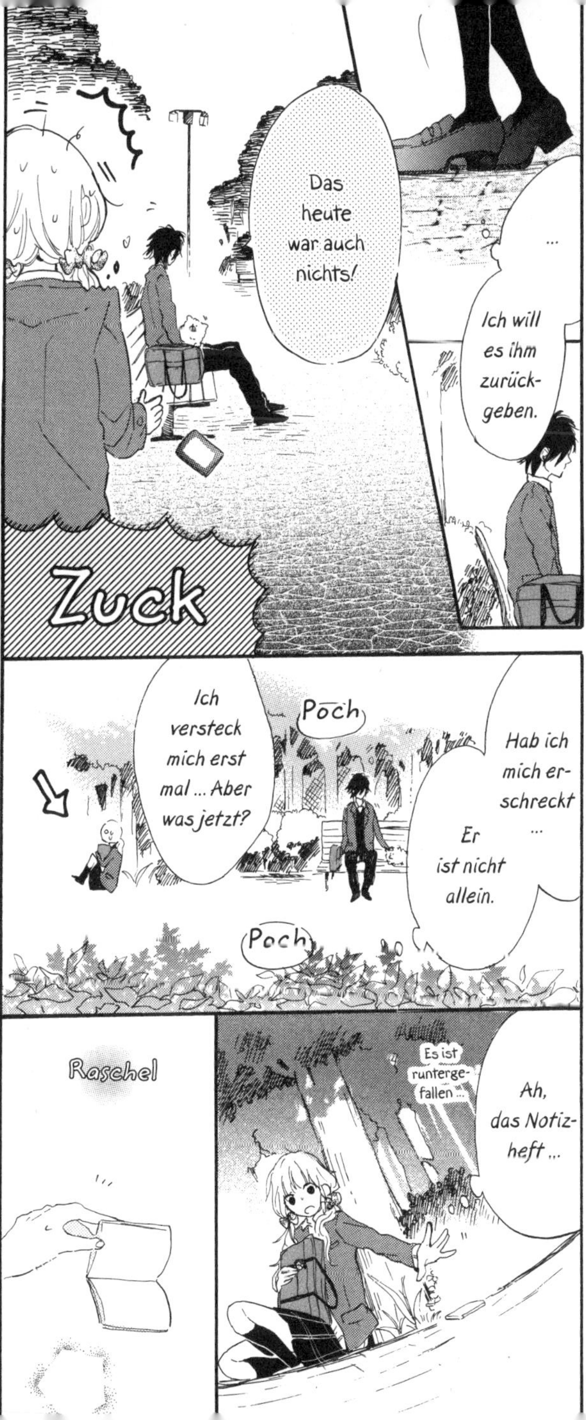

…
Ich will es ihm zurückgeben.
Das heute war auch nichts!
Zuck

Hab ich mich erschreckt …
Er ist nicht allein.
Poch
Ich versteck mich erst mal … Aber was jetzt?
Poch

Ah, das Notizheft …
Es ist runtergefallen …
Raschel

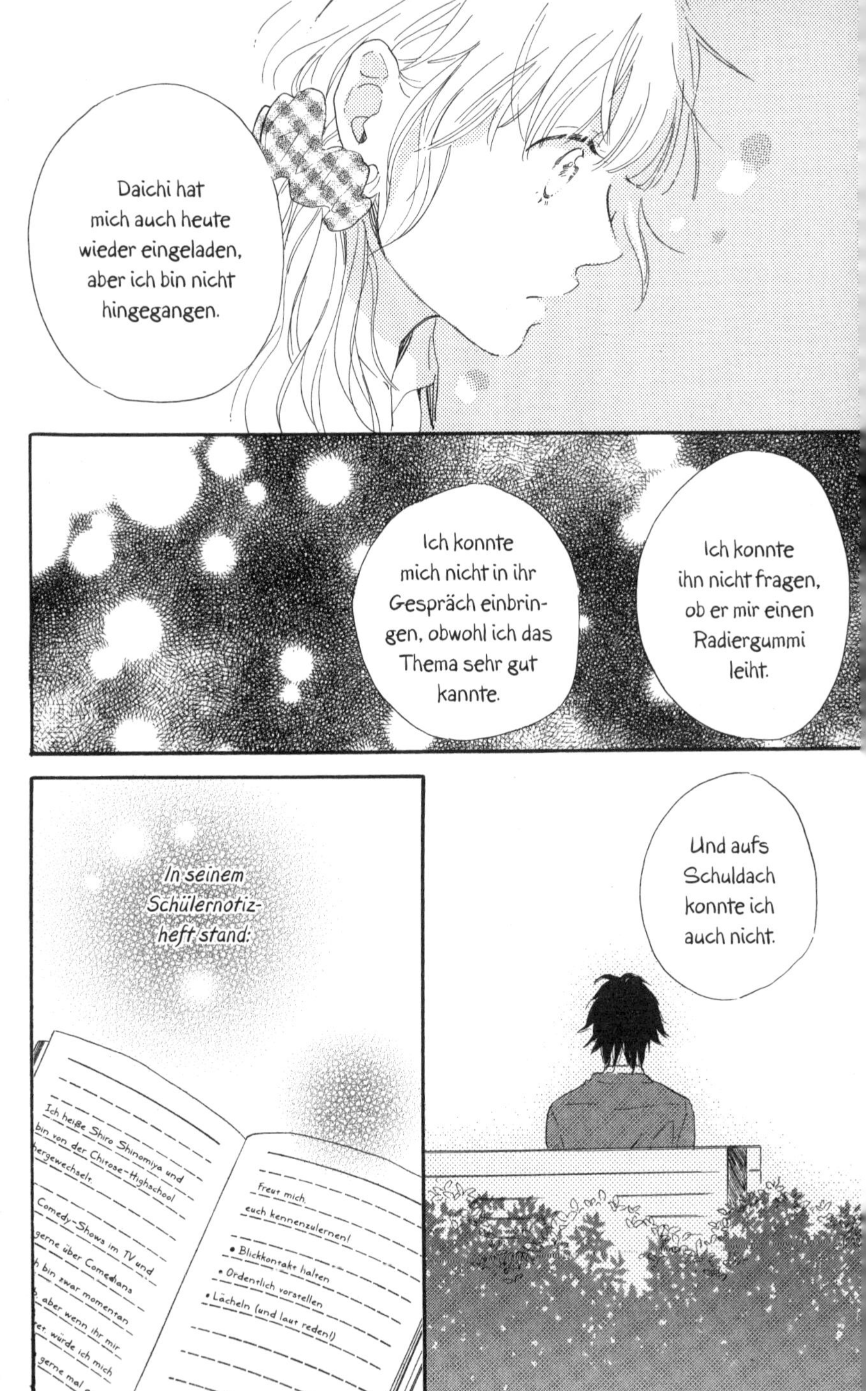
Daichi hat mich auch heute wieder eingeladen, aber ich bin nicht hingegangen.
Ich konnte ihn nicht fragen, ob er mir einen Radiergummi leiht.
Ich konnte mich nicht in ihr Gespräch einbringen, obwohl ich das Thema sehr gut kannte.
Und aufs Schuldach konnte ich auch nicht.
In seinem Schülernotizheft stand:
Ich heiße Shiro Shinomiya und
bin von der Chitose-Highschool
hergewechselt.
Comedy-Shows im TV und
gerne über Comedians
h bin zwar momentan
, aber wenn ihr mir
et, würde ich mich
gerne mal aus.
Freut mich,
euch kennenzulernen!
• Blickkontakt halten
• Ordentlich vorstellen
• Lächeln (und laut reden!)

So etwas hatte ich noch nie gelesen.

Eine endlos lange Selbstvorstellung ...

... die unzählige Male überarbeitet wurde.

Wenn ich Blickkontakt habe, werde ich nervös und kann nichts mehr sagen.

Ich denke lange über die richtigen Worte nach, die mir dann im Hals steckenbleiben.

Als ich hörte, dass ich die Schule wechsle ...

... hielt ich das für einen guten Zeitpunkt, alles besser zu machen.

Aber vielleicht klappt es doch nicht.

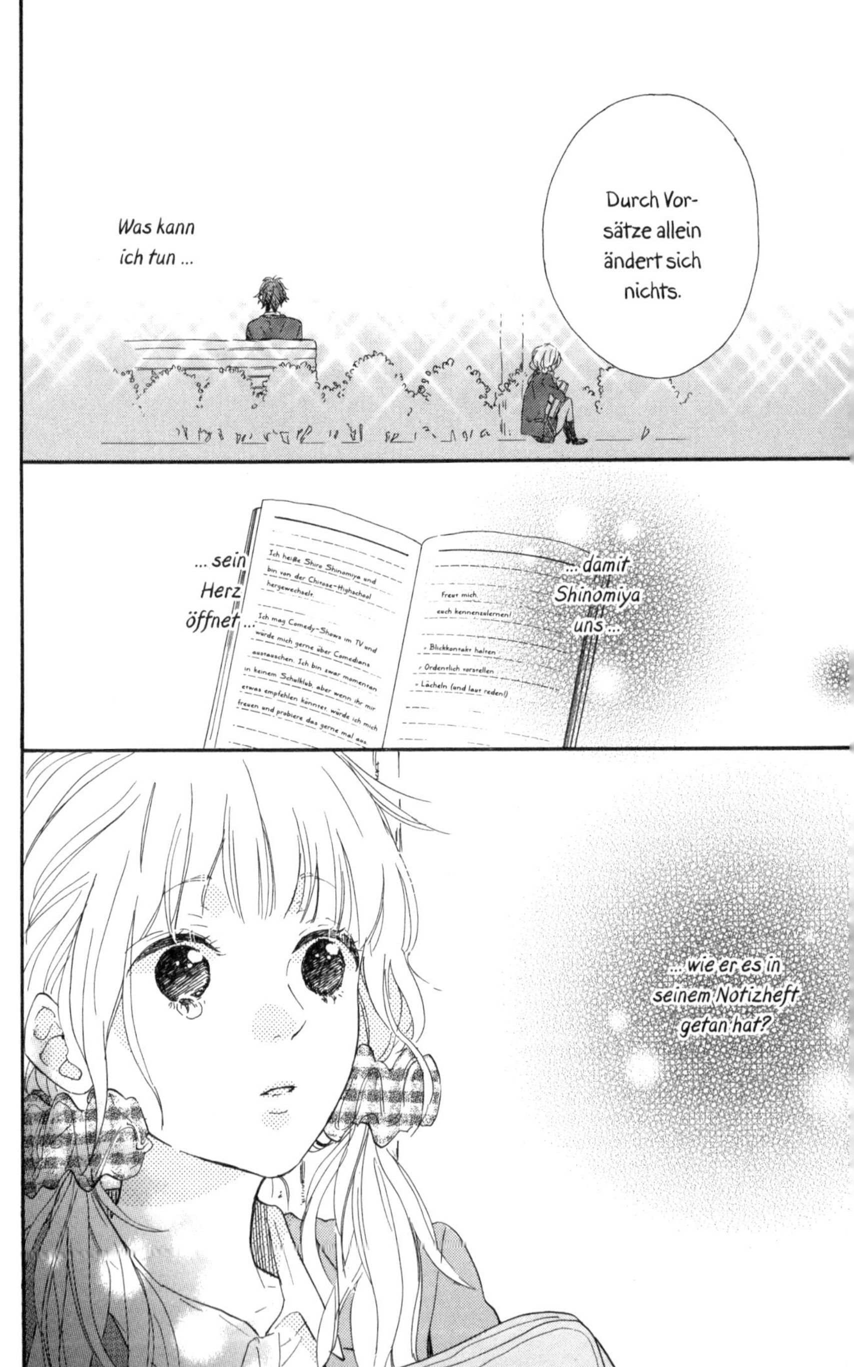
Durch Vorsätze allein ändert sich nichts.
Was kann ich tun ...
... damit Shinomiya uns ...
... sein Herz öffnet ...
Ich heiße Shiro Shinomiya und bin von der Chitose-Highschool hergewechselt.
Ich mag Comedy-Shows im TV und würde mich gerne über Comedians austauschen. Ich bin zwar momentan in keinem Schulklub, aber wenn ihr mir etwas empfehlen könntet, würde ich mich freuen und probiere das gerne mal aus.
Freut mich, euch kennenzulernen!
- Blickkontakt halten
- Ordentlich vorstellen
- Lächeln (und laut reden!)
... wie er es in seinem Notizheft getan hat?

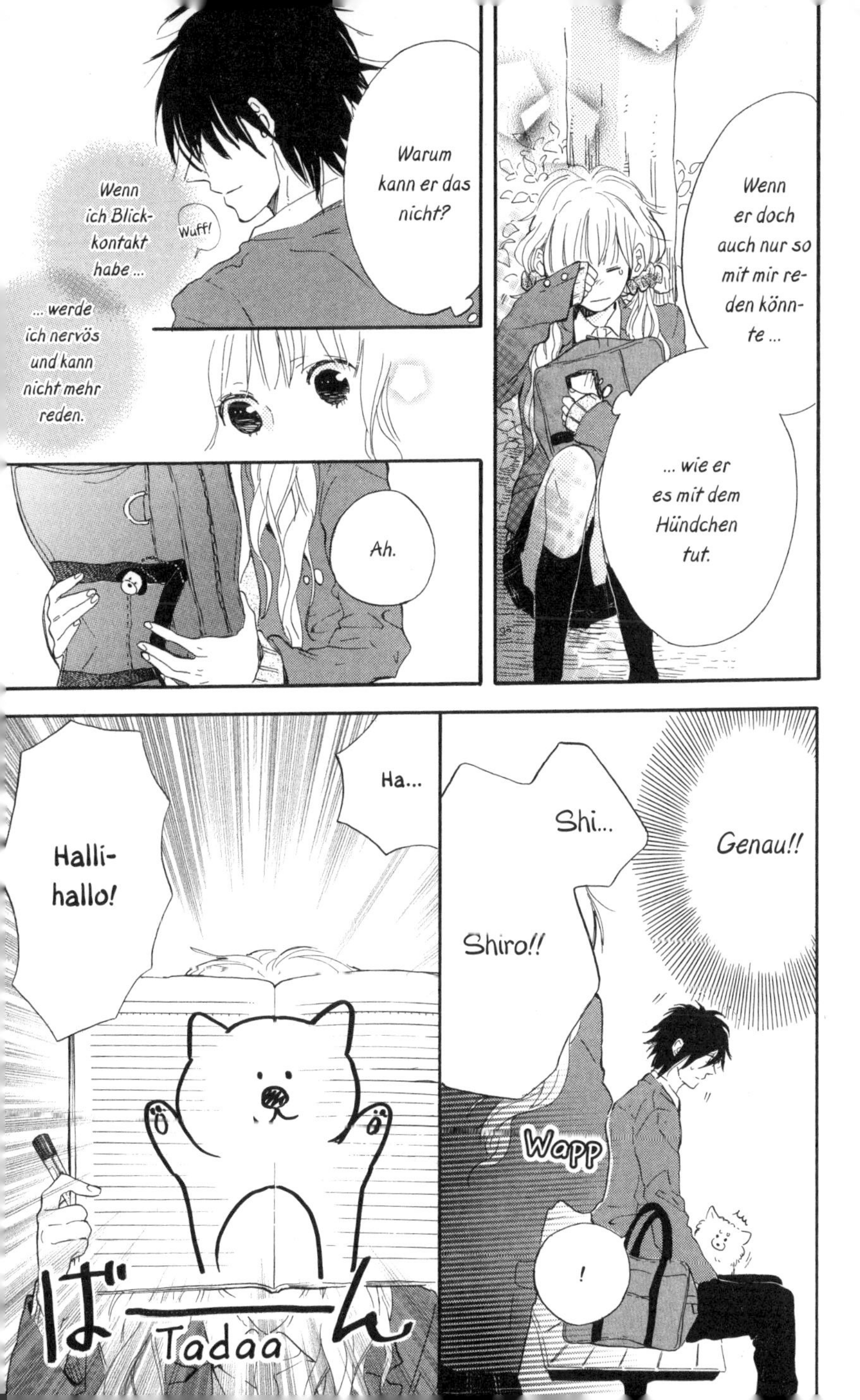

Wenn er doch auch nur so mit mir reden könnte ...
... wie er es mit dem Hündchen tut.
Warum kann er das nicht?
Wuff!
Wenn ich Blickkontakt habe ...
... werde ich nervös und kann nicht mehr reden.
Ah.
Genau!!
Shi...
Shiro!!
Wapp
!
Ha...
Halli-hallo!
ばーん
Tadaa

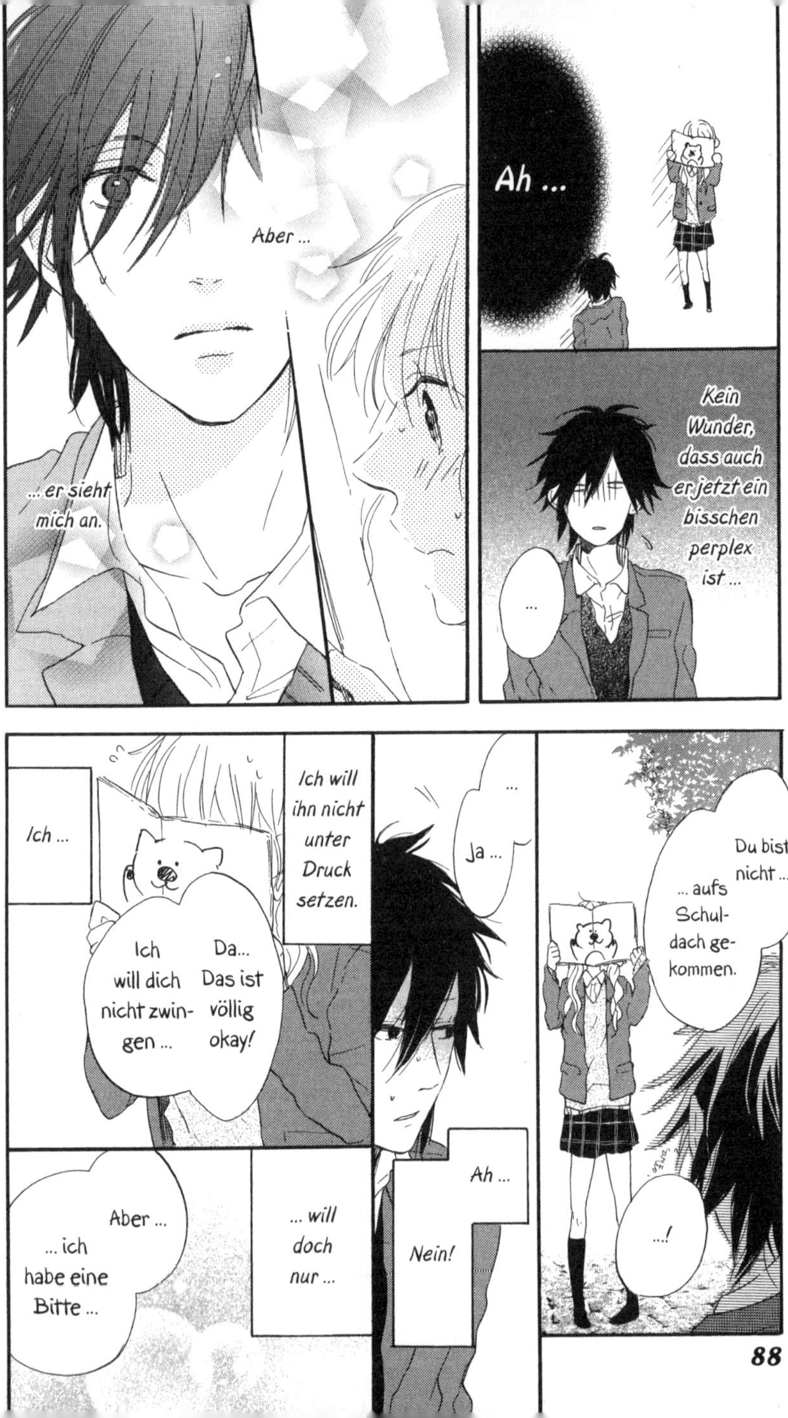

Ah ...

Kein Wunder, dass auch er jetzt ein bisschen perplex ist ...

...

Aber ...

... er sieht mich an.

Du bist nicht ...

... aufs Schuldach gekommen.

...!

...

Ja ...

Ah ...

Nein!

Ich will ihn nicht unter Druck setzen.

Ich ...

Da... Das ist völlig okay!

Ich will dich nicht zwingen ...

... will doch nur ...

Aber ...

... ich habe eine Bitte ...

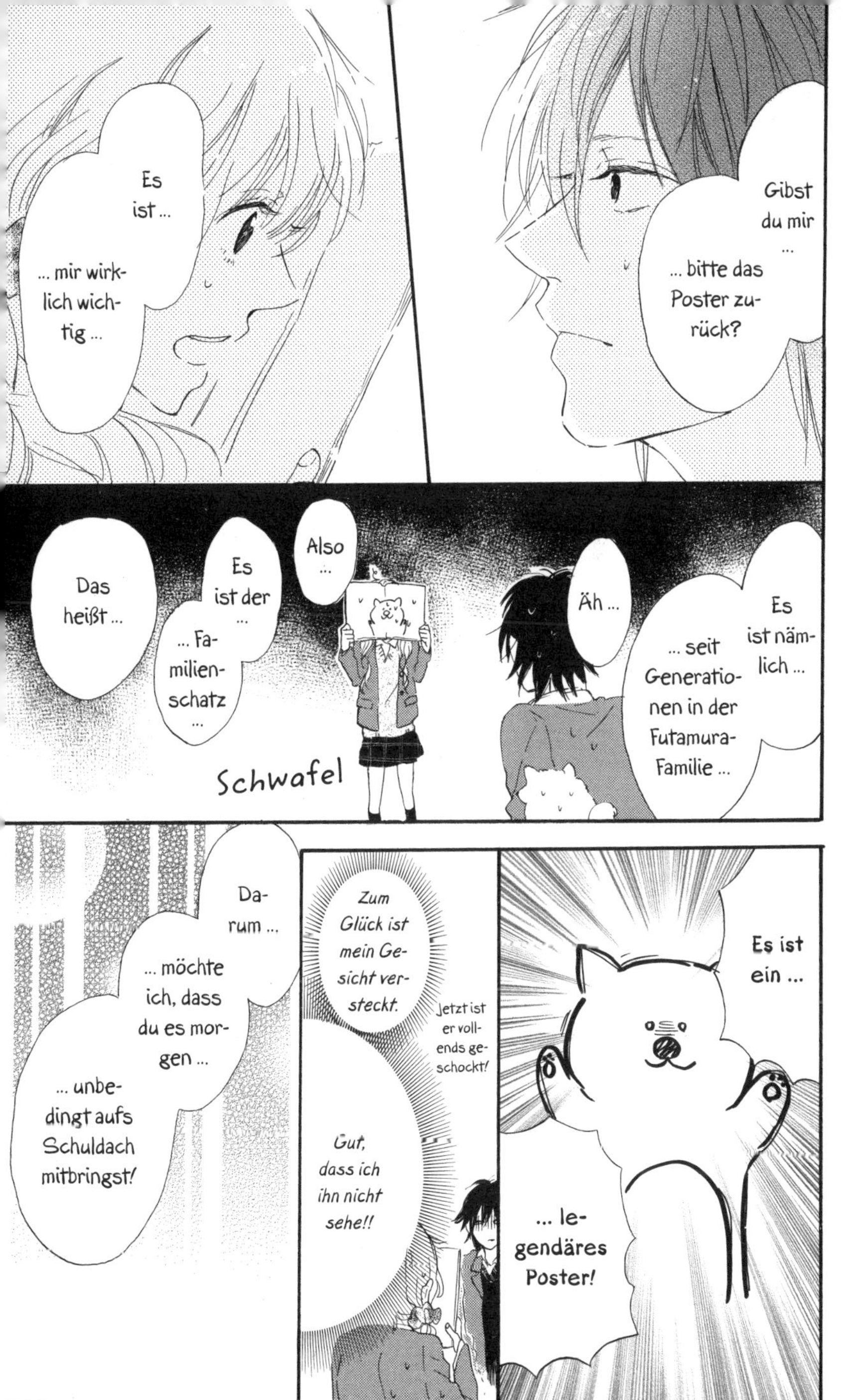
Gibst du mir ...
... bitte das Poster zurück?
Es ist ...
... mir wirklich wichtig ...
Es ist nämlich ...
... seit Generationen in der Futamura-Familie ...
Äh ...
Also ...
Es ist der ...
... Familienschatz ...
Das heißt ...
Schwafel
Es ist ein ...
... legendäres Poster!
Zum Glück ist mein Gesicht versteckt.
Jetzt ist er vollends geschockt!
Gut, dass ich ihn nicht sehe!!
Darum ...
... möchte ich, dass du es morgen ...
... unbedingt aufs Schuldach mitbringst!

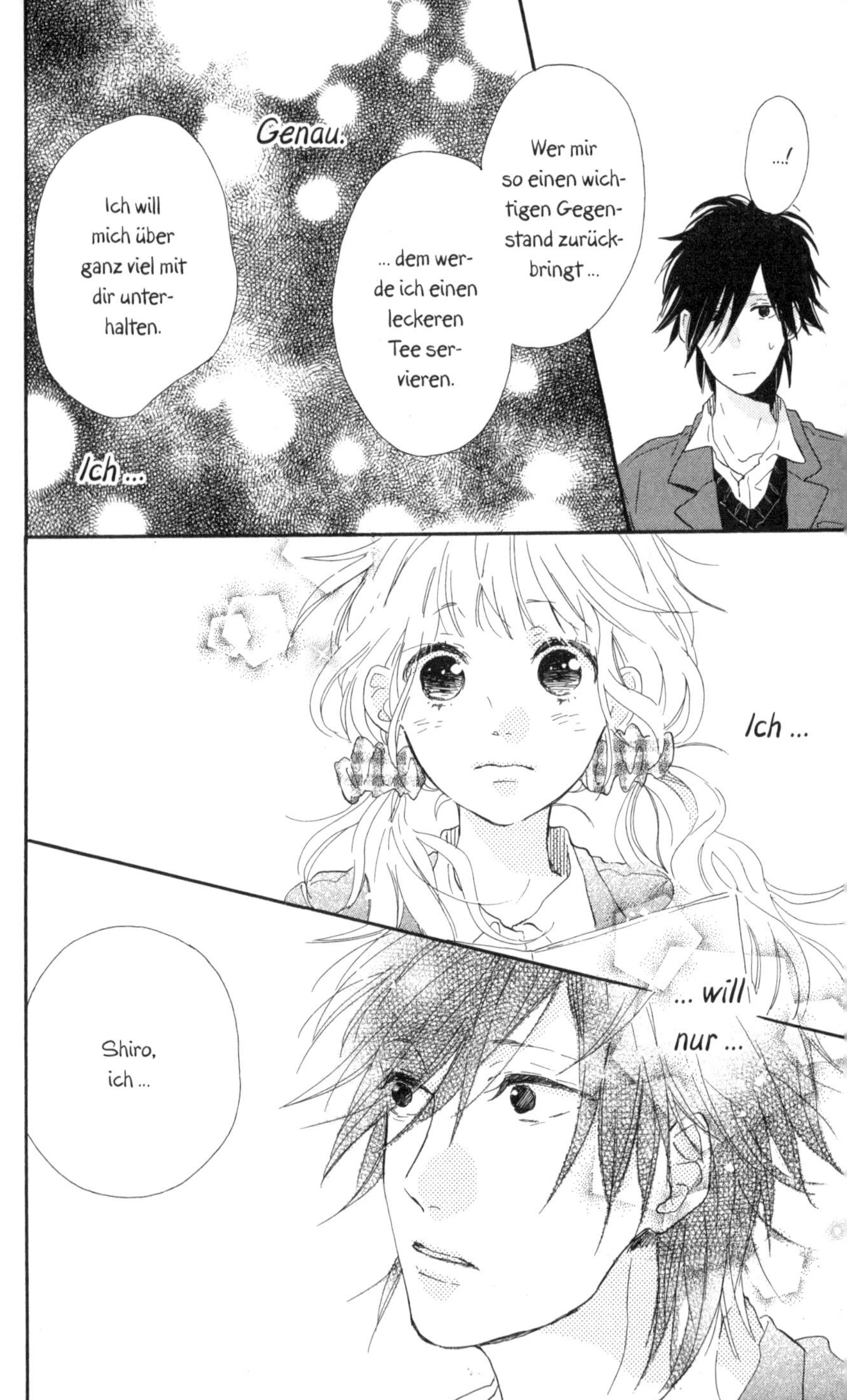
...!
Wer mir so einen wichtigen Gegenstand zurückbringt ...
... dem werde ich einen leckeren Tee servieren.
Genau.
Ich will mich über ganz viel mit dir unterhalten.
Ich ...
Ich ...
... will nur ...
Shiro, ich ...

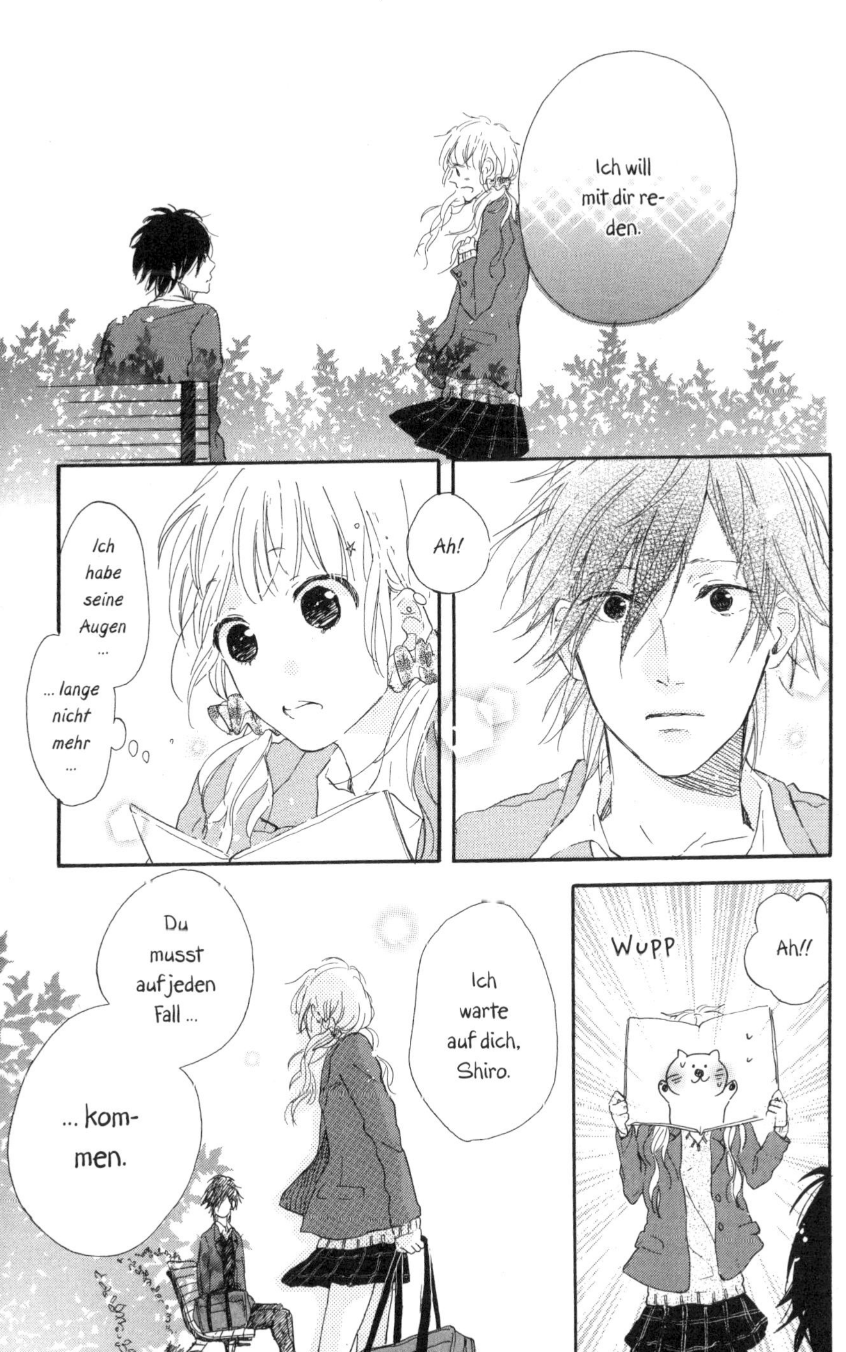

Ich will mit dir re- den.
Ah!
Ich habe seine Augen …
… lange nicht mehr …
Wupp
Ah!!
Ich warte auf dich, Shiro.
Du musst auf jeden Fall …
… kom- men.

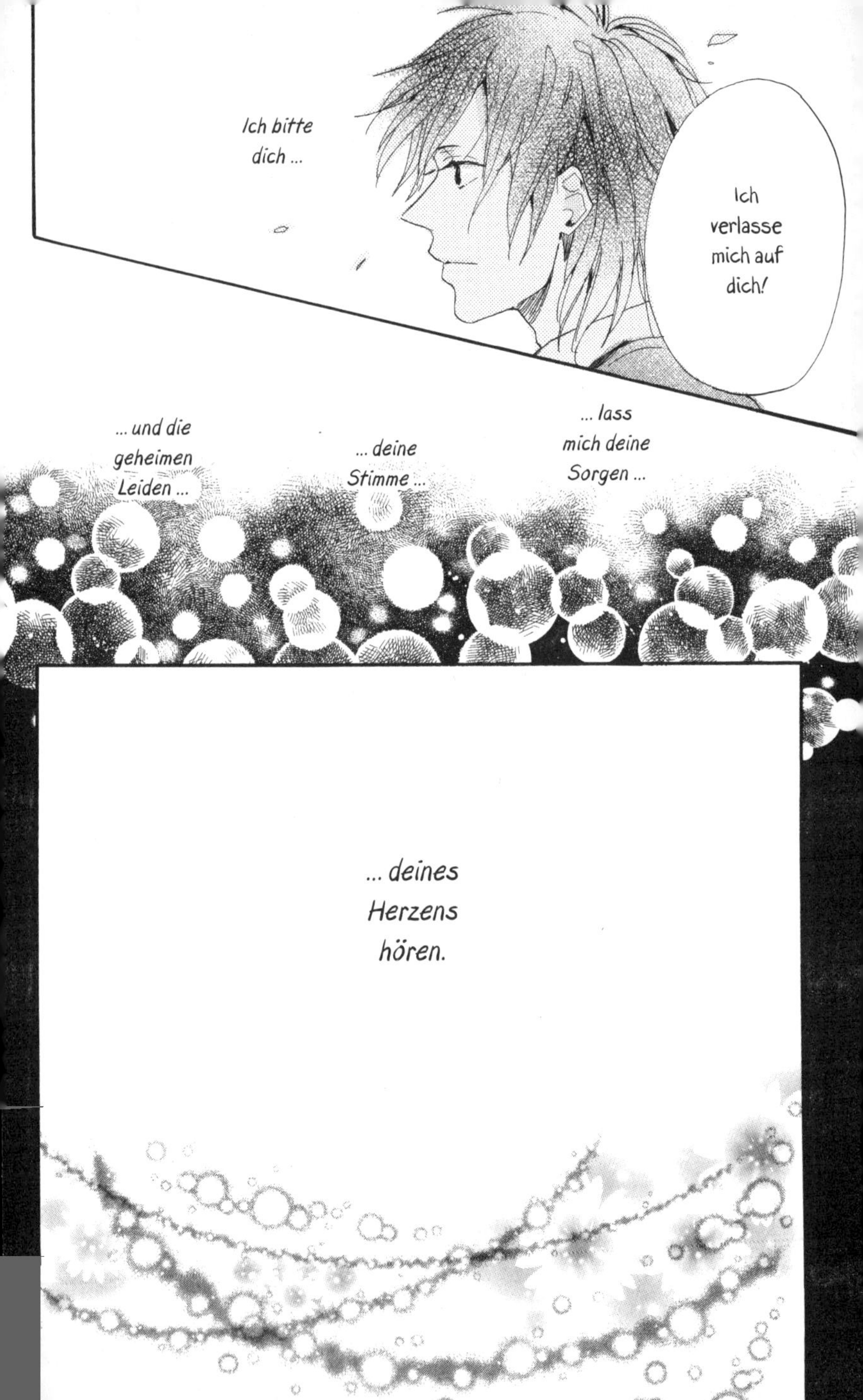
Ich verlasse mich auf dich!
Ich bitte dich ...
... lass mich deine Sorgen ...
... deine Stimme ...
... und die geheimen Leiden ...
... deines Herzens hören.

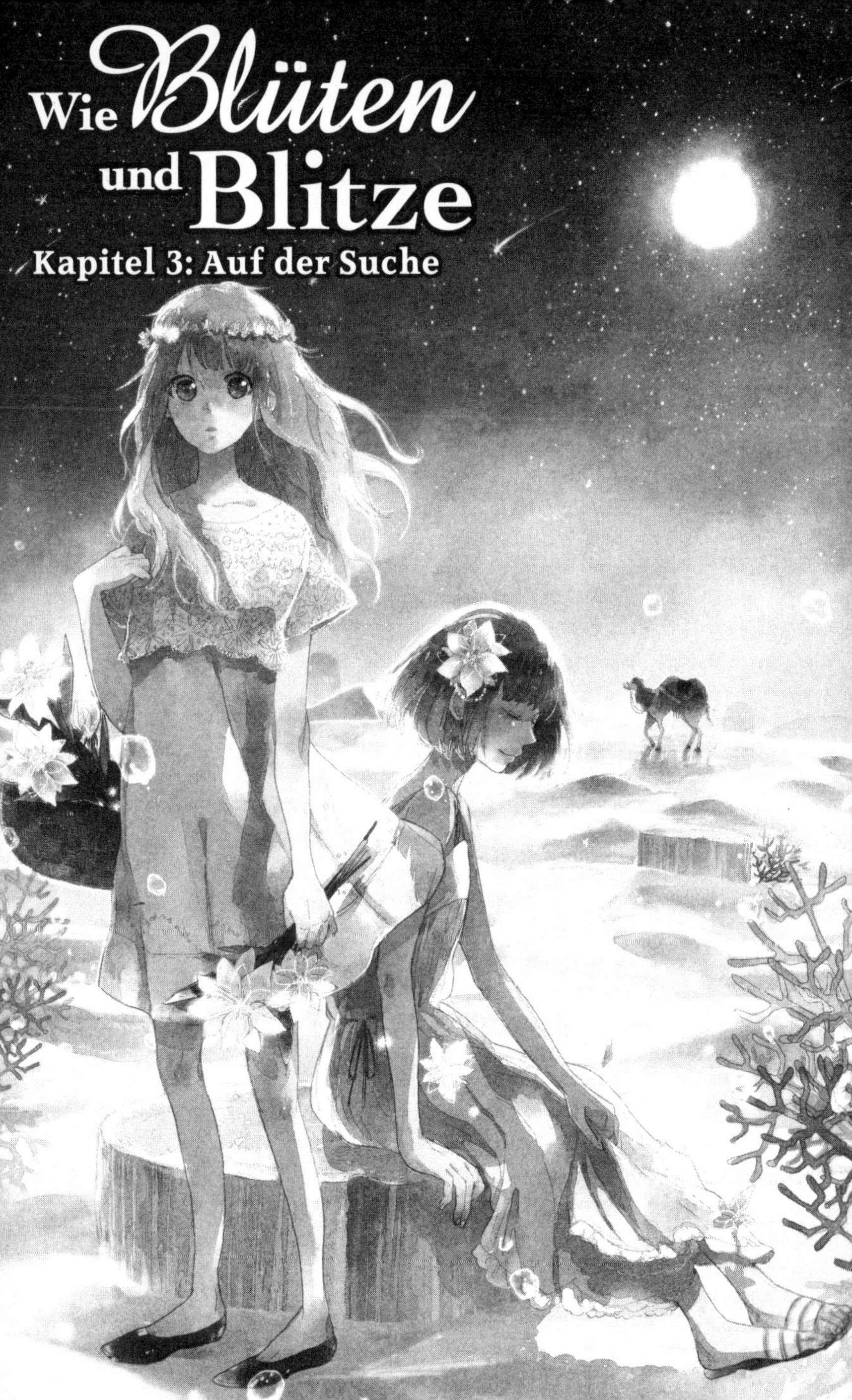
Wie Blüten und Blitze
Kapitel 3: Auf der Suche

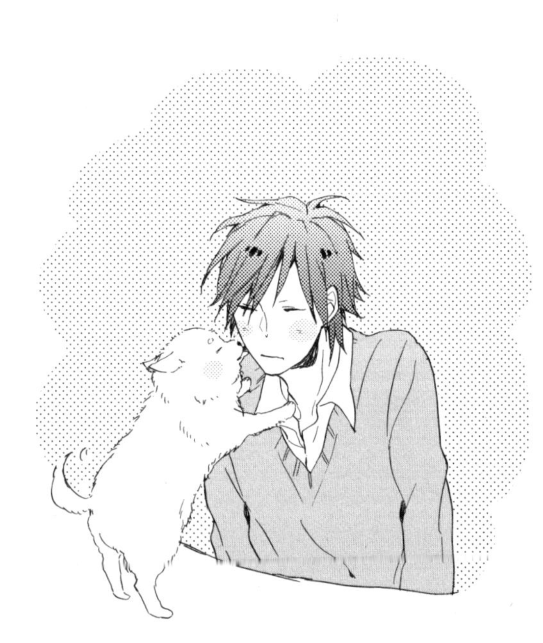

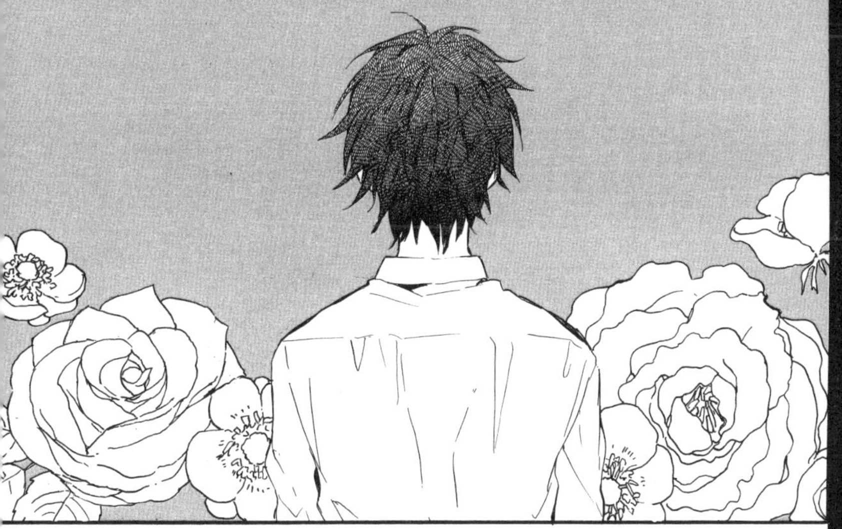
Wahrschein-
lich macht sich
niemand einen
Kopf darum.

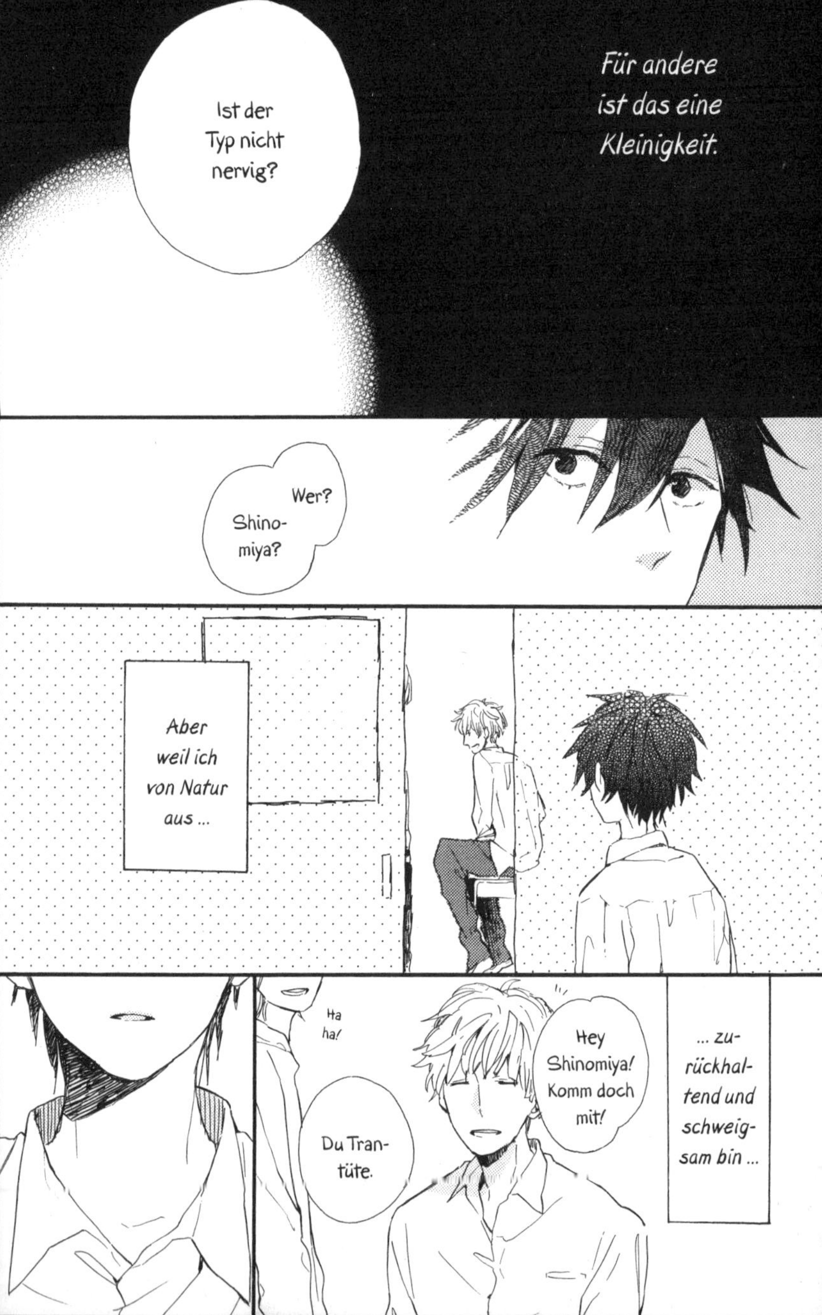
Für andere ist das eine Kleinigkeit.
Ist der Typ nicht nervig?
Wer? Shinomiya?
Aber weil ich von Natur aus ...
... zurückhaltend und schweigsam bin ...
Hey Shinomiya! Komm doch mit!
Ha ha!
Du Trantüte.

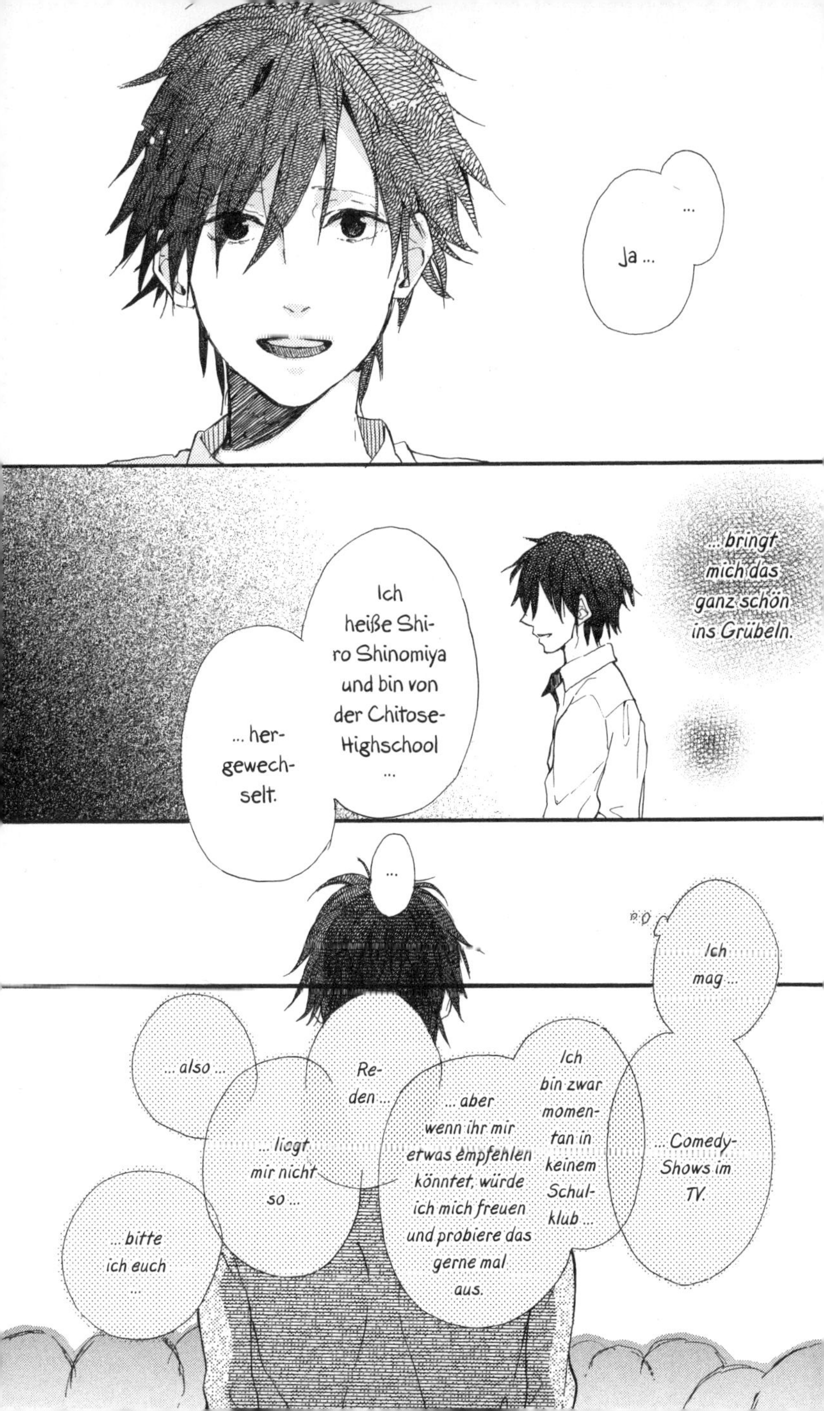
...
Ja ...
... bringt mich das ganz schön ins Grübeln.
Ich heiße Shiro Shinomiya und bin von der Chitose-Highschool ...
... her-gewech-selt.
...
Ich mag ...
... Comedy-Shows im TV.
Ich bin zwar momentan in keinem Schulklub ...
... aber wenn ihr mir etwas empfehlen könntet, würde ich mich freuen und probiere das gerne mal aus.
Reden ...
... liegt mir nicht so ...
... also ...
... bitte ich euch ...

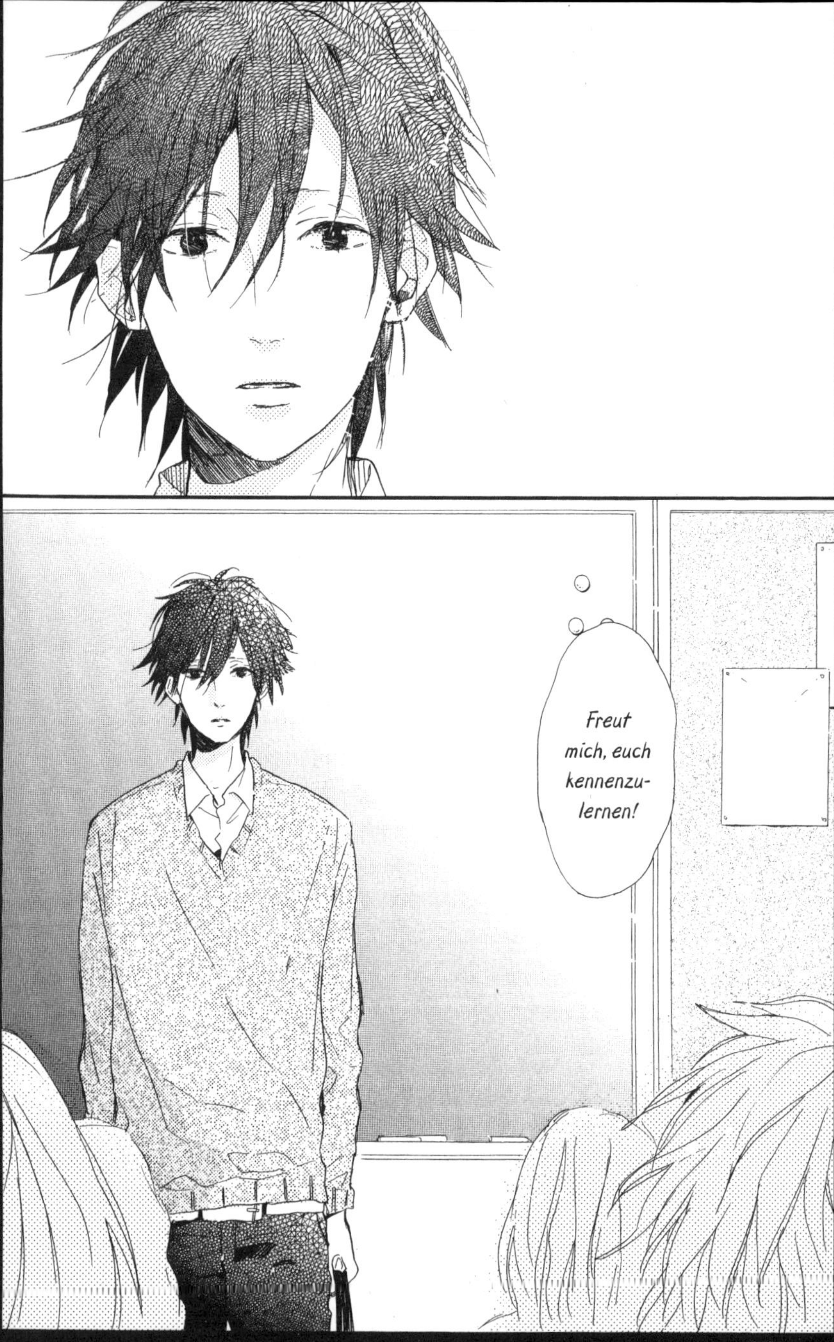

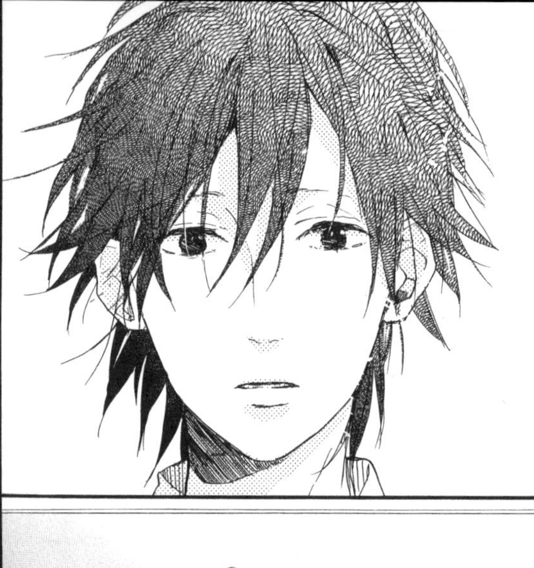

Freut
mich, euch
kennenzu-
lernen!

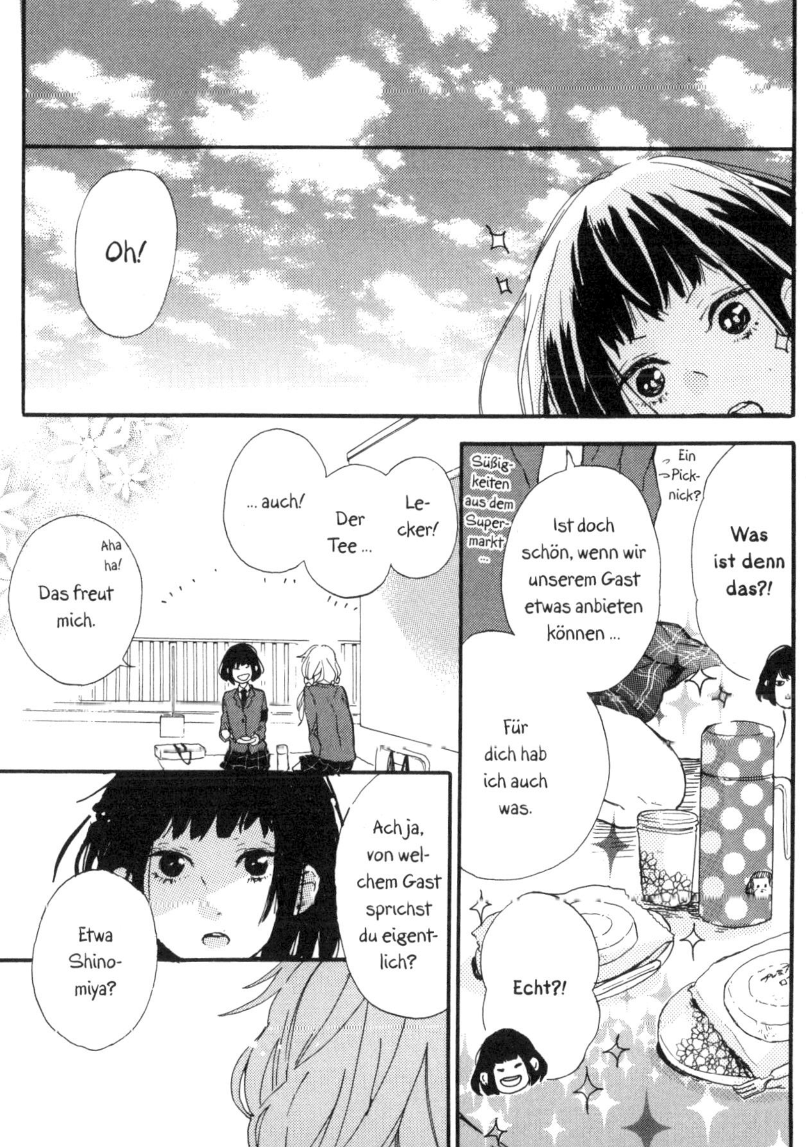
Oh!
Was ist denn das?!
Ein Picknick?
Ist doch schön, wenn wir unserem Gast etwas anbieten können ...
Süßigkeiten aus dem Supermarkt ...
Für dich hab ich auch was.
Echt?!
Lecker! Der Tee ... ... auch!
Aha ha! Das freut mich.
Ach ja, von welchem Gast sprichst du eigentlich?
Etwa Shinomiya?

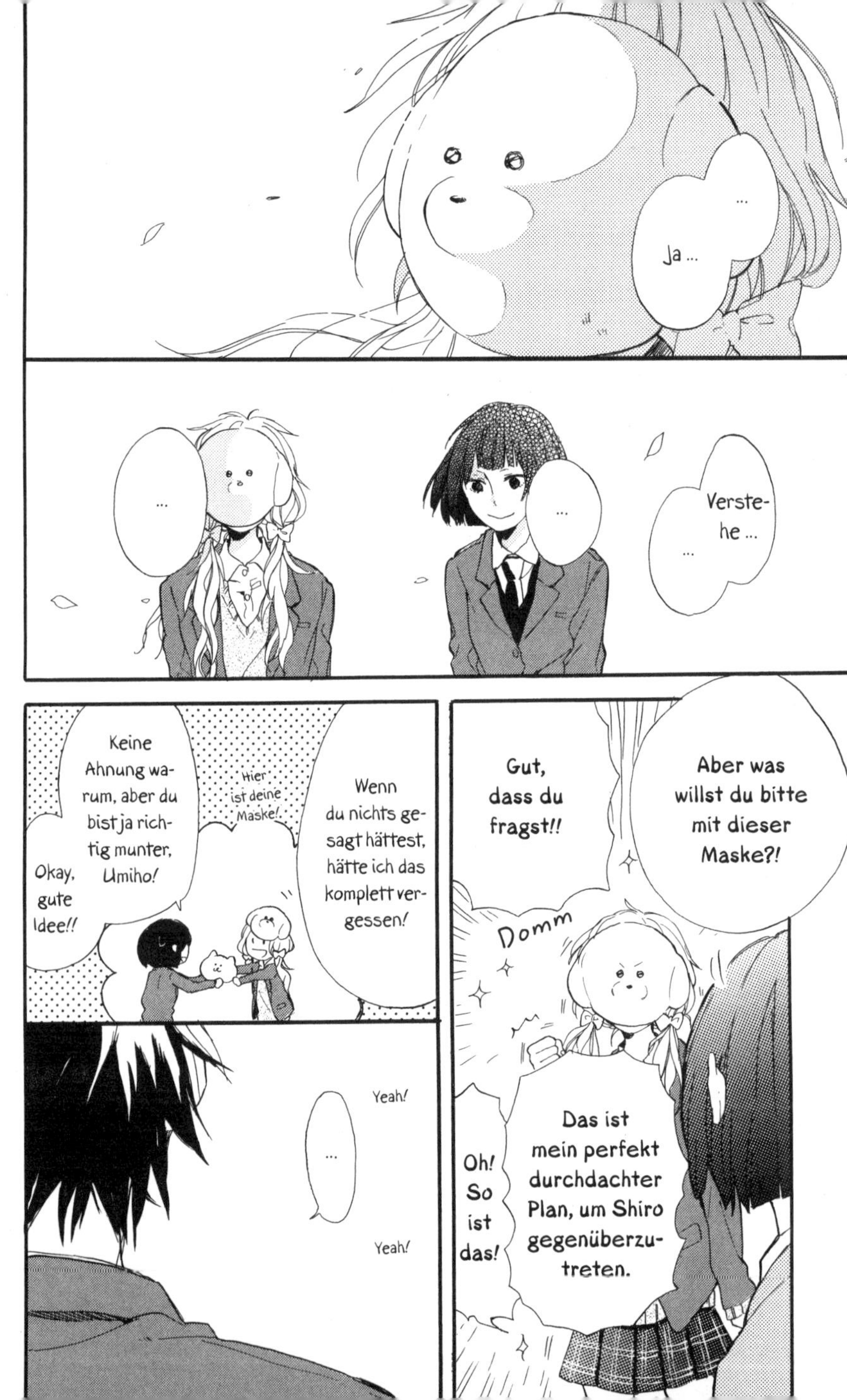
...
Ja ...
...
...
Verste-he ...
...
Keine Ahnung warum, aber du bist ja richtig munter, Umiho!
Hier ist deine Maske!
Okay, gute Idee!!
Wenn du nichts gesagt hättest, hätte ich das komplett vergessen!
Yeah!
...
Yeah!
Aber was willst du bitte mit dieser Maske?!
Gut, dass du fragst!!
Domm
Das ist mein perfekt durchdachter Plan, um Shiro gegenüberzutreten.
Oh! So ist das!

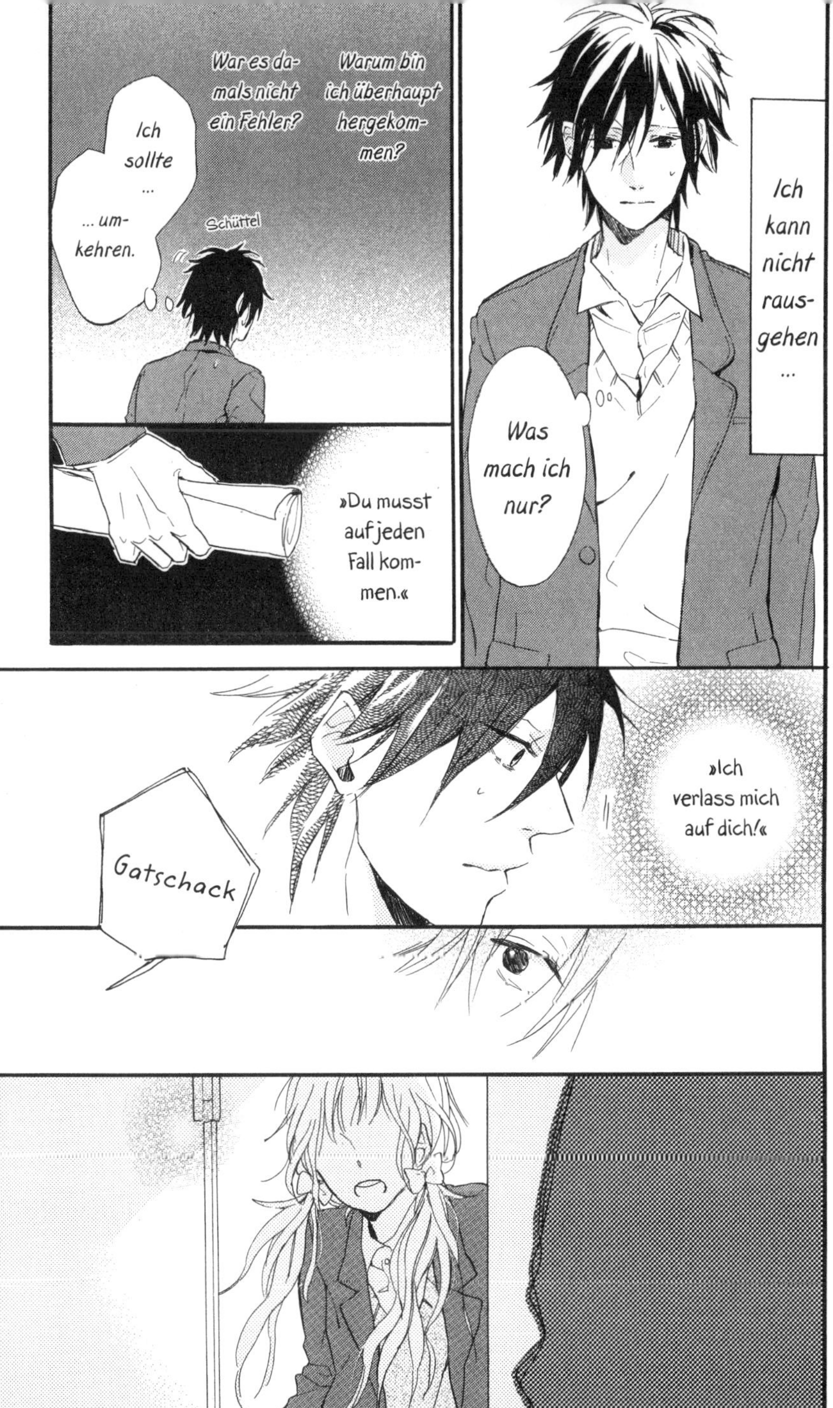
Ich kann nicht rausgehen ...
Was mach ich nur?
Warum bin ich überhaupt hergekommen?
War es damals nicht ein Fehler?
Ich sollte ... ... umkehren.
Schüttel
»Du musst auf jeden Fall kommen.«
»Ich verlass mich auf dich!«
Gatschack

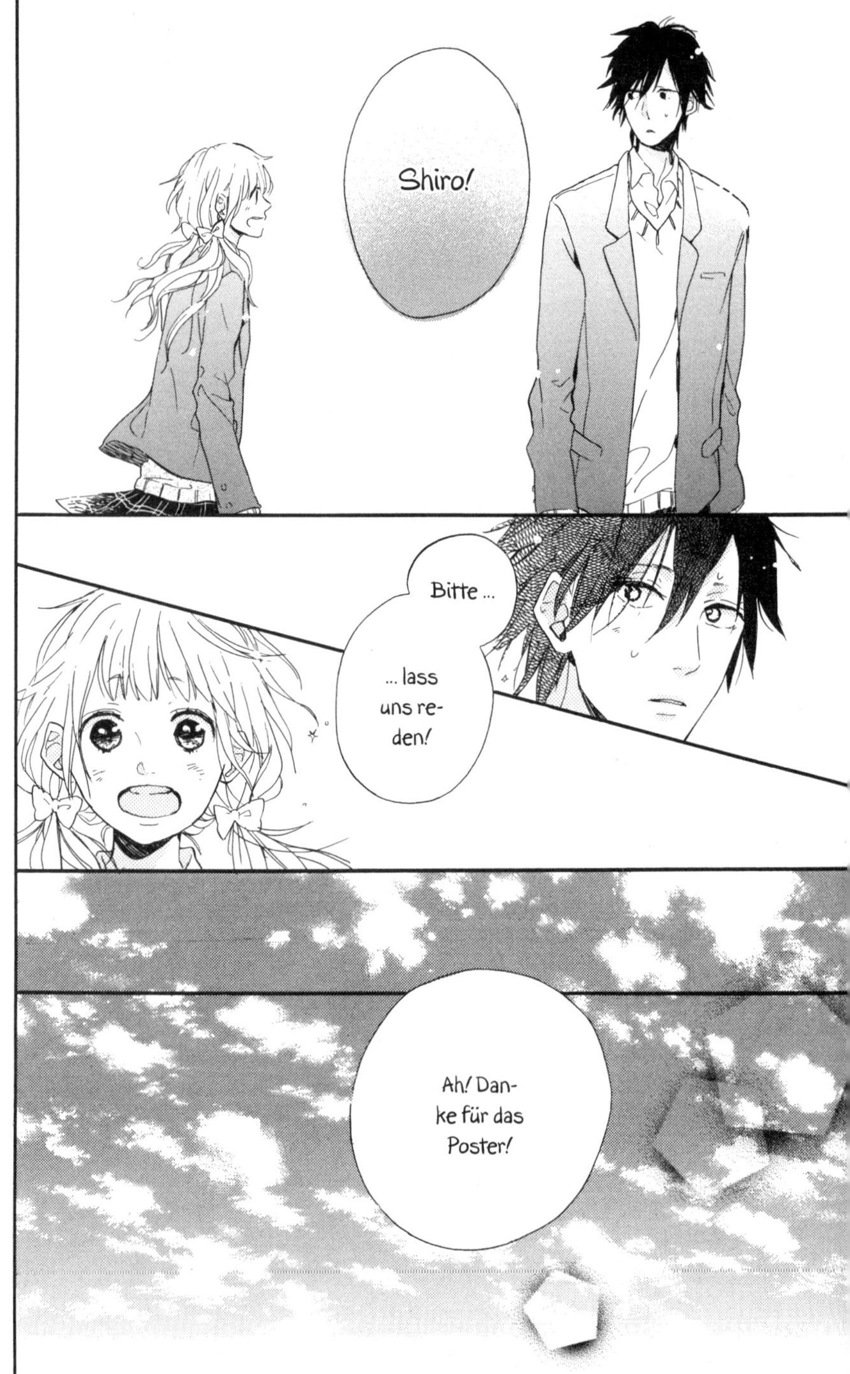
Shiro!
Bitte ...
... lass uns re-den!
Ah! Dan-ke für das Poster!

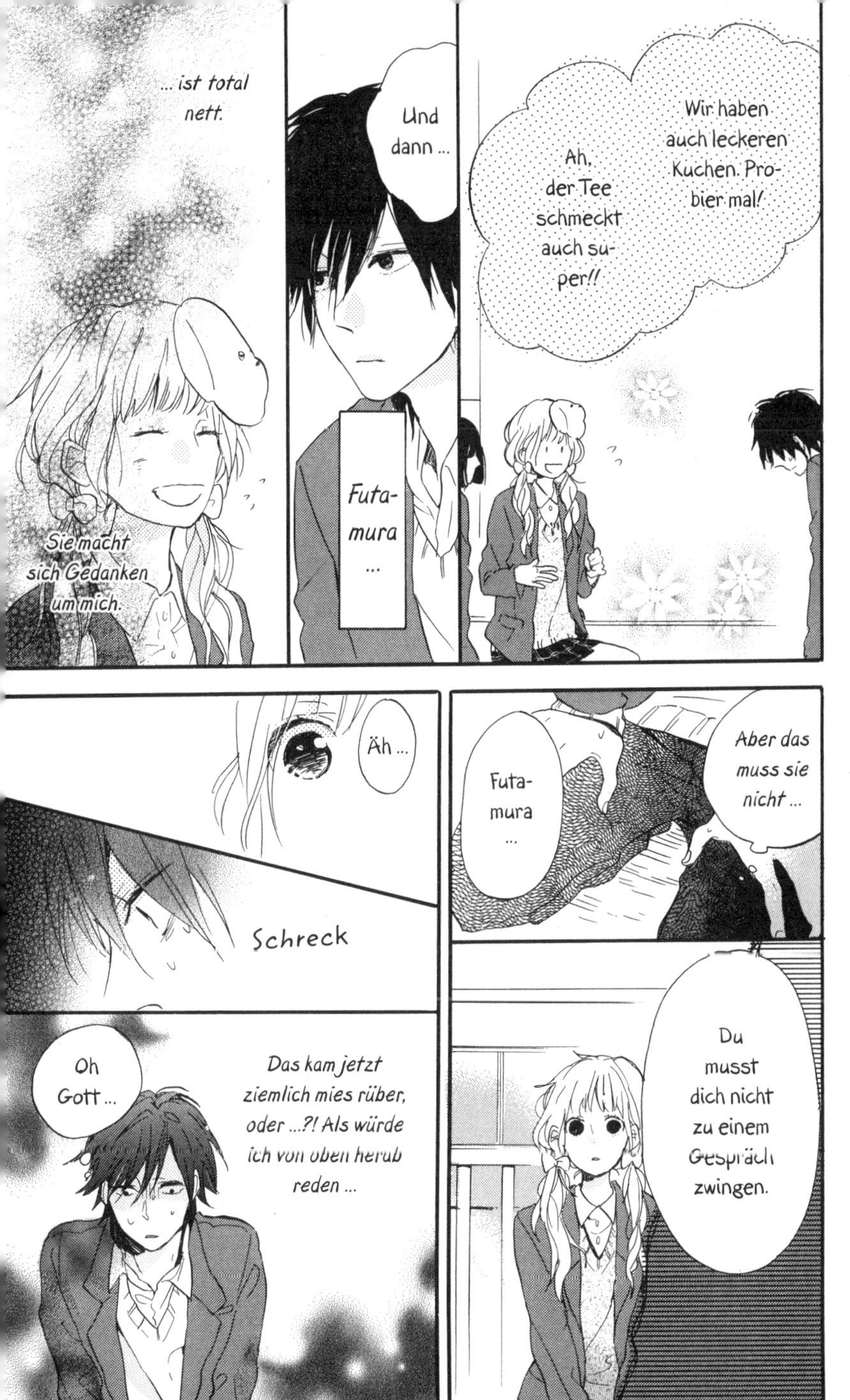
Wir haben auch leckeren Kuchen. Probier mal!
Ah, der Tee schmeckt auch super!!
Und dann ...
Futamura ...
... ist total nett.
Sie macht sich Gedanken um mich.
Aber das muss sie nicht ...
Futamura ...
Äh ...
Schreck
Du musst dich nicht zu einem Gespräch zwingen.
Das kam jetzt ziemlich mies rüber, oder ...?! Als würde ich von oben herab reden ...
Oh Gott ...

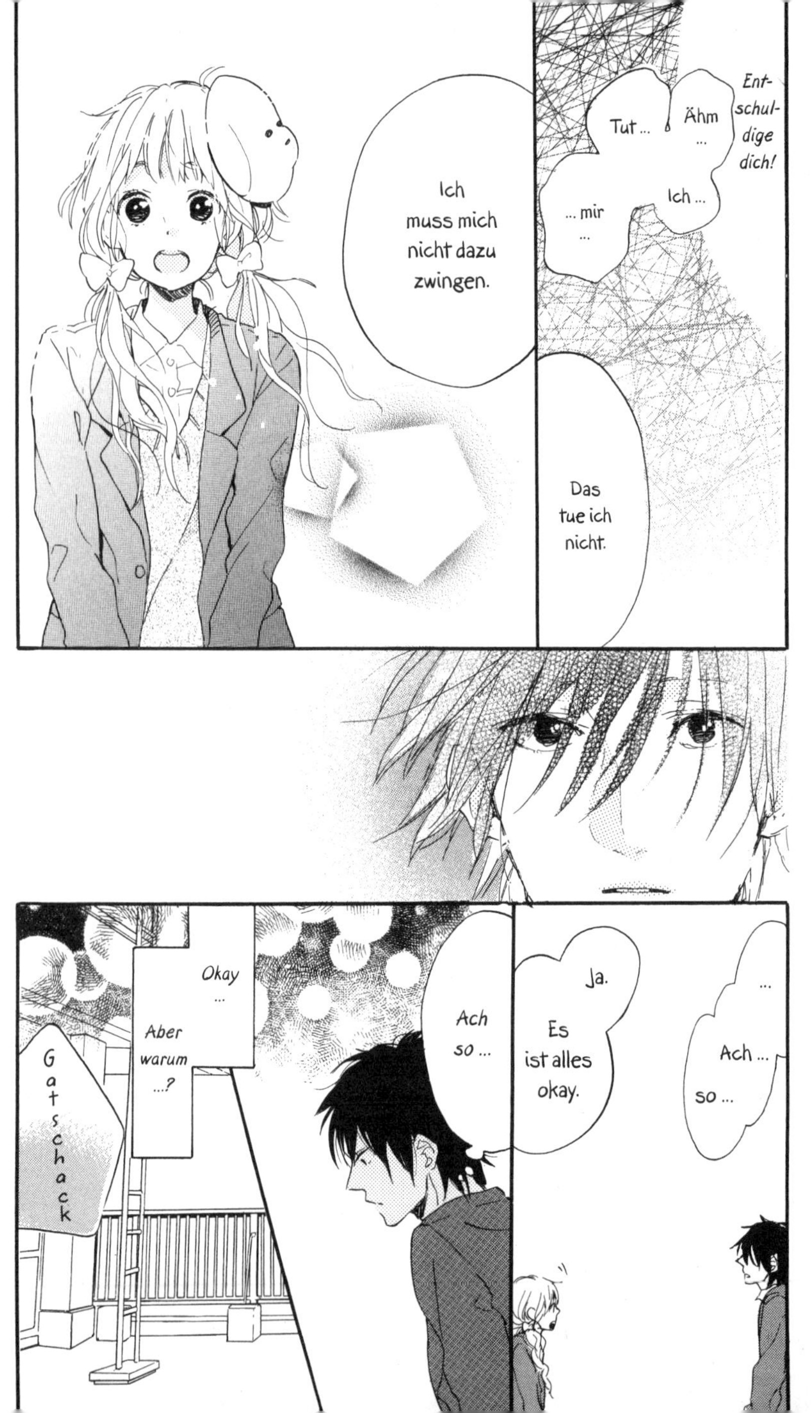
Ent-schul-dige dich!
Ähm ...
Tut ...
Ich ...
... mir ...
Das tue ich nicht.
Ich muss mich nicht dazu zwingen.
...
Ach ... so ...
Ja.
Es ist alles okay.
Ach so ...
Okay ...
Aber warum ...?
Gatschack

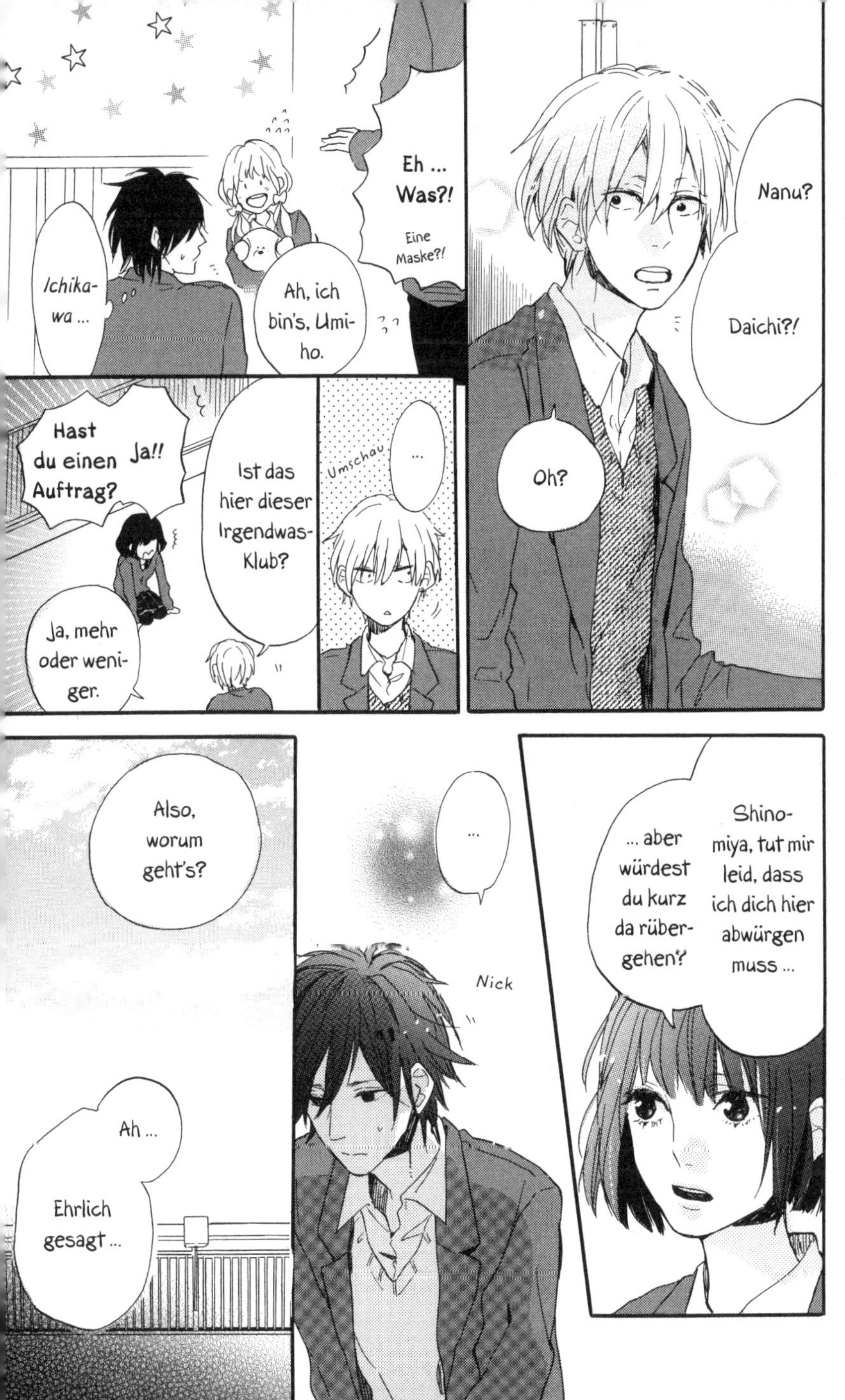

Nanu?
Daichi?!
Oh?
Eh ... Was?!
Eine Maske?!
Ah, ich bin's, Umiho.
Ichikawa ...
Umschau
...
Ist das hier dieser Irgendwas-Klub?
Hast du einen Auftrag?
Ja!!
Ja, mehr oder weniger.
Shinomiya, tut mir leid, dass ich dich hier abwürgen muss ...
... aber würdest du kurz da rübergehen?
...
Nick
Also, worum geht's?
Ah ...
Ehrlich gesagt ...

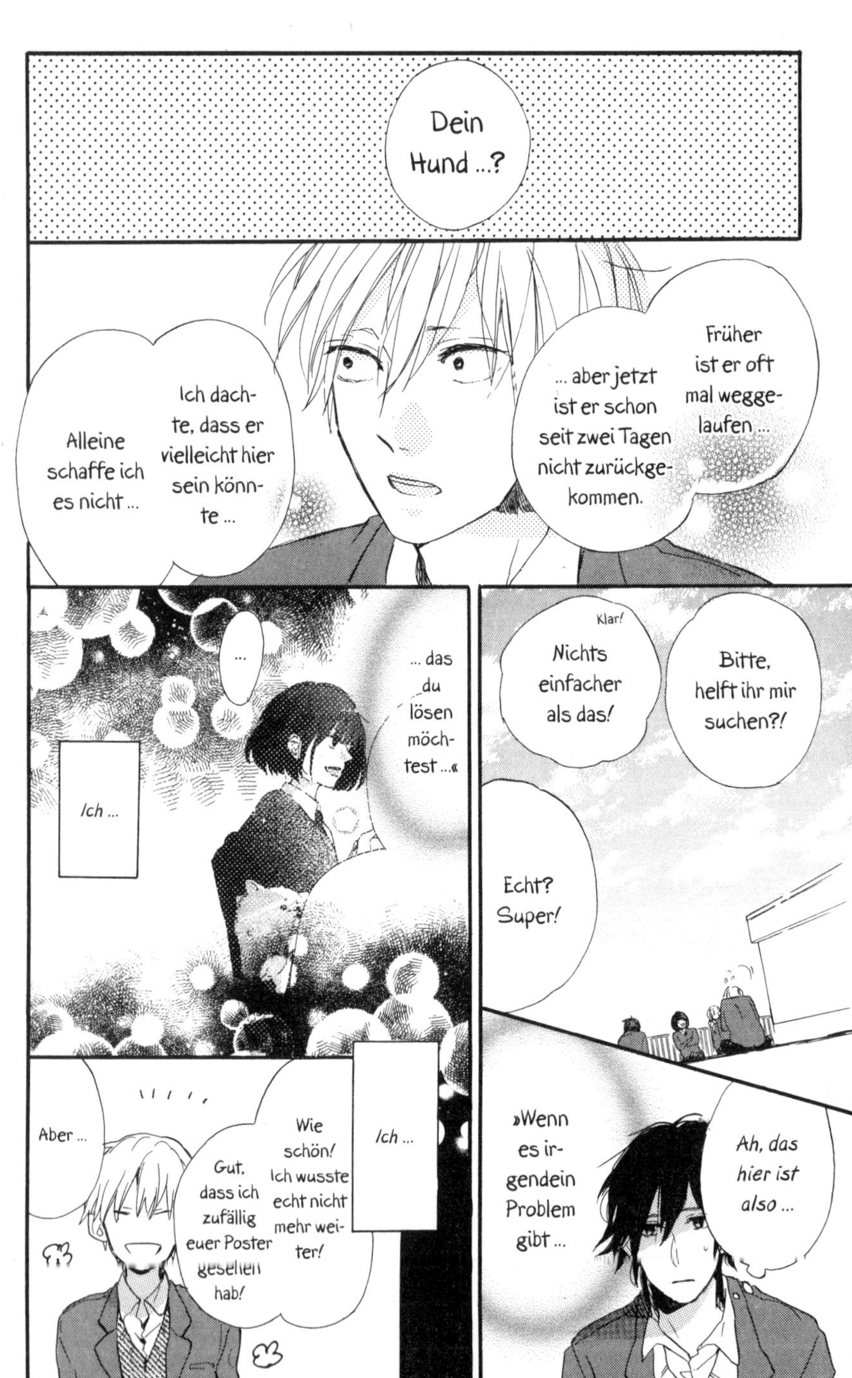

Dein Hund ...?
Früher ist er oft mal weggelaufen ...
... aber jetzt ist er schon seit zwei Tagen nicht zurückgekommen.
Ich dachte, dass er vielleicht hier sein könnte ...
Alleine schaffe ich es nicht ...
Bitte, helft ihr mir suchen?!
Klar!
Nichts einfacher als das!
Echt? Super!
Ah, das hier ist also ...
»Wenn es irgendein Problem gibt ...
... das du lösen möchtest ...«
...
Ich ...
Ich ...
Wie schön! Ich wusste echt nicht mehr weiter!
Gut, dass ich zufällig euer Poster gesehen hab!
Aber ...

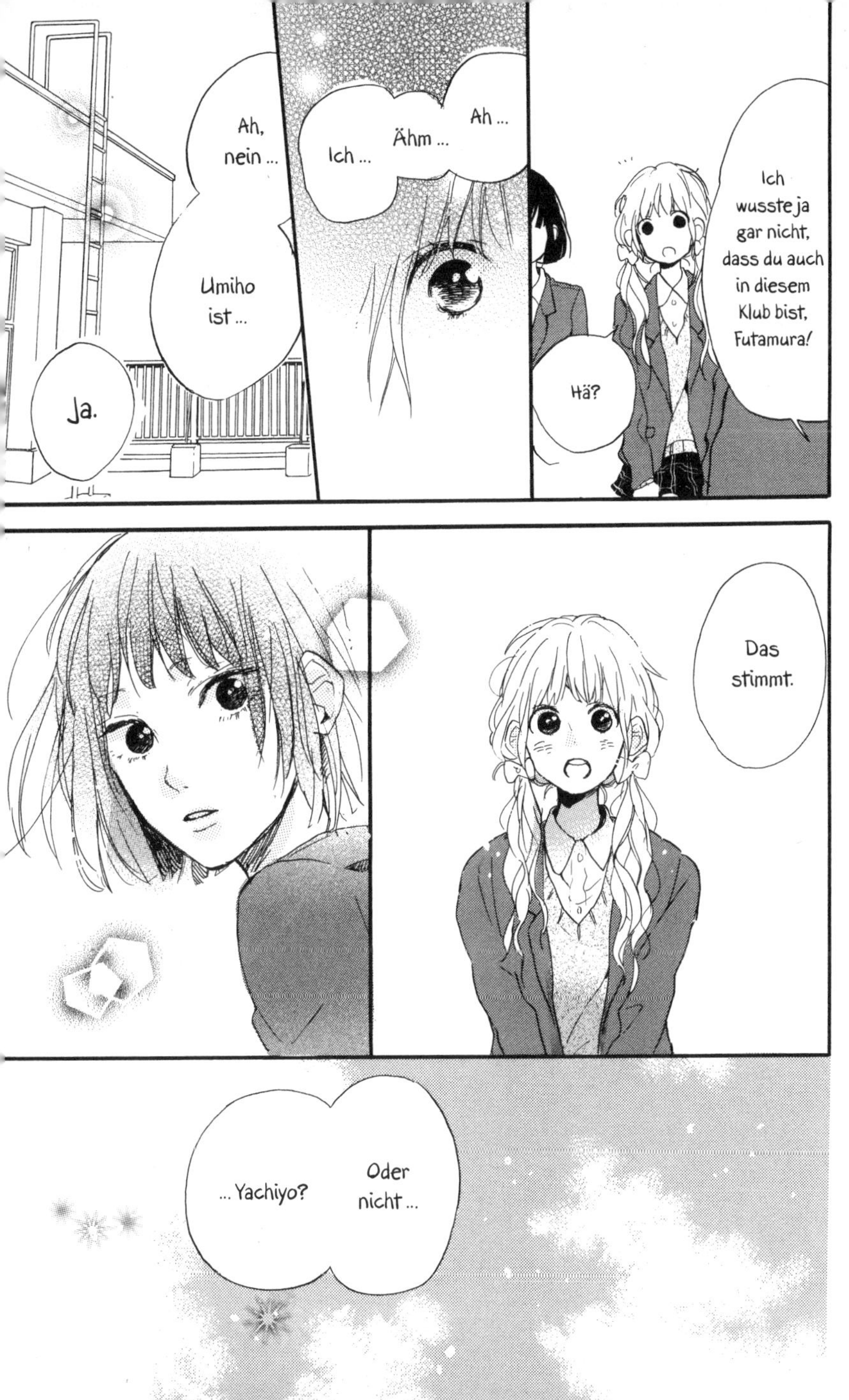
Ich wusste ja gar nicht, dass du auch in diesem Klub bist, Futamura!
Hä?
Ah ...
Ähm ...
Ich ...
Ah, nein ...
Umiho ist ...
Ja.
Das stimmt.
Oder nicht ...
... Yachiyo?

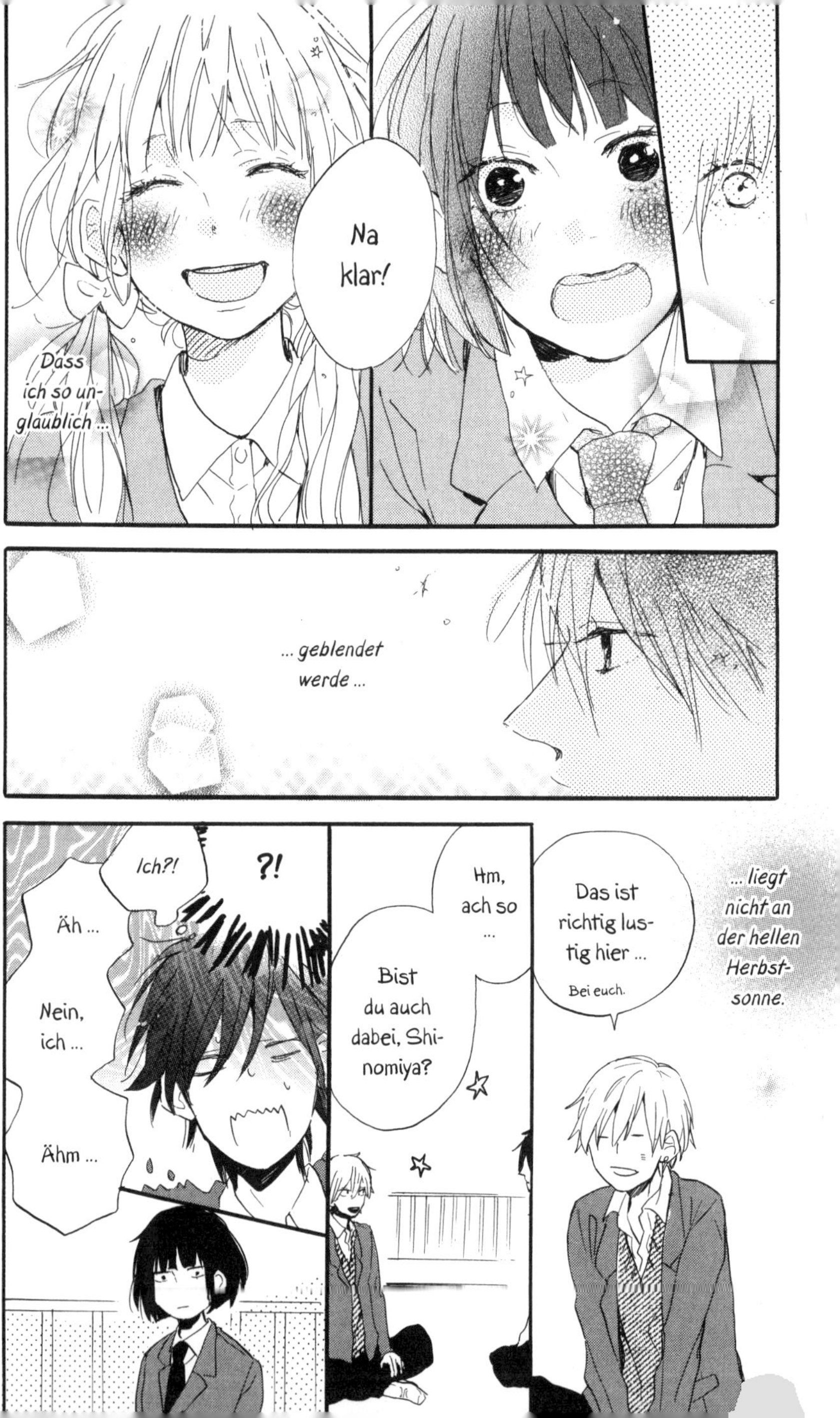

Na klar!

Dass ich so unglaublich …

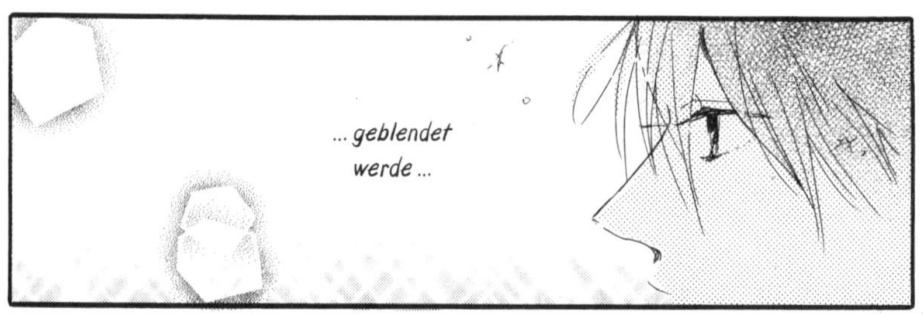

… liegt nicht an der hellen Herbstsonne.

Das ist richtig lustig hier …

Bei euch.

Hm, ach so …

Bist du auch dabei, Shinomiya?

?!

Ich?!

Äh …

Nein, ich …

Ähm …

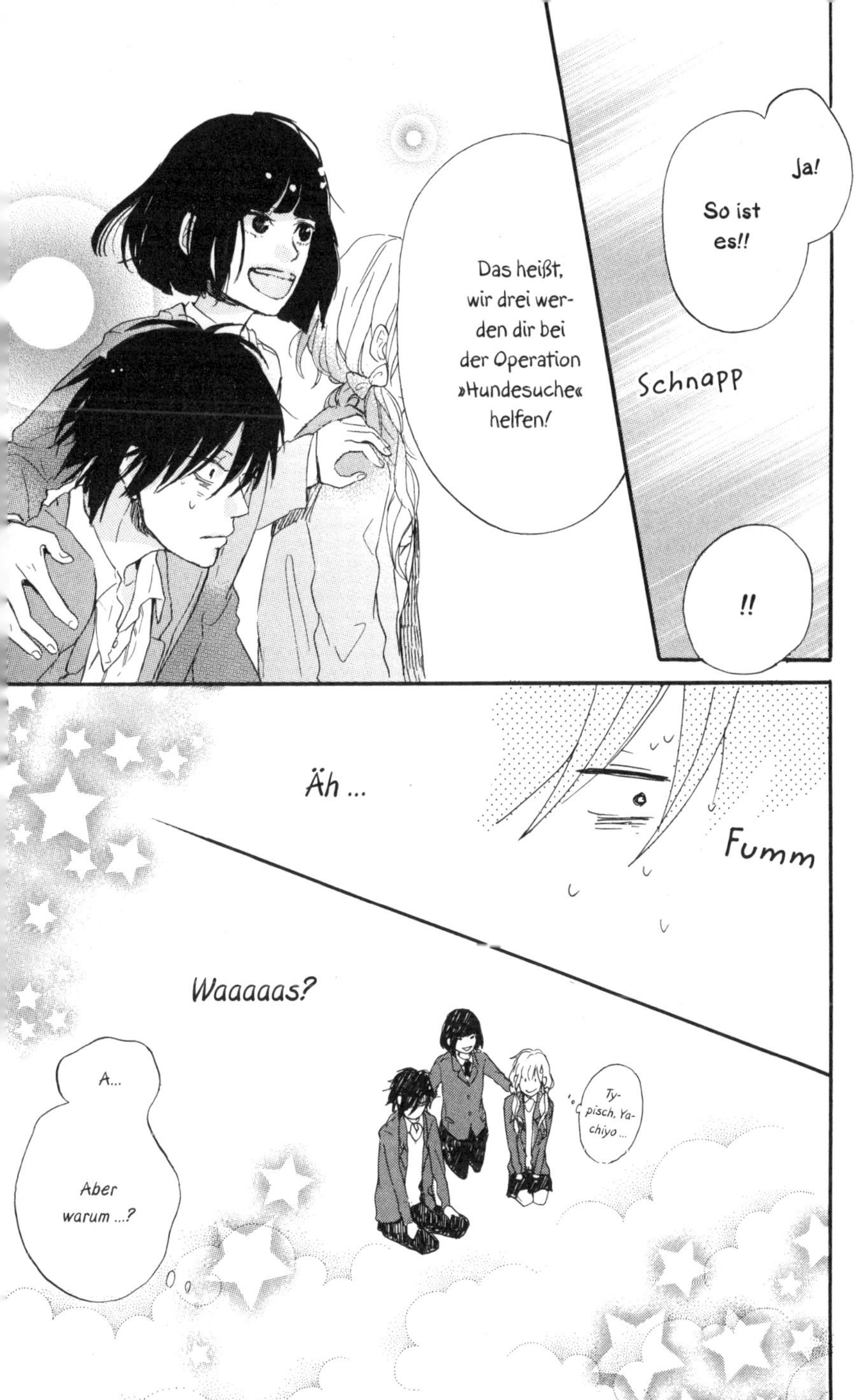
Ja!
So ist es!!
Das heißt, wir drei werden dir bei der Operation »Hundesuche« helfen!
Schnapp
!!
Fumm
Äh ...
Waaaaas?
Typisch, Yachiyo ...
A...
Aber warum ...?

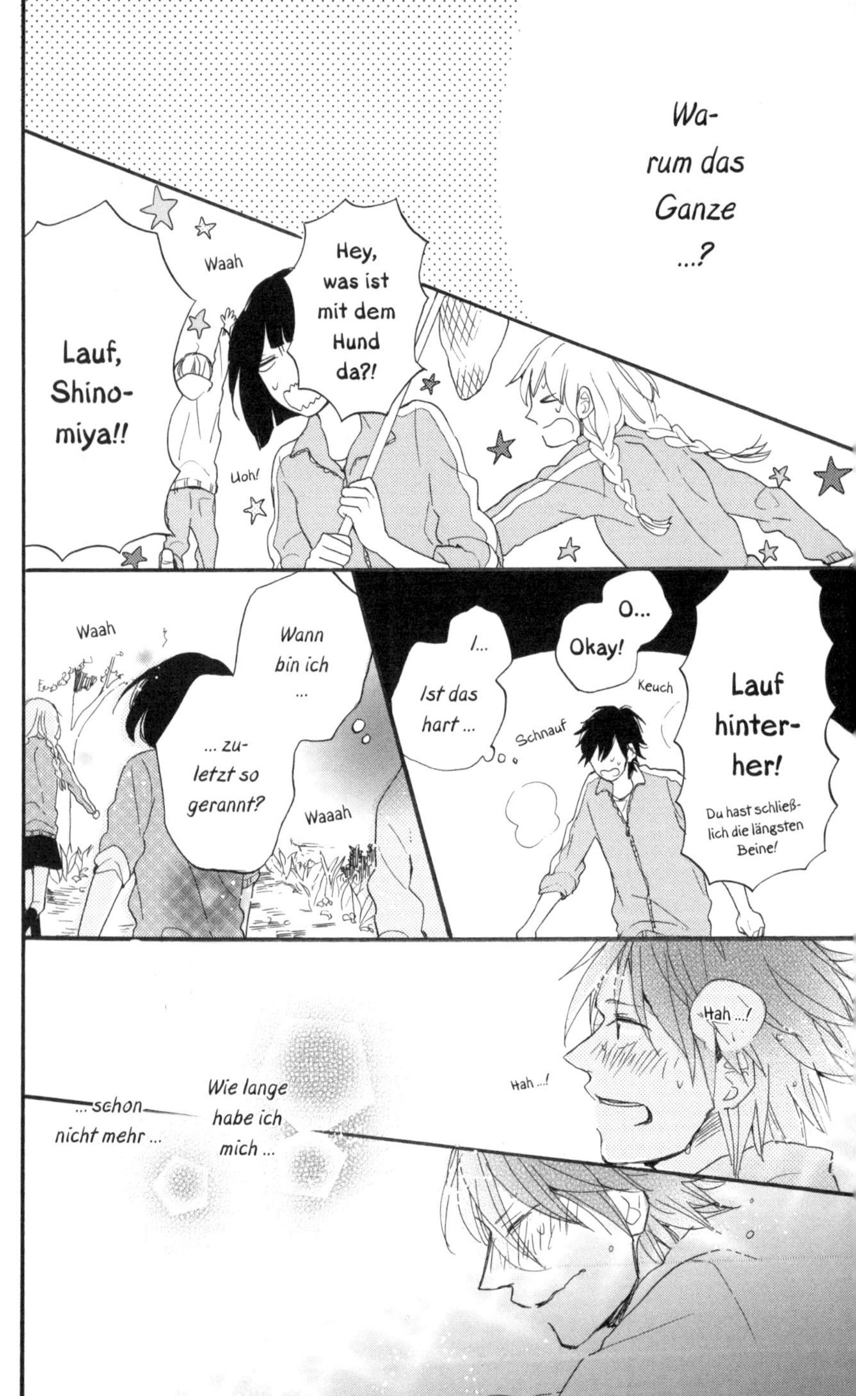
Wa-
rum das
Ganze
...?
Hey,
was ist
mit dem
Hund
da?!
Waah
Lauf,
Shino-
miya!!
Uoh!
Lauf
hinter-
her!
Du hast schließ-
lich die längsten
Beine!
Keuch
O...
Okay!
I...
Ist das
hart ...
Schnauf
Wann
bin ich
...
... zu-
letzt so
gerannt?
Waah
Waaah
Hah ...!
Hah ...!
Wie lange
habe ich
mich ...
... schon
nicht mehr ...

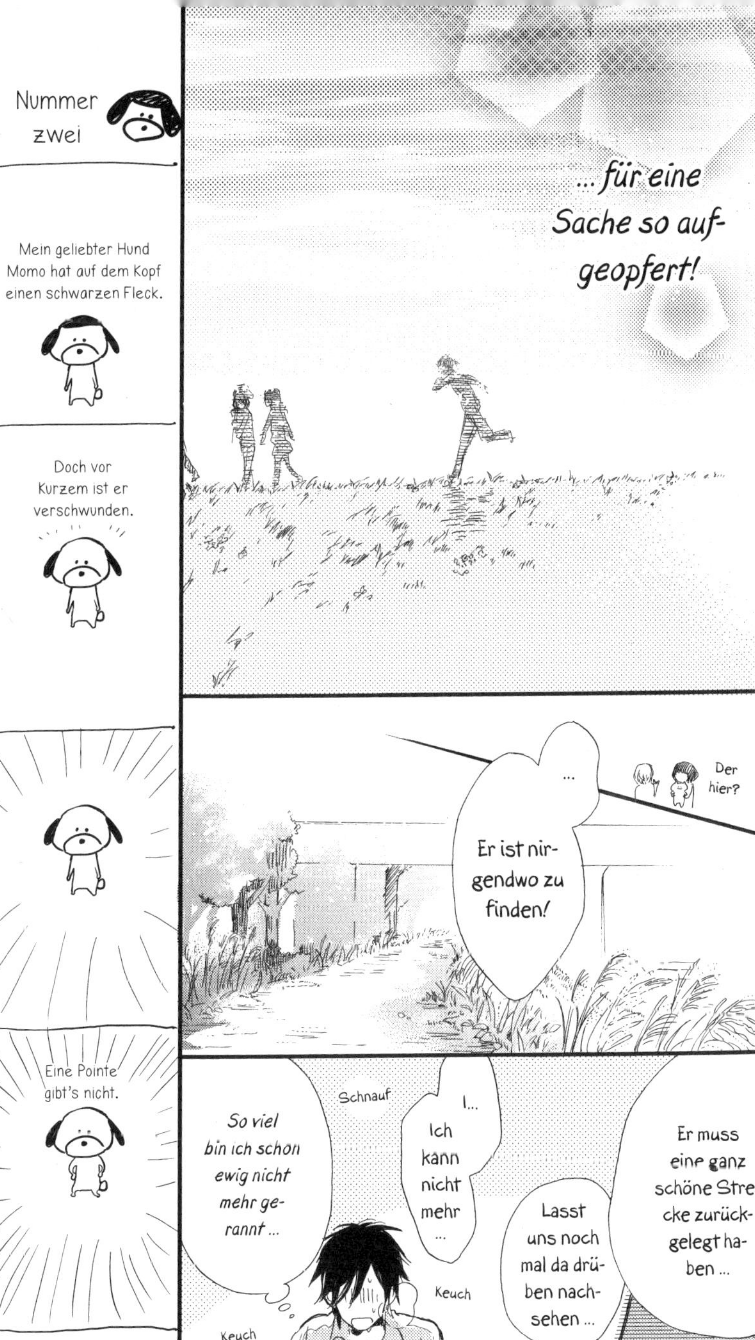
Nummer zwei
Mein geliebter Hund Momo hat auf dem Kopf einen schwarzen Fleck.
Doch vor Kurzem ist er verschwunden.
Eine Pointe gibt's nicht.
... für eine Sache so aufgeopfert!
Der hier?
...
Er ist nirgendwo zu finden!
Er muss eine ganz schöne Strecke zurückgelegt haben ...
Lasst uns noch mal da drüben nachsehen ...
Keuch
I... Ich kann nicht mehr ...
Schnauf
So viel bin ich schon ewig nicht mehr gerannt ...
Keuch

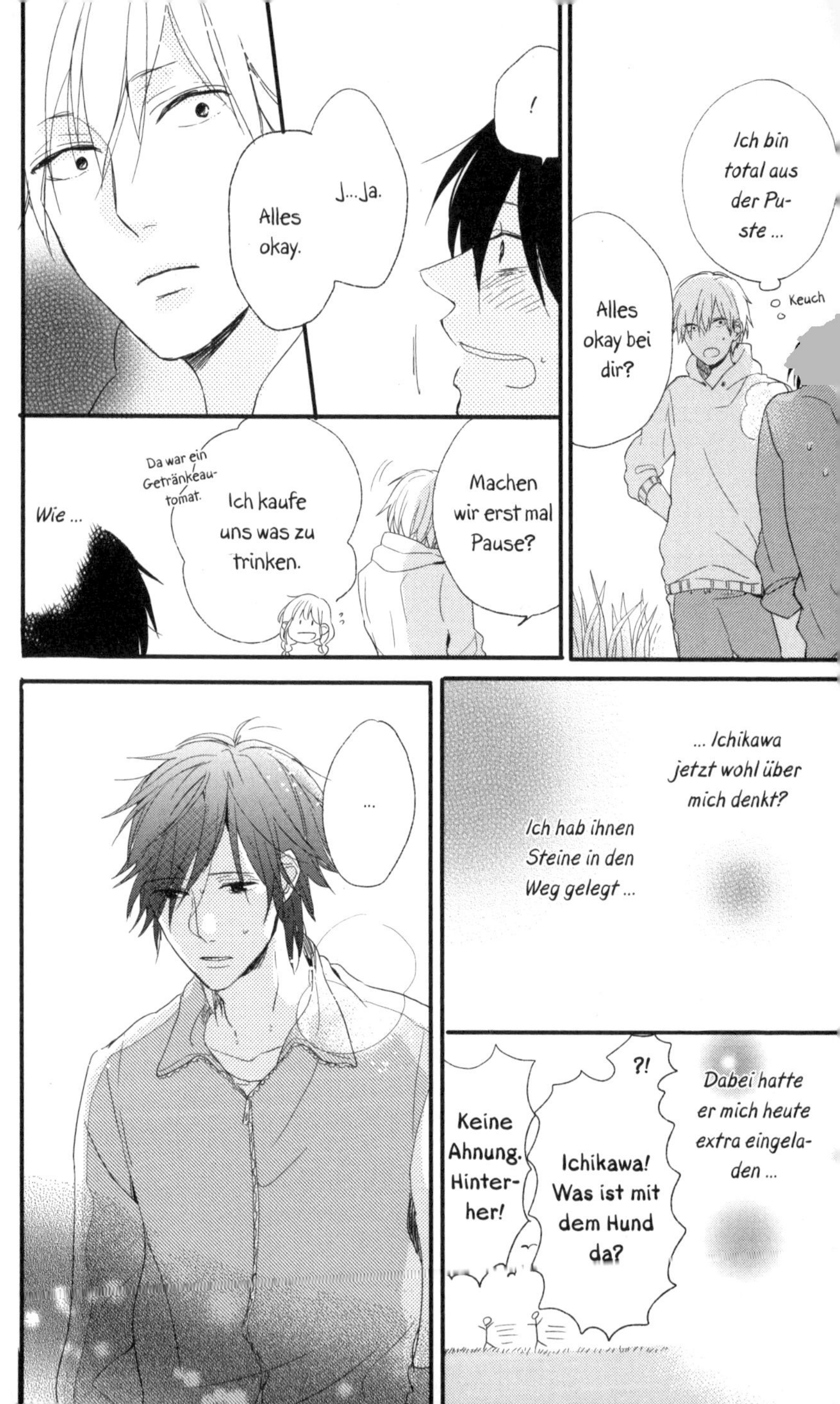
Ich bin total aus der Puste ...
Keuch
Alles okay bei dir?
!
J...Ja.
Alles okay.
Machen wir erst mal Pause?
Da war ein Getränkeautomat.
Ich kaufe uns was zu trinken.
Wie ...
... Ichikawa jetzt wohl über mich denkt?
Ich hab ihnen Steine in den Weg gelegt ...
Dabei hatte er mich heute extra eingeladen ...
?!
Ichikawa! Was ist mit dem Hund da?
Keine Ahnung. Hinterher!
...

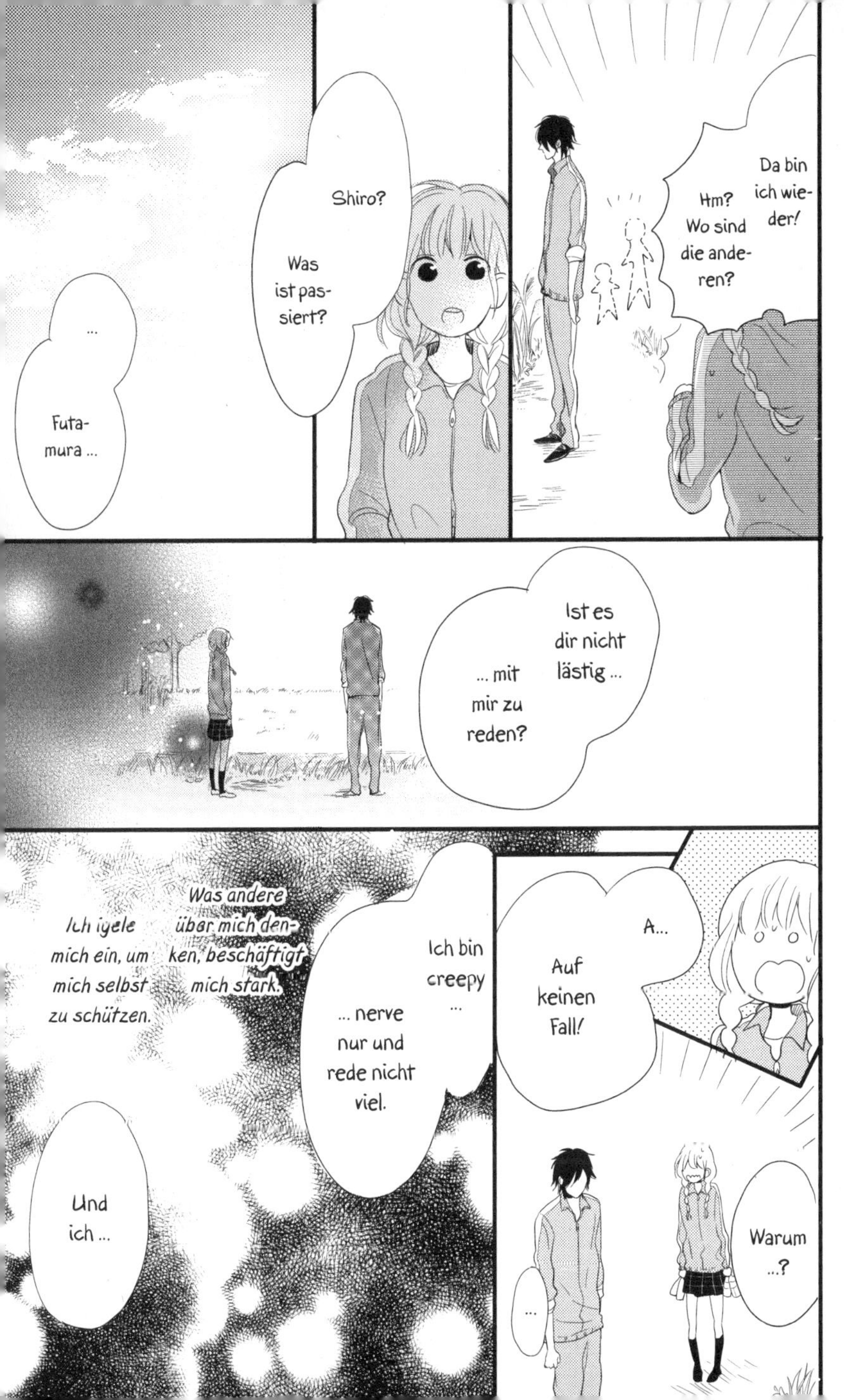
Da bin ich wieder!
Hm? Wo sind die anderen?
Shiro?
Was ist passiert?
...
Futamura ...
Ist es dir nicht lästig ...
... mit mir zu reden?
A...
Auf keinen Fall!
Warum ...?
...
Ich bin creepy ...
... nerve nur und rede nicht viel.
Was andere über mich denken, beschäftigt mich stark.
Ich igele mich ein, um mich selbst zu schützen.
Und ich ...

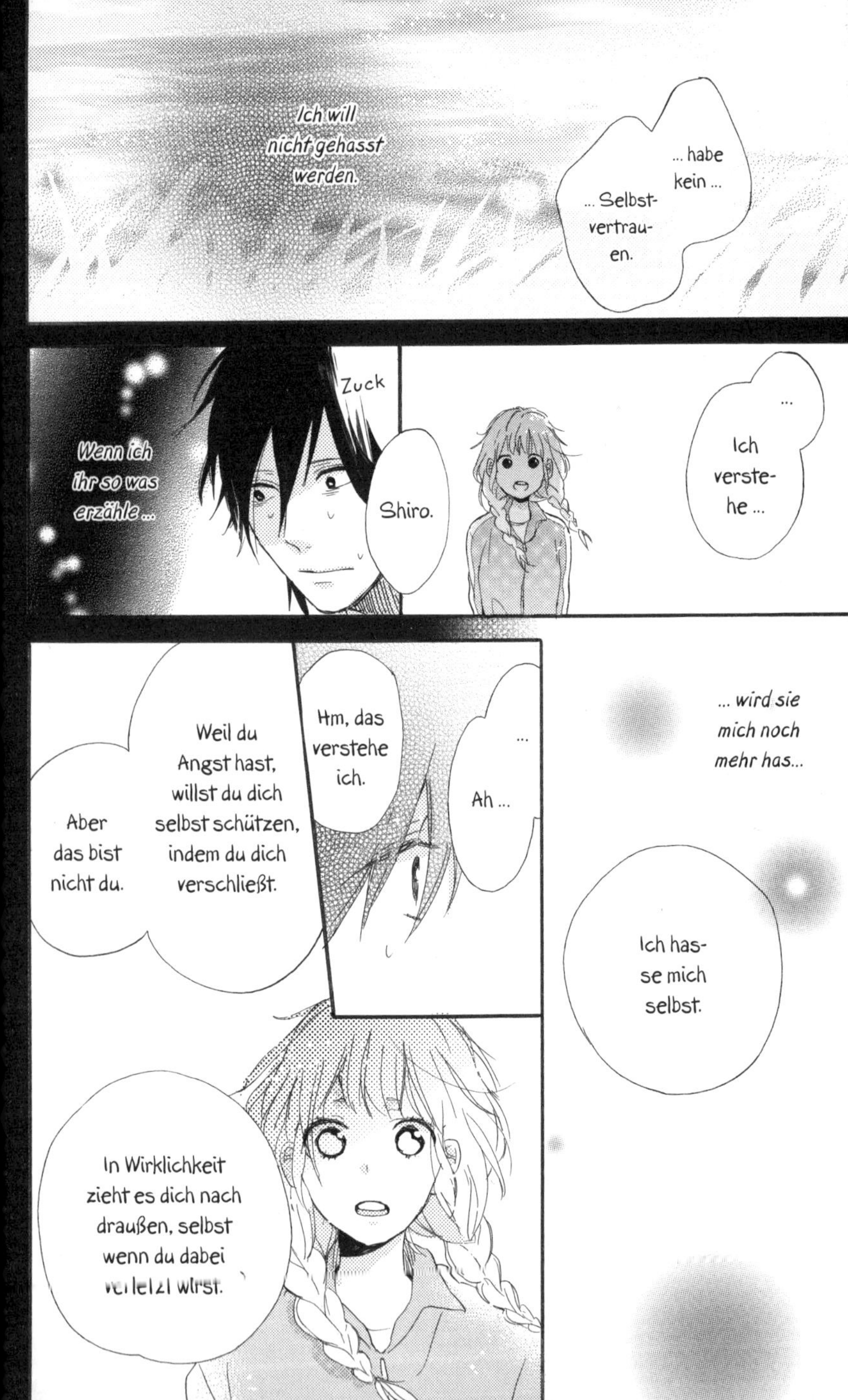
... habe kein ... ... Selbstvertrauen.
Ich will nicht gehasst werden.
... Ich verstehe ...
Shiro.
Zuck
Wenn ich ihr so was erzähle ...
... wird sie mich noch mehr has...
Ich hasse mich selbst.
... Ah ...
Hm, das verstehe ich.
Weil du Angst hast, willst du dich selbst schützen, indem du dich verschließt.
Aber das bist nicht du.
In Wirklichkeit zieht es dich nach draußen, selbst wenn du dabei verletzt wirst.

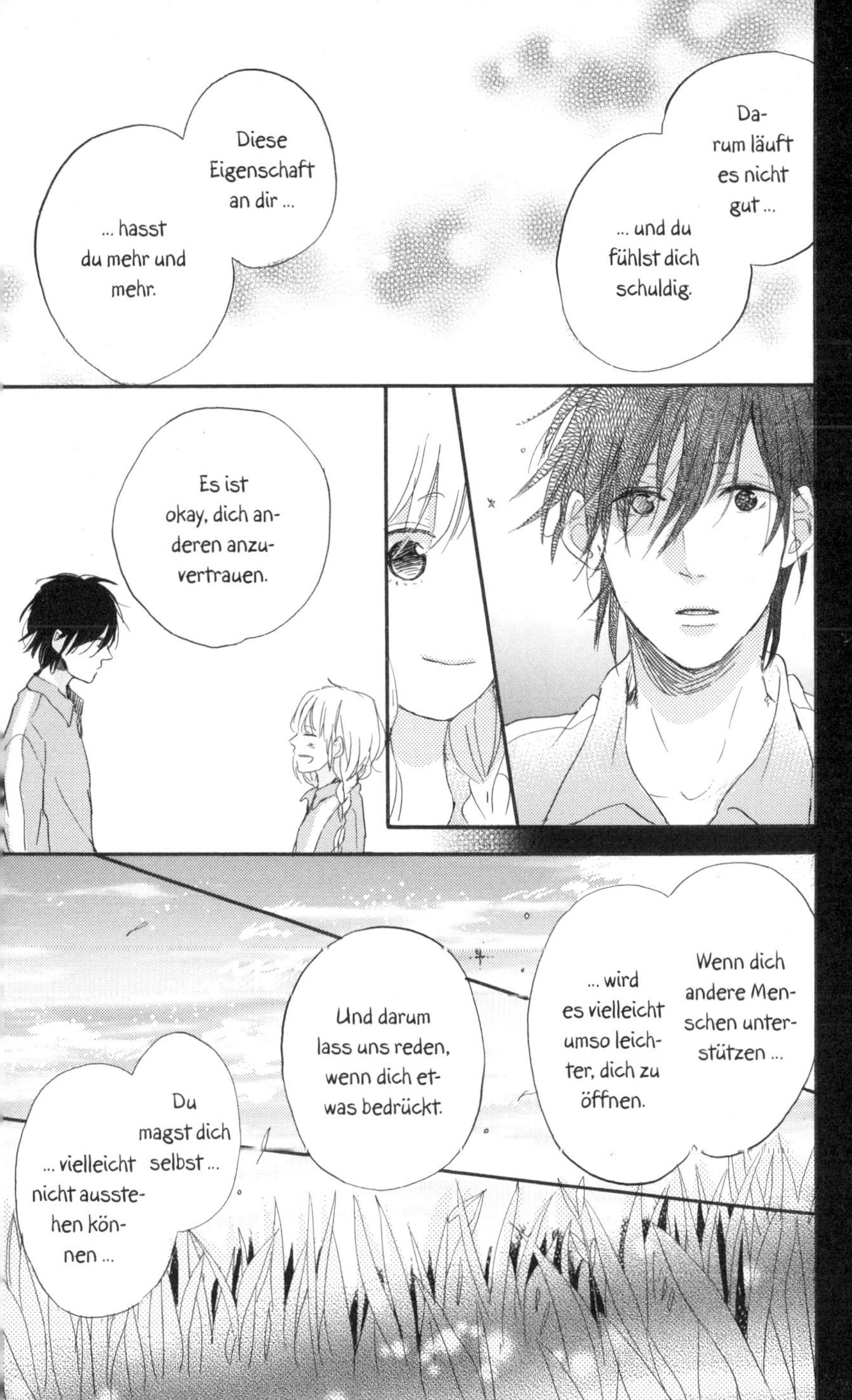
Darum läuft es nicht gut ...
... und du fühlst dich schuldig.
Diese Eigenschaft an dir ...
... hasst du mehr und mehr.
Es ist okay, dich anderen anzuvertrauen.
Wenn dich andere Menschen unterstützen ...
... wird es vielleicht umso leichter, dich zu öffnen.
Und darum lass uns reden, wenn dich etwas bedrückt.
Du magst dich selbst ...
... vielleicht nicht ausstehen können ...

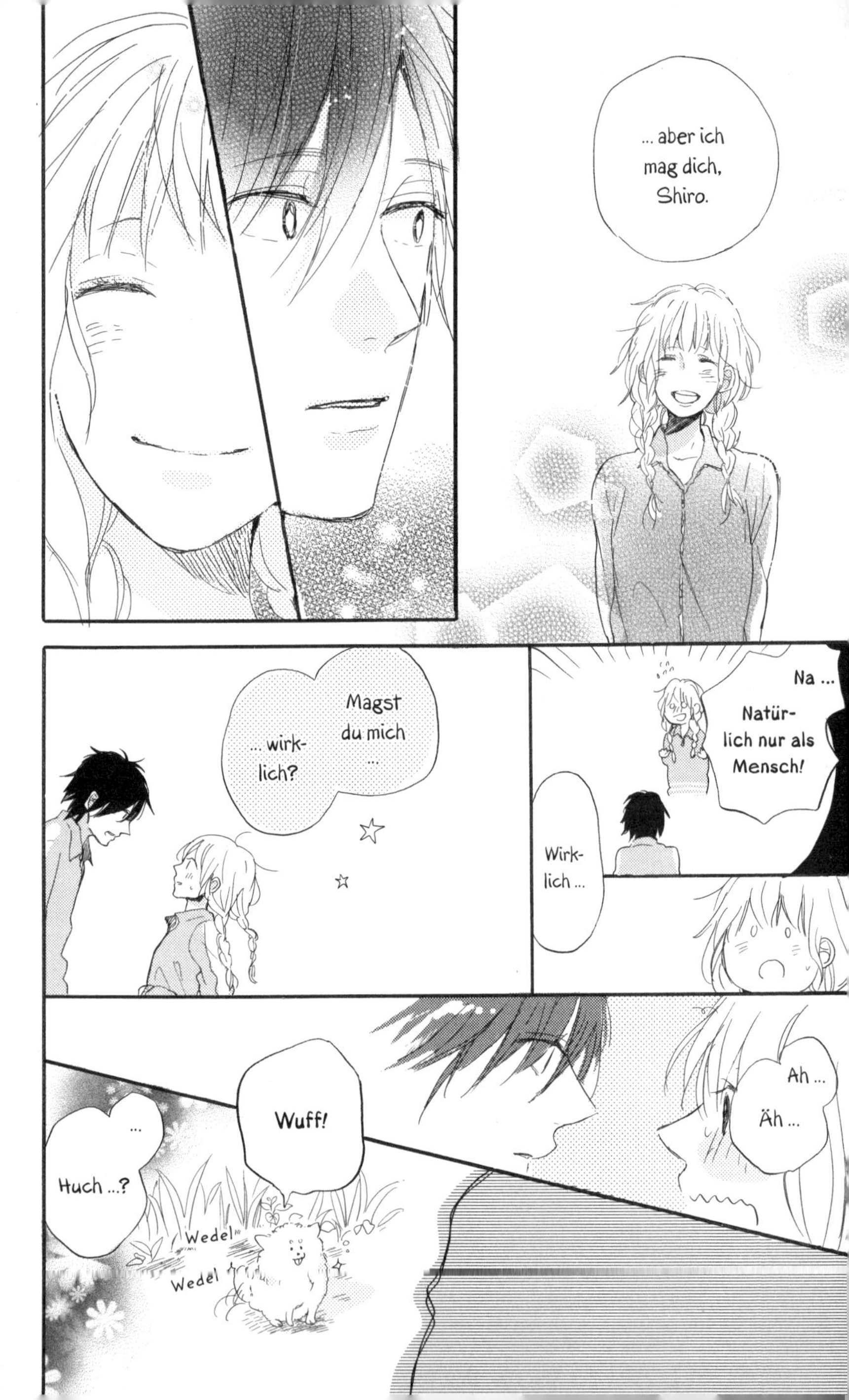
... aber ich mag dich, Shiro.
Na ... Natürlich nur als Mensch!
Wirklich ...
Magst du mich ... wirklich?
Ah ... Äh ...
Wuff!
... Huch ...?
Wedel
Wedel

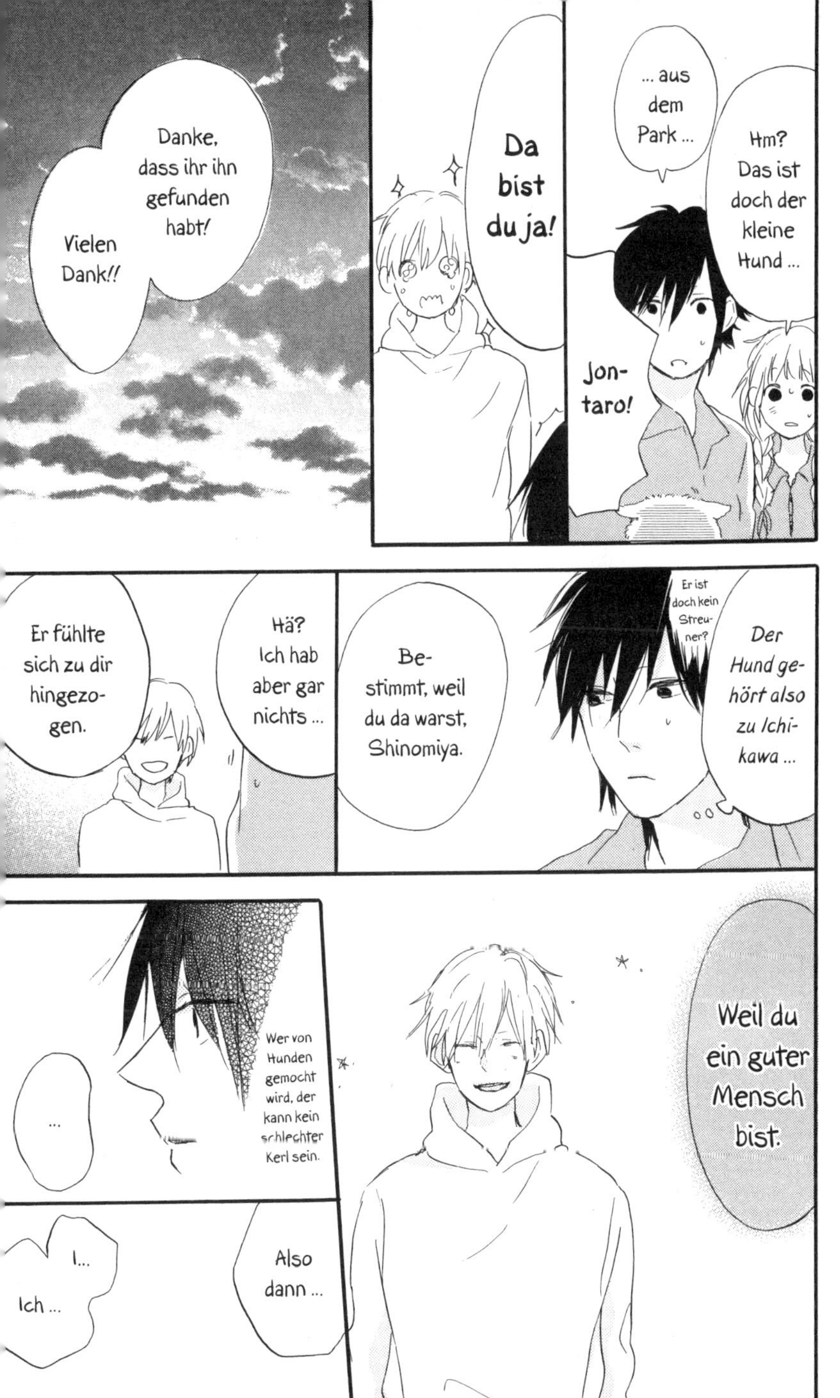
... aus dem Park ...
Hm? Das ist doch der kleine Hund ...
Jon-taro!
Da bist du ja!
Danke, dass ihr ihn gefunden habt!
Vielen Dank!!
Er ist doch kein Streu-ner?
Der Hund ge-hört also zu Ichi-kawa ...
Be-stimmt, weil du da warst, Shinomiya.
Hä? Ich hab aber gar nichts ...
Er fühlte sich zu dir hingezo-gen.
Weil du ein guter Mensch bist.
Wer von Hunden gemocht wird, der kann kein schlechter Kerl sein.
...
Also dann ...
I... Ich ...

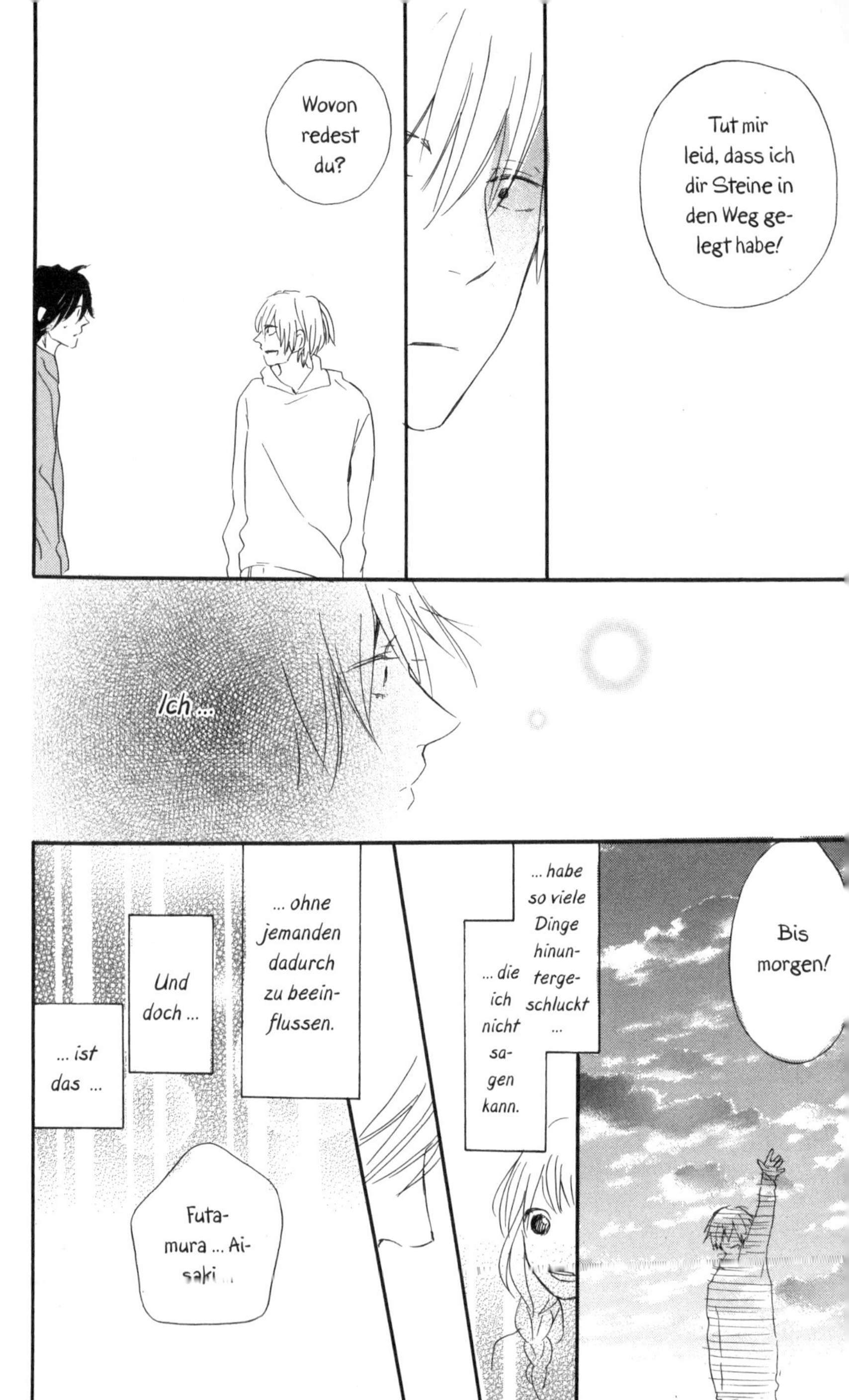
Tut mir leid, dass ich dir Steine in den Weg gelegt habe!
Wovon redest du?
Ich ...
Bis morgen!
... habe so viele Dinge hinuntergeschluckt ...
... die ich nicht sagen kann.
... ohne jemanden dadurch zu beeinflussen.
Und doch ...
... ist das ...
Futamura ... Aisaki ...

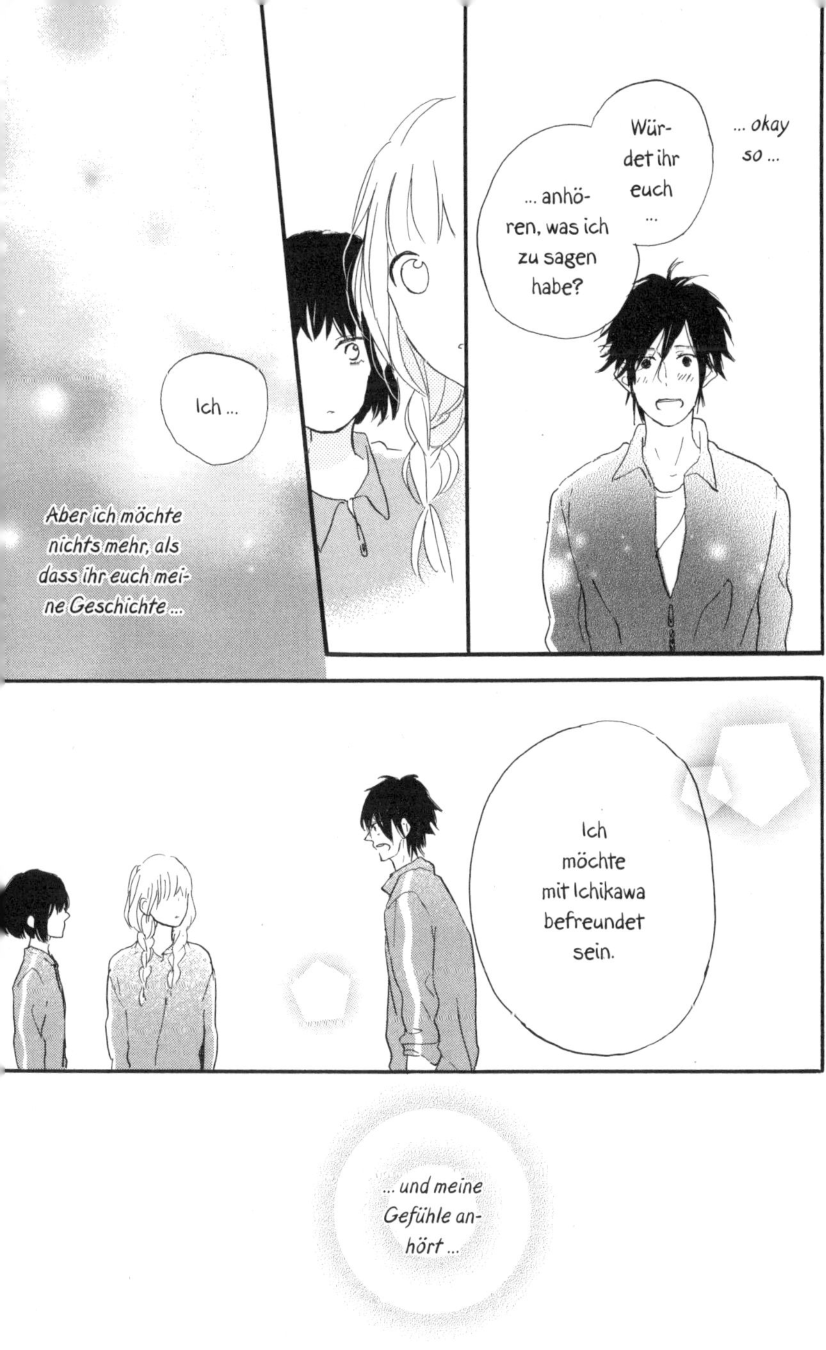

... okay so ...

Würdet ihr euch ...

... anhören, was ich zu sagen habe?

Ich ...

Aber ich möchte nichts mehr, als dass ihr euch meine Geschichte ...

Ich möchte mit Ichikawa befreundet sein.

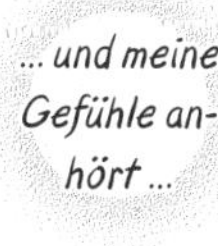

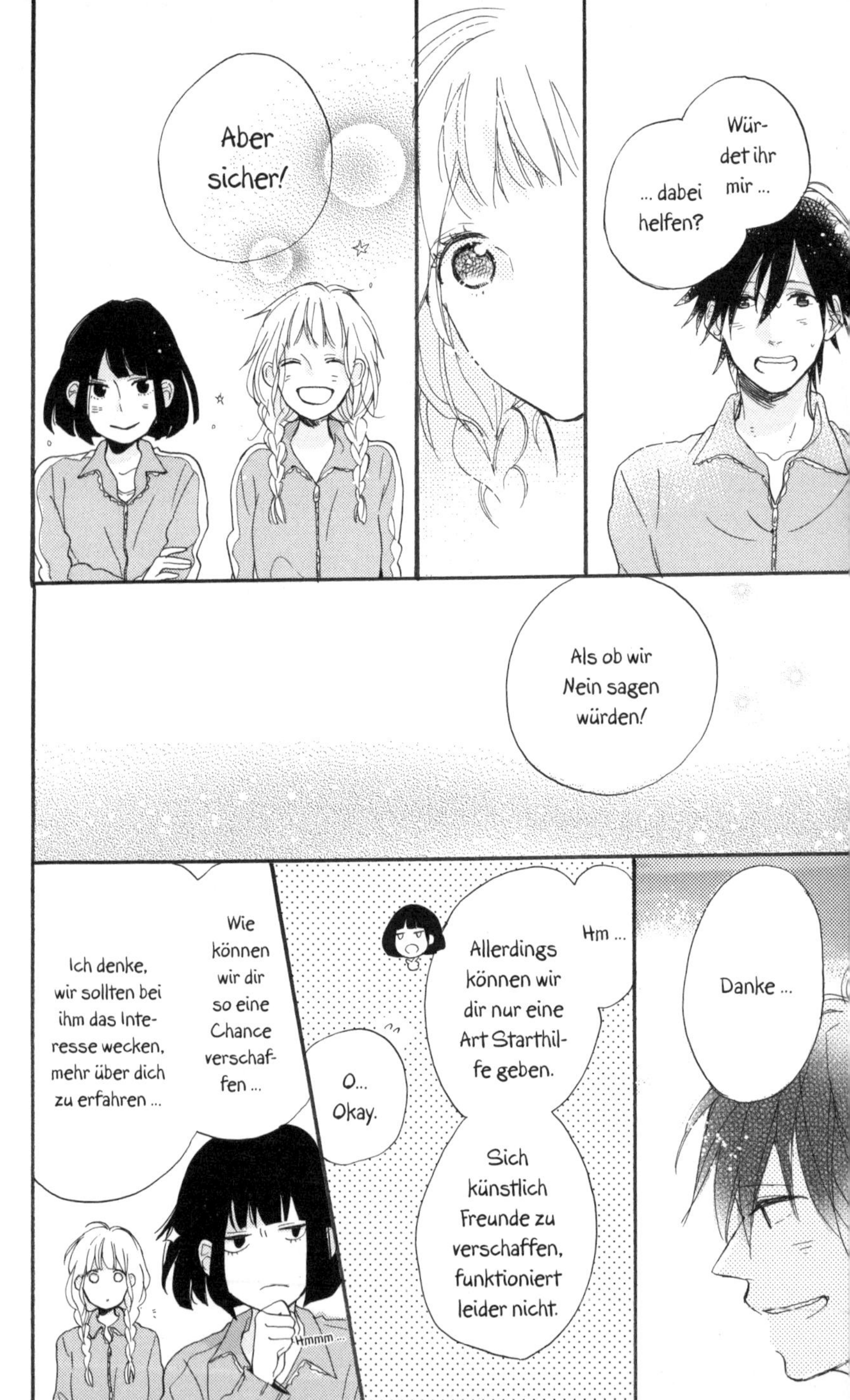
Würdet ihr mir ...
... dabei helfen?
Aber sicher!
Als ob wir Nein sagen würden!
Danke ...
Hm ...
Allerdings können wir dir nur eine Art Starthilfe geben.
Sich künstlich Freunde zu verschaffen, funktioniert leider nicht.
O... Okay.
Wie können wir dir so eine Chance verschaffen ...
Ich denke, wir sollten bei ihm das Interesse wecken, mehr über dich zu erfahren ...
Hmmm ...

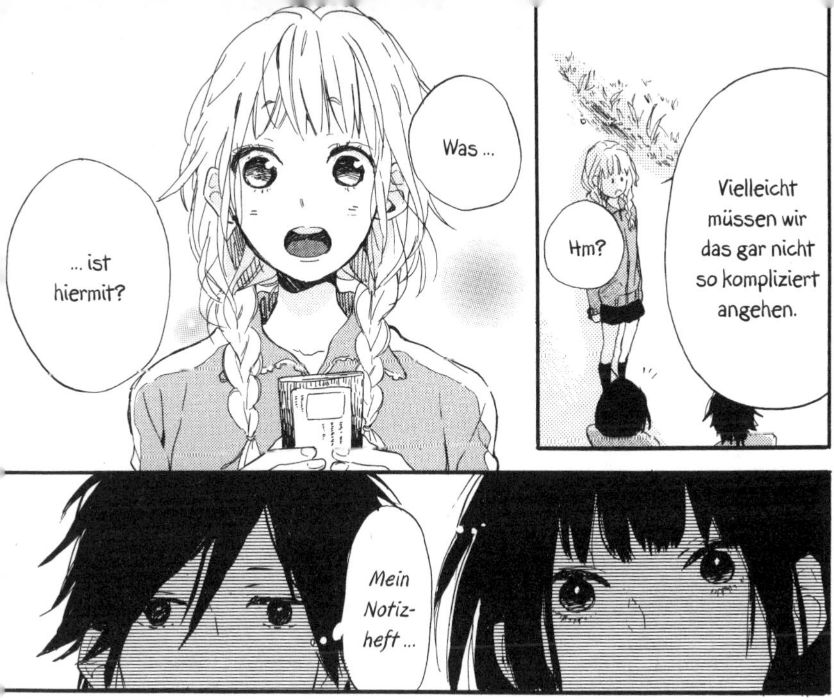

Vielleicht müssen wir das gar nicht so kompliziert angehen.

Hm?

Was ...

... ist hiermit?

Mein Notizheft ...

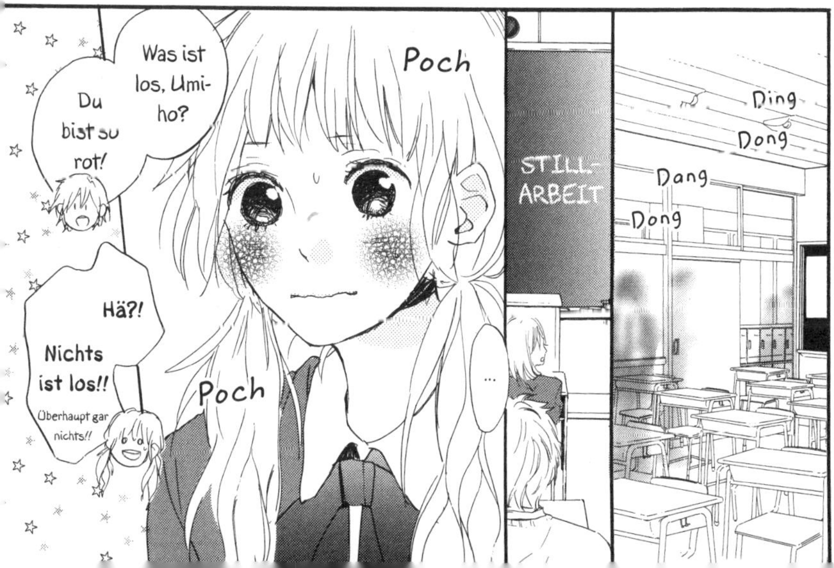

Ding

Dong

Dang

Dong

STILLARBEIT

Poch

Was ist los, Umiho?

Du bist so rot!

Hä?! Nichts ist los!!

Überhaupt gar nichts!!

...

Poch

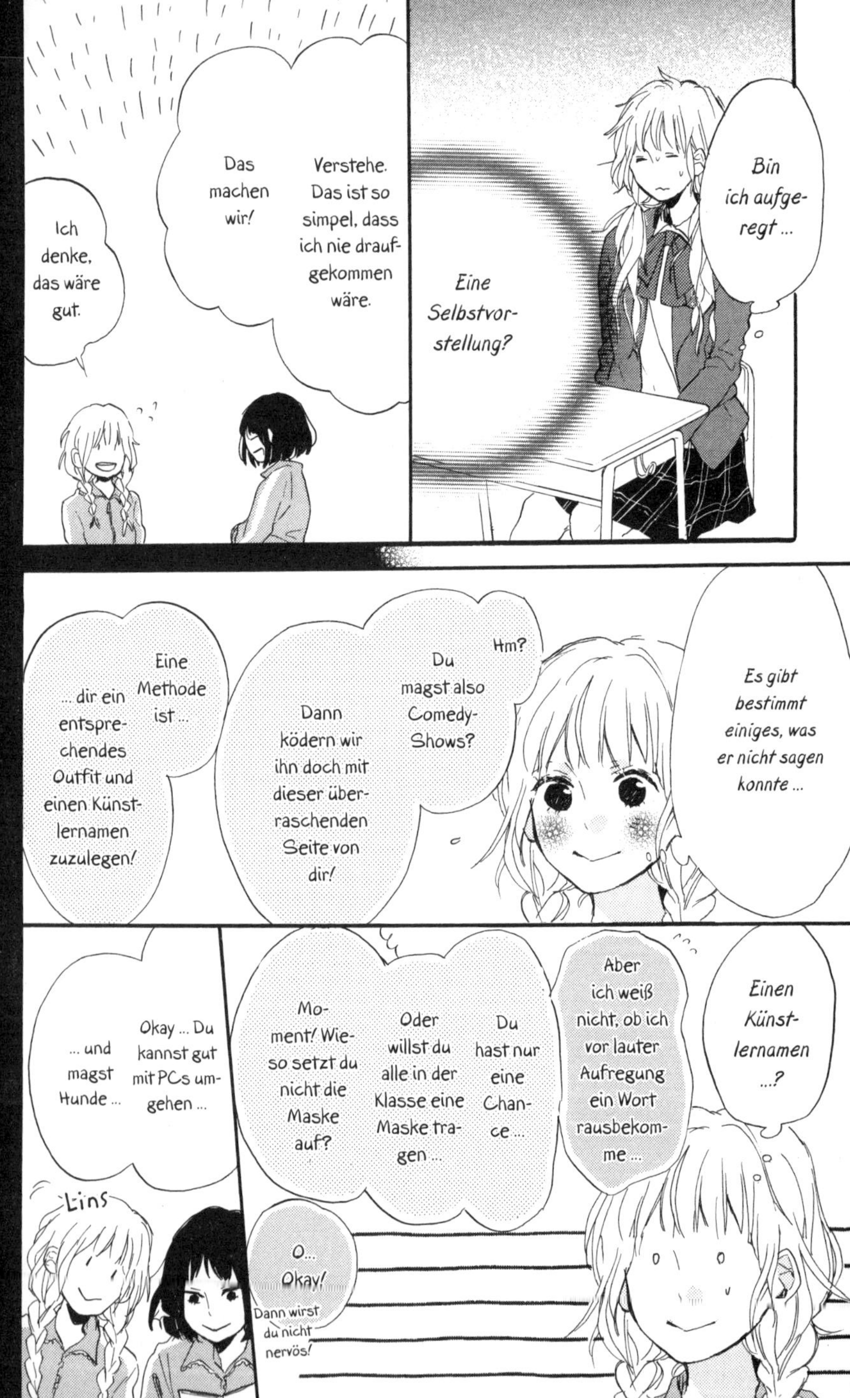
Bin ich aufgeregt ...
Eine Selbstvorstellung?
Verstehe. Das ist so simpel, dass ich nie draufgekommen wäre.
Das machen wir!
Ich denke, das wäre gut.
Es gibt bestimmt einiges, was er nicht sagen konnte ...
Hm?
Du magst also Comedy-Shows?
Dann ködern wir ihn doch mit dieser überraschenden Seite von dir!
Eine Methode ist ...
... dir ein entsprechendes Outfit und einen Künstlernamen zuzulegen!
Einen Künstlernamen ...?
Aber ich weiß nicht, ob ich vor lauter Aufregung ein Wort rausbekomme ...
Du hast nur eine Chance ...
Oder willst du alle in der Klasse eine Maske tragen ...
Moment! Wieso setzt du nicht die Maske auf?
O... Okay!
Dann wirst du nicht nervös!
Okay ... Du kannst gut mit PCs umgehen ...
... und magst Hunde ...
Lins

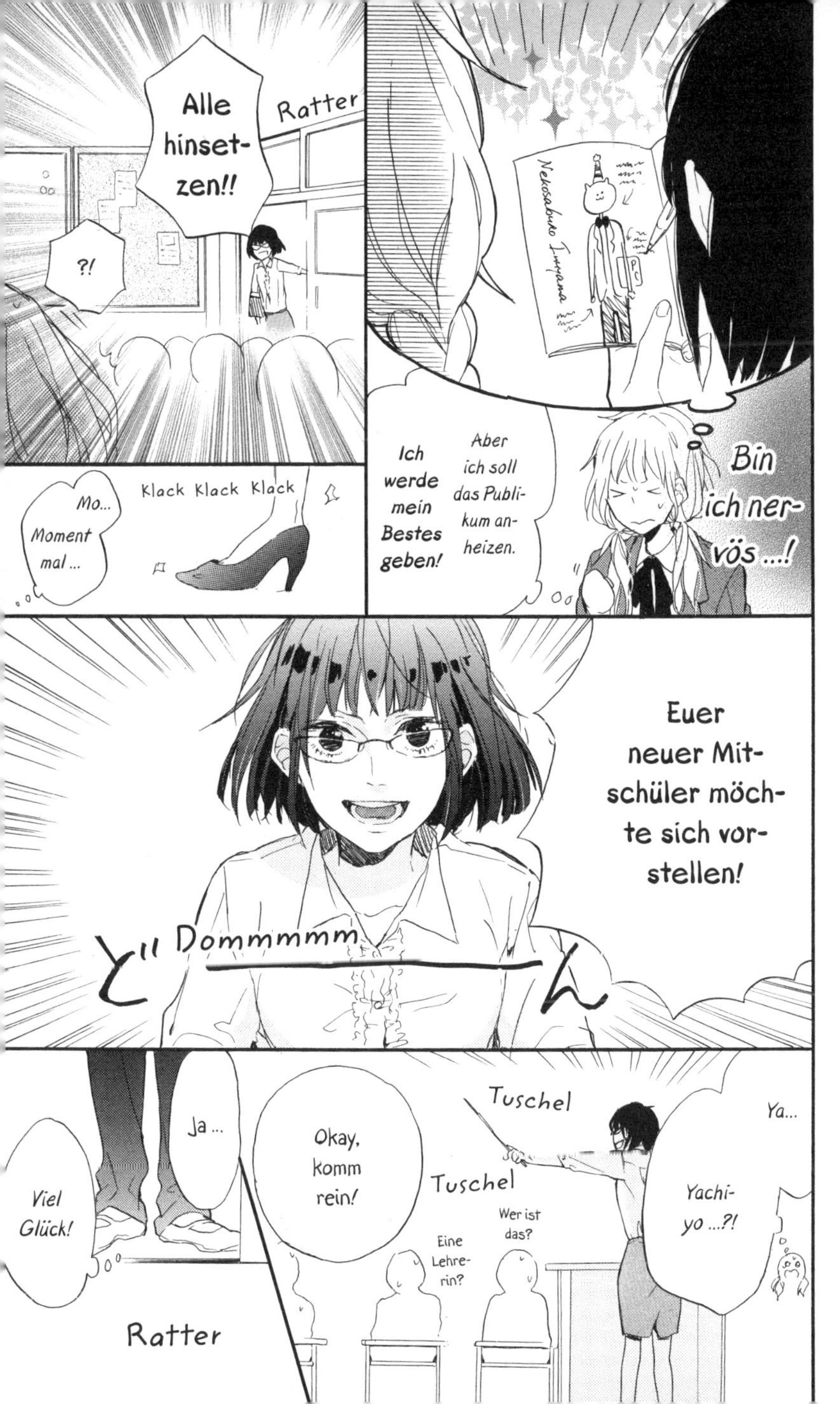

Ratter
Alle hinset-zen!!
?!
Nekosaburo Inayama
Bin ich ner-vös ...!
Aber ich soll das Publi-kum an-heizen.
Ich werde mein Bestes geben!
Klack Klack Klack
Mo... Moment mal ...
Euer neuer Mit-schüler möch-te sich vor-stellen!
Dommmmm
Ya... Yachi-yo ...?!
Tuschel
Tuschel
Wer ist das?
Eine Lehre-rin?
Okay, komm rein!
Ja ...
Viel Glück!
Ratter

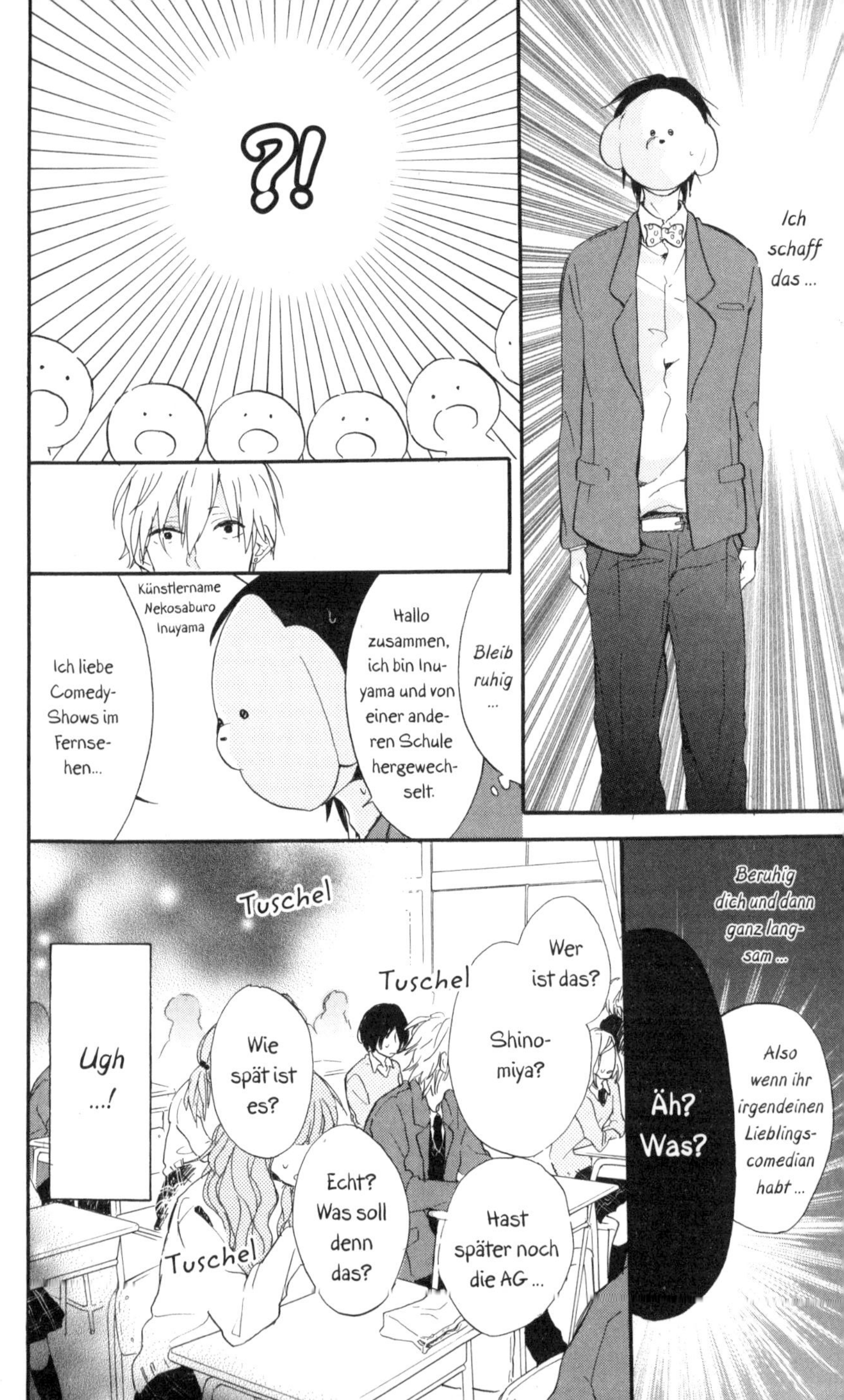
Ich schaff das ...
?!
Bleib ruhig ...
Hallo zusammen, ich bin Inuyama und von einer anderen Schule hergewechselt.
Künstlername Nekosaburo Inuyama
Ich liebe Comedy-Shows im Fernsehen...
Beruhig dich und dann ganz langsam ...
Also wenn ihr irgendeinen Lieblings-comedian habt ...
Äh? Was?
Wer ist das?
Shinomiya?
Tuschel
Tuschel
Wie spät ist es?
Hast später noch die AG ...
Echt? Was soll denn das?
Tuschel
Ugh ...!

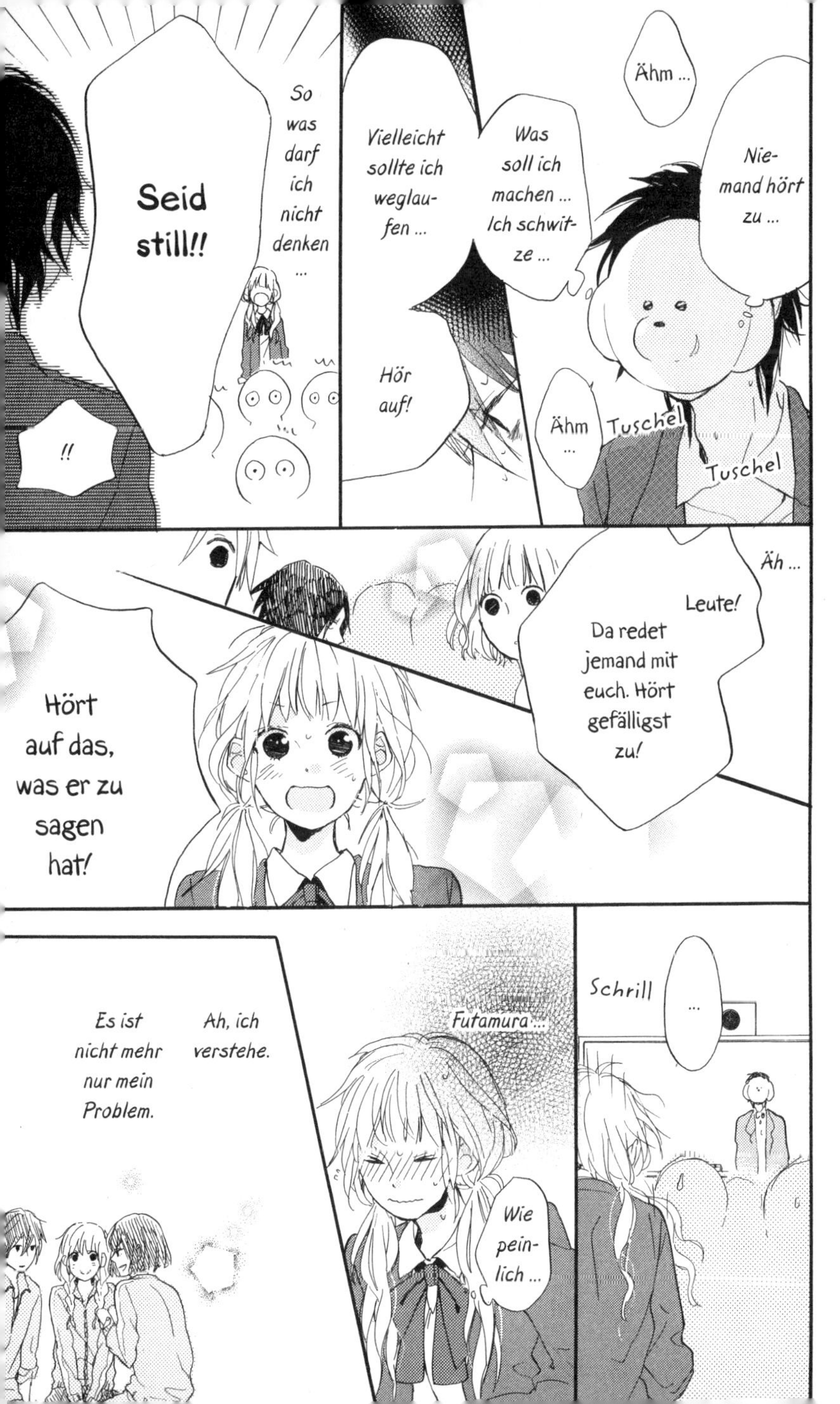
Ähm ...
Niemand hört zu ...
Ähm ...
Tuschel
Tuschel
Was soll ich machen ... Ich schwitze ...
Vielleicht sollte ich weglaufen ...
Hör auf!
So was darf ich nicht denken ...
Seid still!!
!!
Äh ...
Leute!
Da redet jemand mit euch. Hört gefälligst zu!
Hört auf das, was er zu sagen hat!
Schrill
...
Futamura ...
Wie peinlich ...
Ah, ich verstehe.
Es ist nicht mehr nur mein Problem.

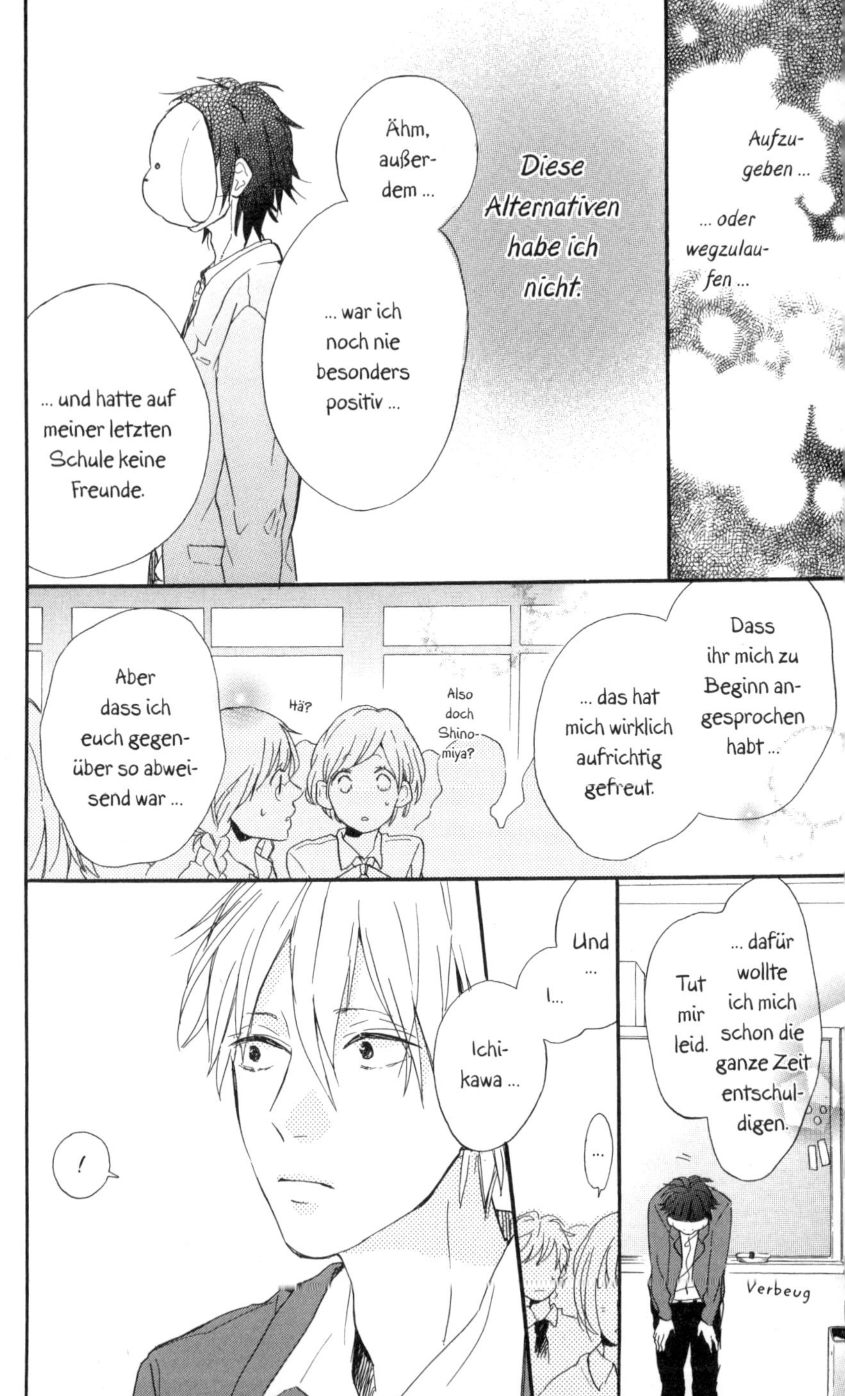

Aufzugeben ...
... oder wegzulaufen ...
Diese Alternativen habe ich nicht.
Ähm, außerdem ...
... war ich noch nie besonders positiv ...
... und hatte auf meiner letzten Schule keine Freunde.
Dass ihr mich zu Beginn angesprochen habt ...
... das hat mich wirklich aufrichtig gefreut.
Also doch Shinomiya?
Hä?
Aber dass ich euch gegenüber so abweisend war ...
... dafür wollte ich mich schon die ganze Zeit entschuldigen.
Tut mir leid.
Verbeug
Und ... I...
Ichikawa ...
...
!

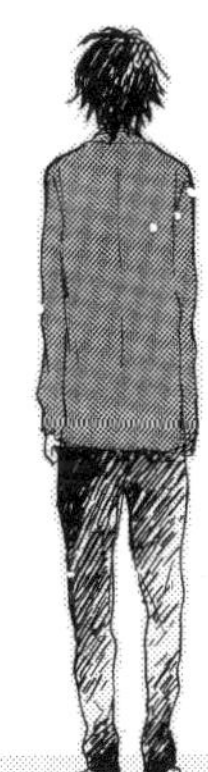
Danke, dass du mich immer eingeladen hast.

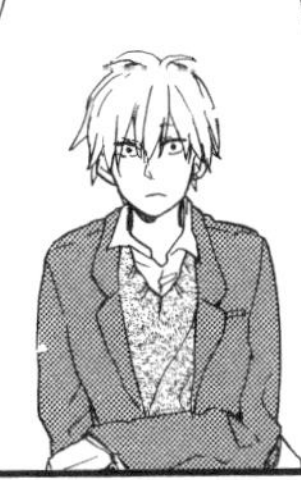
Ich hatte kein Selbstvertrauen und konnte deshalb nicht annehmen.
Danke, dass du mir unvoreingenommen begegnet bist.

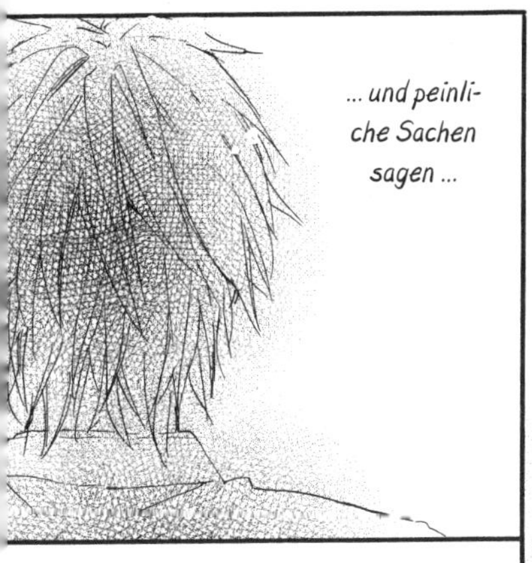
Ich habe zwischen mir und anderen Menschen immer eine Art Wand gebaut.
Aber wenn ich mit dir gesprochen habe, war das wie vergessen.
Vielleicht werde ich total erbärmliche ...
... und peinliche Sachen sagen ...
... aber ab jetzt von anderen nicht gemocht zu werden ...
Ich bewundere Menschen wie dich.

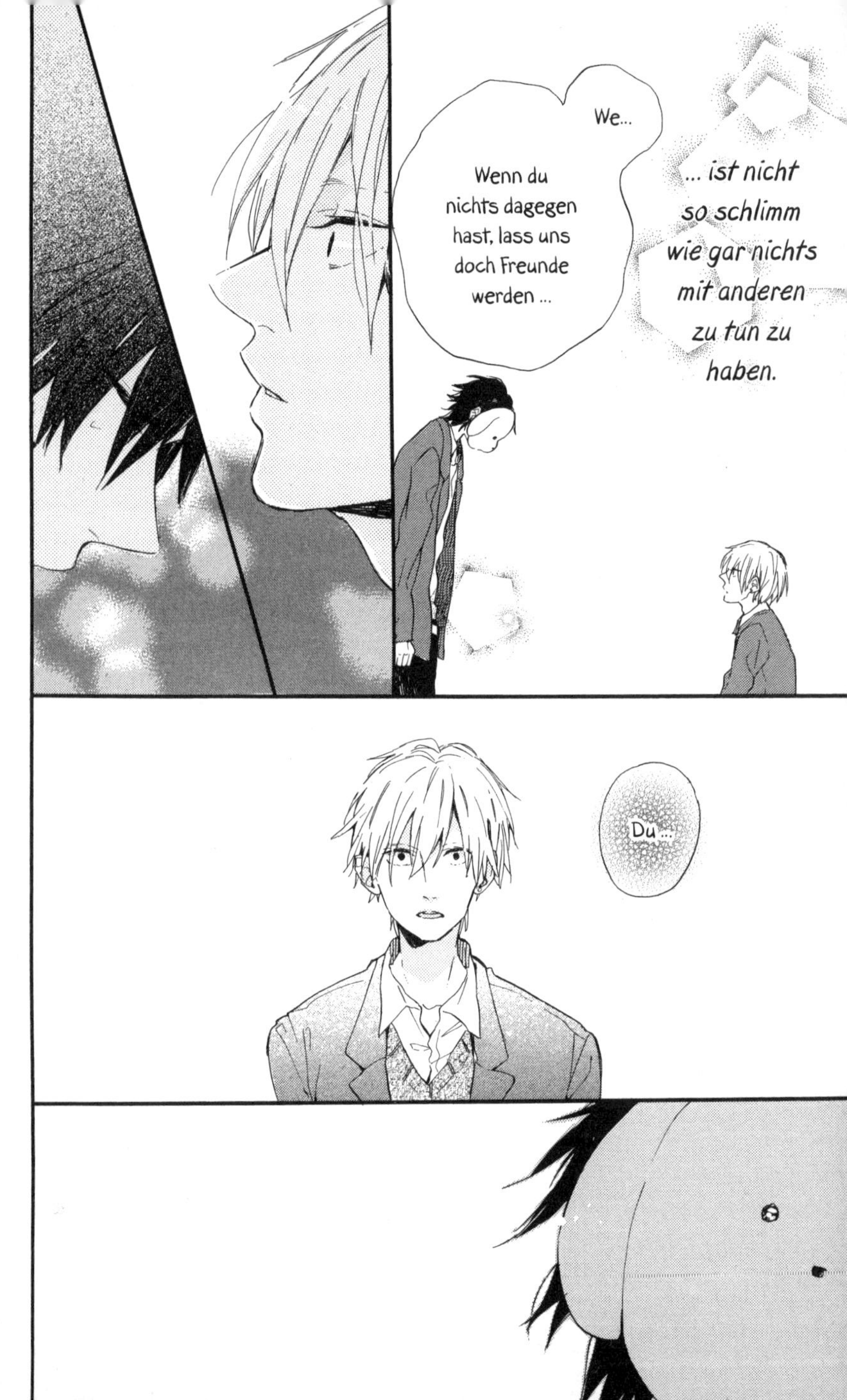
... ist nicht so schlimm wie gar nichts mit anderen zu tun zu haben.
We...
Wenn du nichts dagegen hast, lass uns doch Freunde werden ...
Du ...

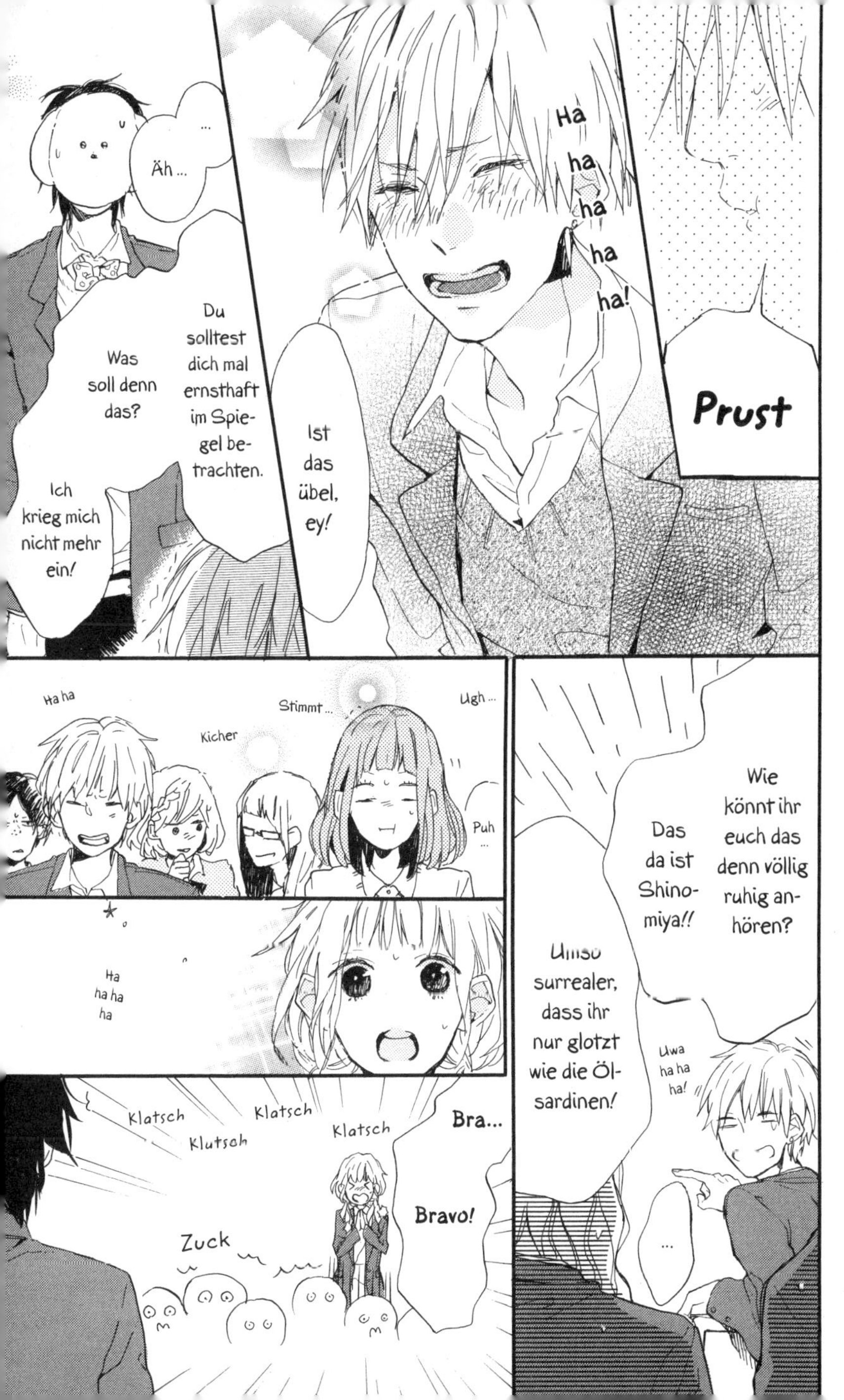

Prust
Ha ha ha ha ha!
Ist das übel, ey!
...
Äh ...
Du solltest dich mal ernsthaft im Spiegel betrachten.
Was soll denn das?
Ich krieg mich nicht mehr ein!
Wie könnt ihr euch das denn völlig ruhig anhören?
Das da ist Shinomiya!!
Umso surrealer, dass ihr nur glotzt wie die Ölsardinen!
Uwa ha ha ha!
...
Ugh ...
Puh ...
Stimmt ...
Kicher
Ha ha
Ha ha ha ha
Bra...
Bravo!
Klatsch
Klatsch
Klutsch
Klatsch
Zuck

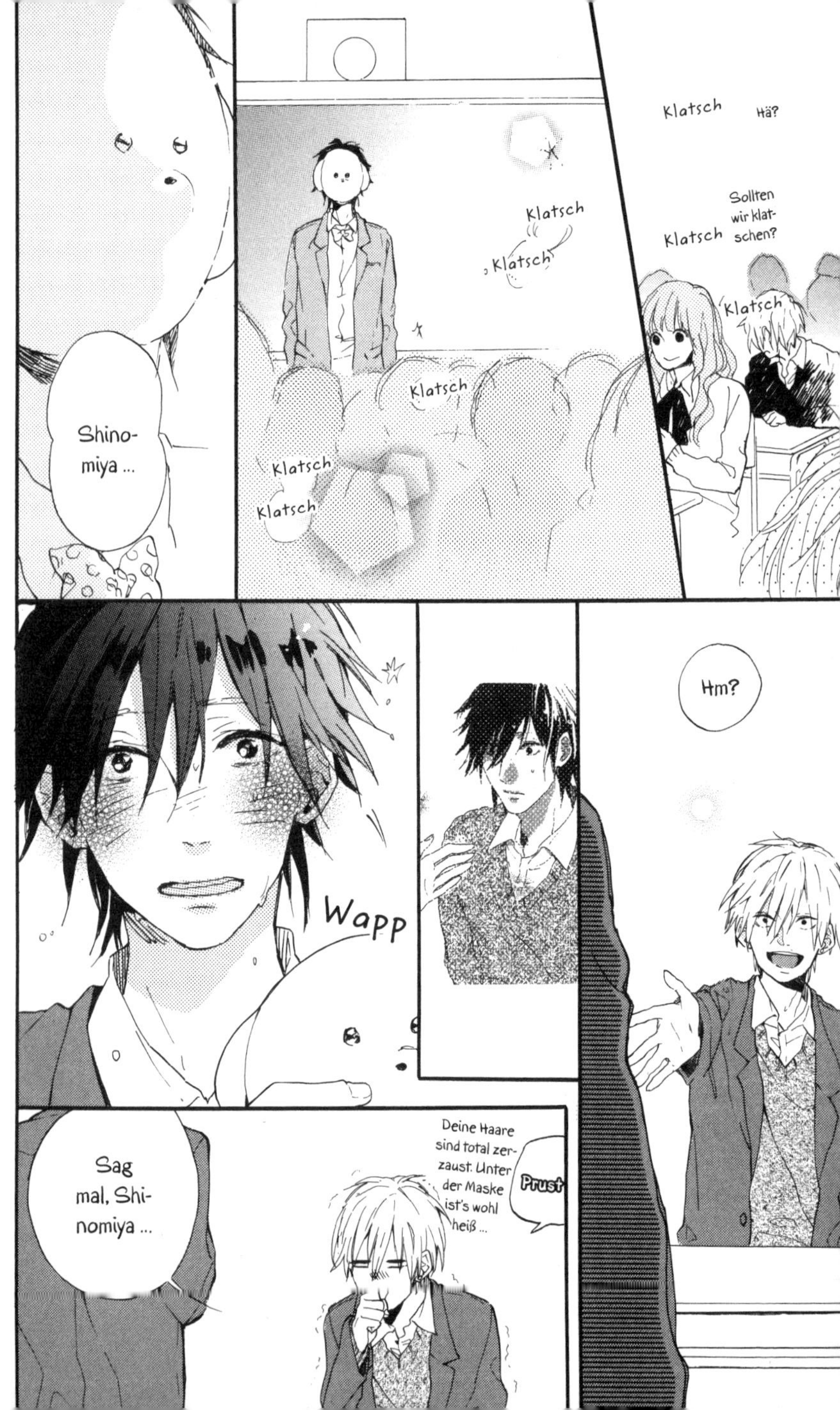
Klatsch
Hä?
Klatsch
Sollten wir klatschen?
Klatsch
Klatsch
Klatsch
Klatsch
Klatsch
Klatsch
Shinomiya ...
Hm?
Wapp
Deine Haare sind total zerzaust. Unter der Maske ist's wohl heiß ...
Prust
Sag mal, Shinomiya ...

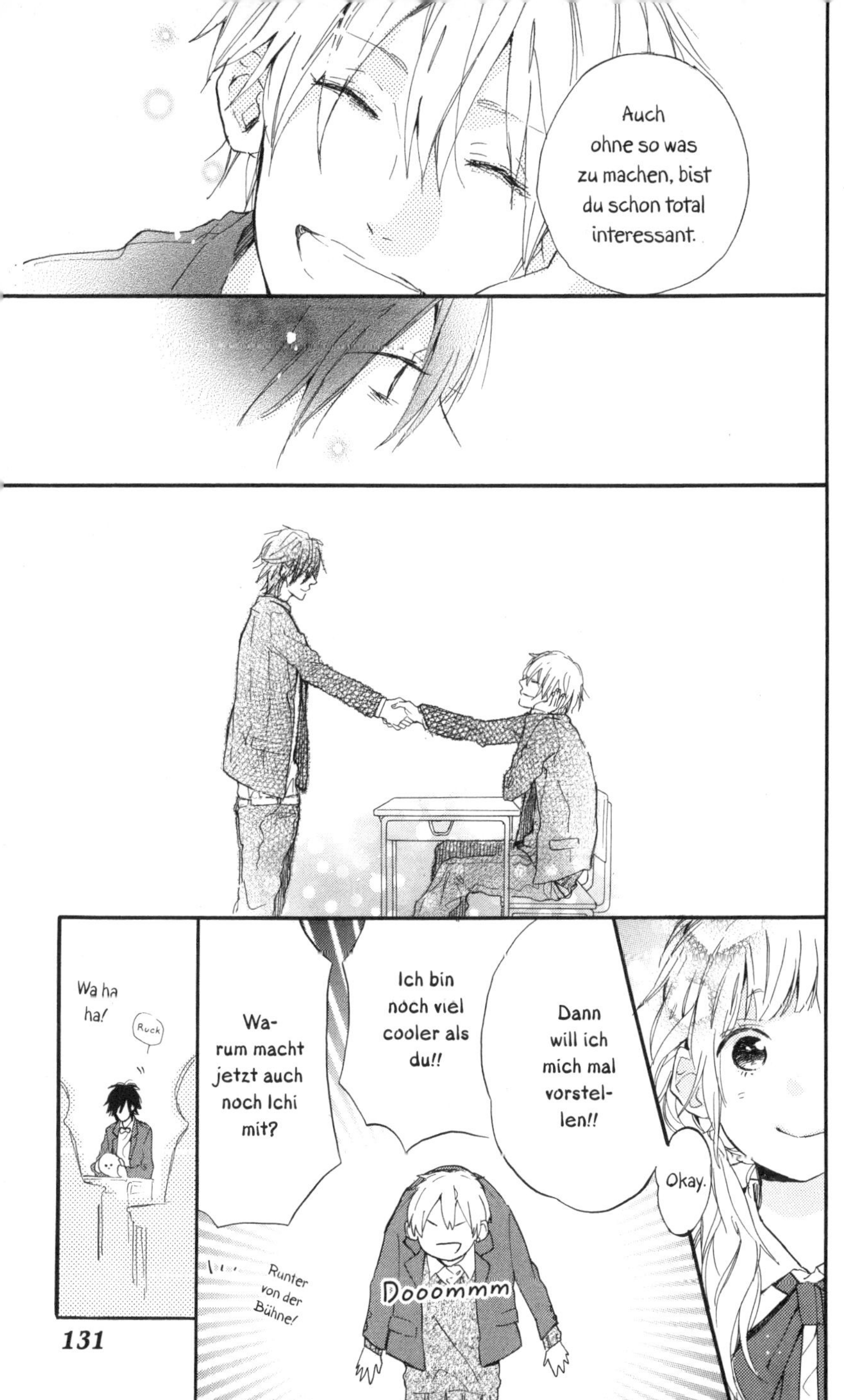

Auch ohne so was zu machen, bist du schon total interessant.
Okay.
Dann will ich mich mal vorstellen!!
Ich bin noch viel cooler als du!!
Wa-rum macht jetzt auch noch Ichi mit?
Wa ha ha!
Ruck
Runter von der Bühne!
Dooommm

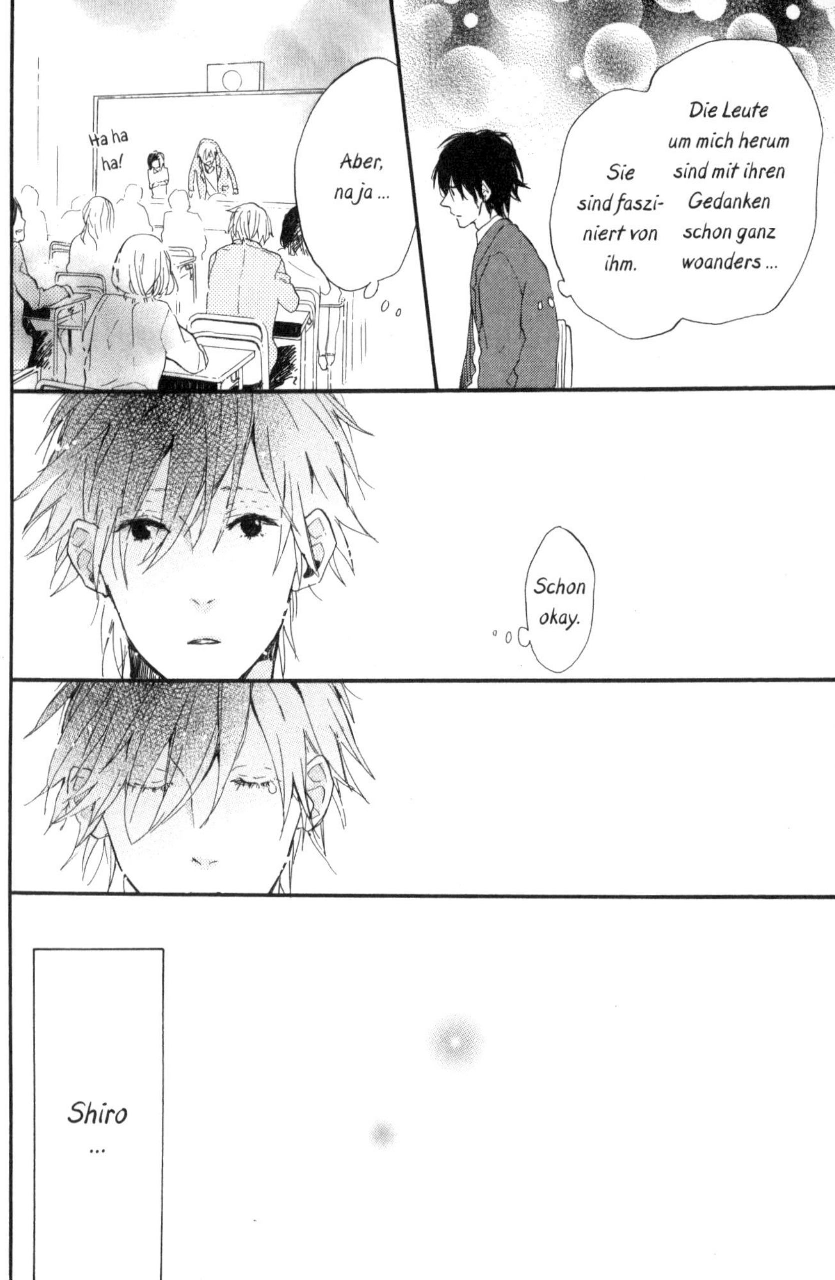
Die Leute um mich herum sind mit ihren Gedanken schon ganz woanders ...
Sie sind fasziniert von ihm.
Aber, na ja ...
Ha ha ha!
Schon okay.
Shiro ...

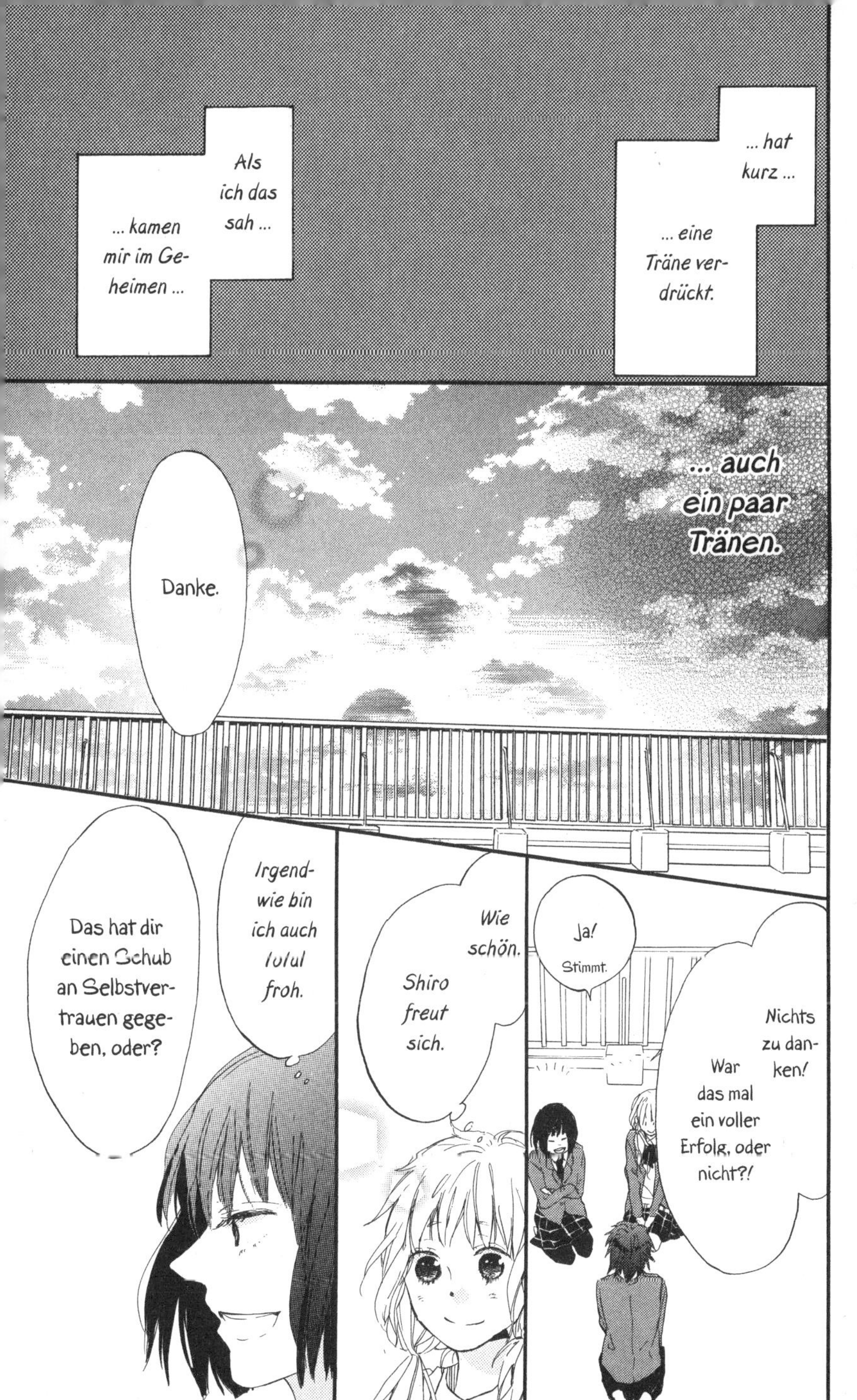

... hat kurz ...
... eine Träne verdrückt.
Als ich das sah ...
... kamen mir im Geheimen ...
... auch ein paar Tränen.
Danke.
Nichts zu danken!
War das mal ein voller Erfolg, oder nicht?!
Ja!
Stimmt.
Wie schön.
Shiro freut sich.
Irgendwie bin ich auch total froh.
Das hat dir einen Schub an Selbstvertrauen gegeben, oder?

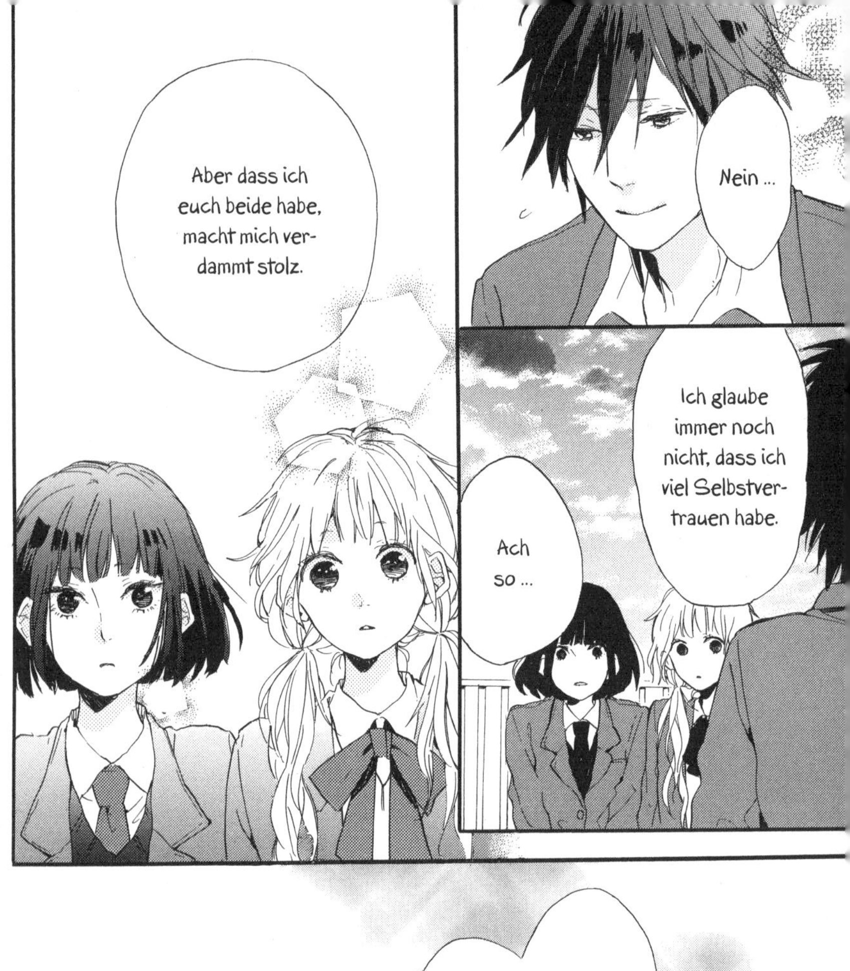
Nein ...
Ich glaube immer noch nicht, dass ich viel Selbstvertrauen habe.
Ach so ...
Aber dass ich euch beide habe, macht mich verdammt stolz.

Danke ...
... dass ihr bei mir seid.

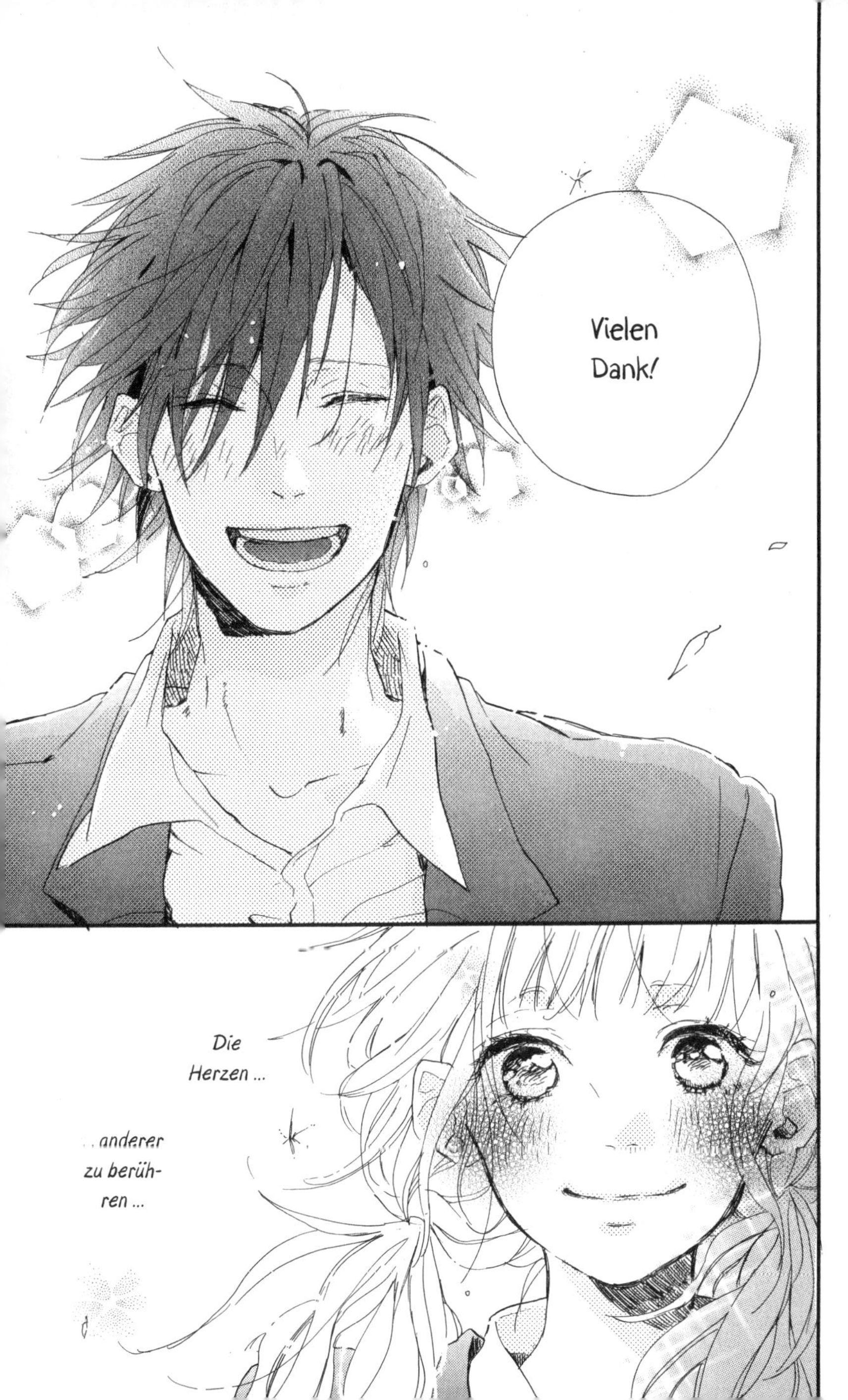
Vielen Dank!
Die Herzen ...
... anderer zu berühren ...

Was ist das nur für ein herrliches Gefühl!

Poch

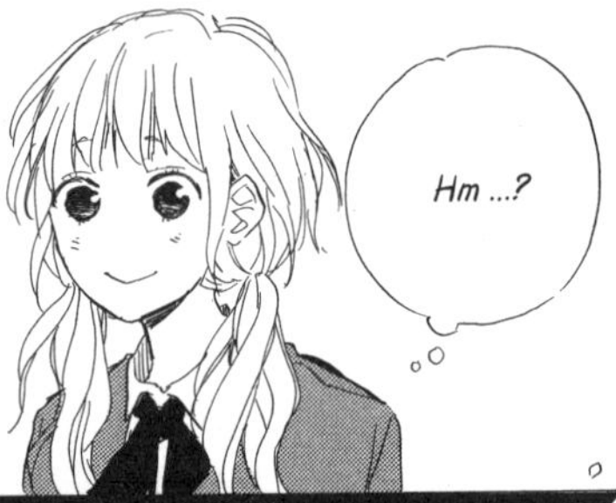

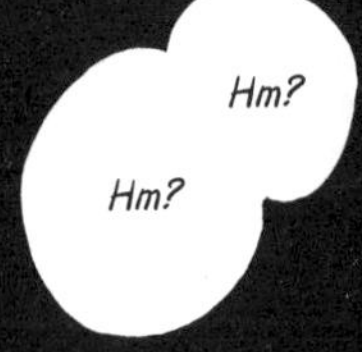

»Ich mag dich, Shiro.

Natürlich ...

... nur als Mensch!«

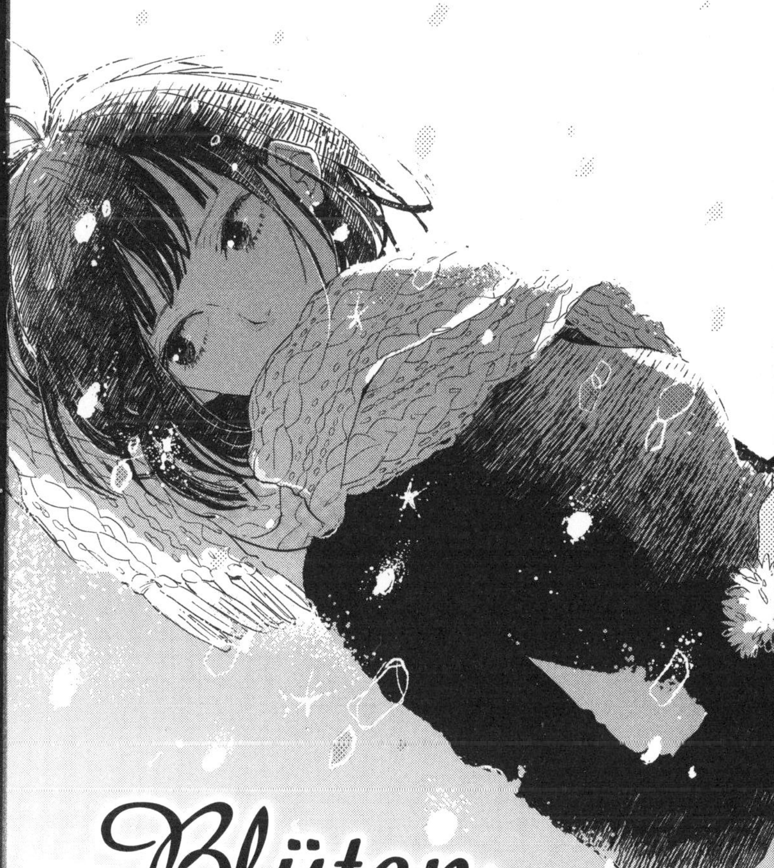

Wie Blüten und Blitze

Kapitel 4: Winter und einseitige Liebe

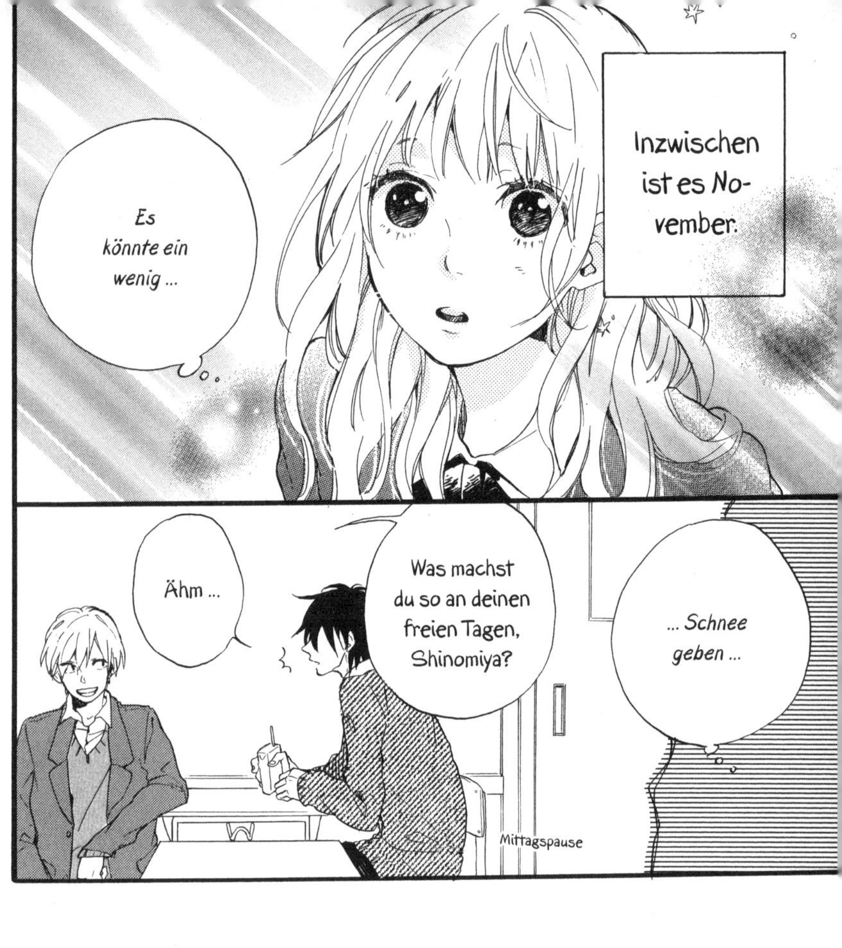
Inzwischen ist es November.
Es könnte ein wenig ...
... Schnee geben ...
Was machst du so an deinen freien Tagen, Shinomiya?
Ähm ...
Mittagspause

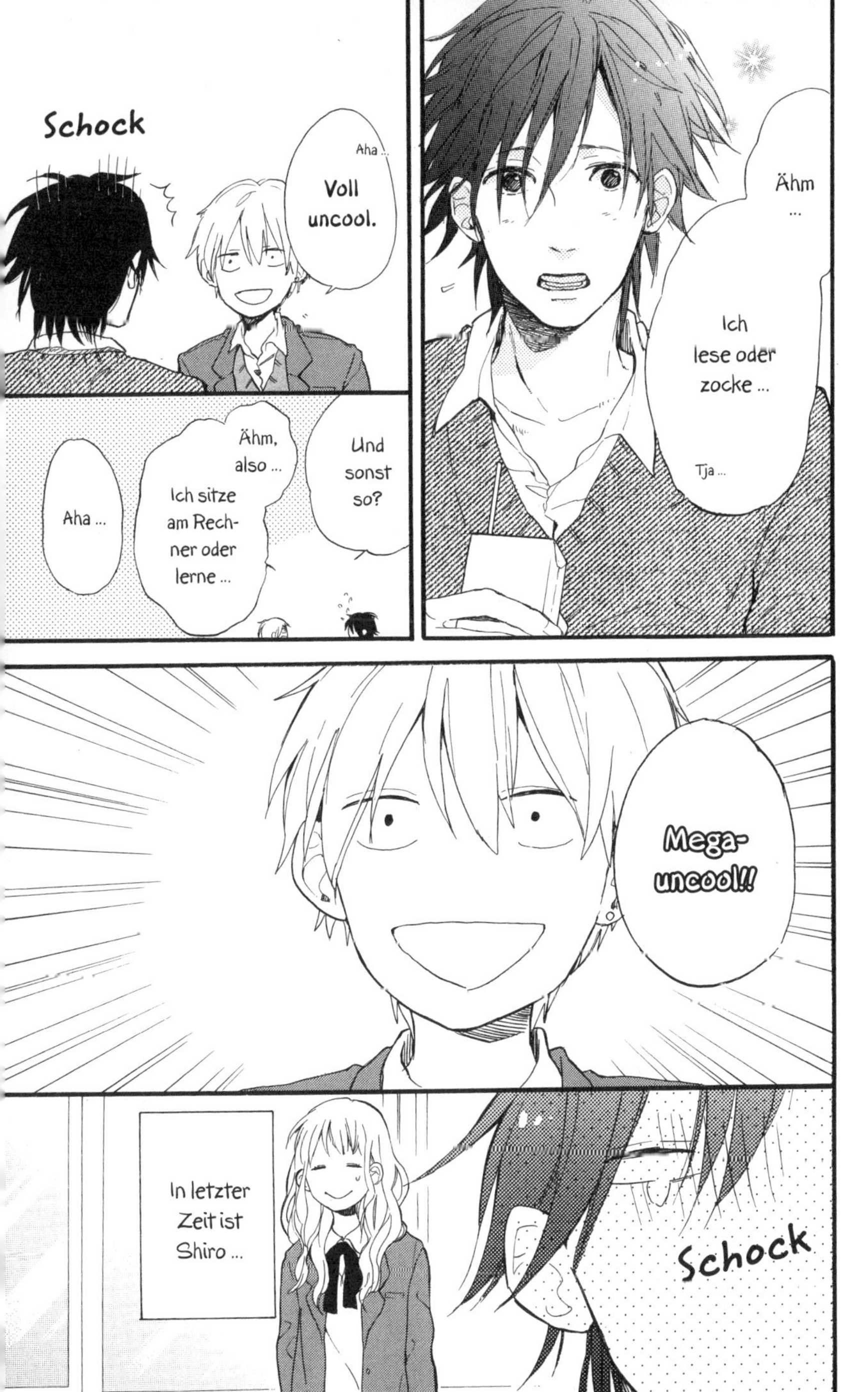

Ähm ...
Ich lese oder zocke ...
Tja ...
Aha ...
Voll uncool.
Schock
Und sonst so?
Ähm, also ...
Ich sitze am Rechner oder lerne ...
Aha ...
Mega-uncool!!
Schock
In letzter Zeit ist Shiro ...

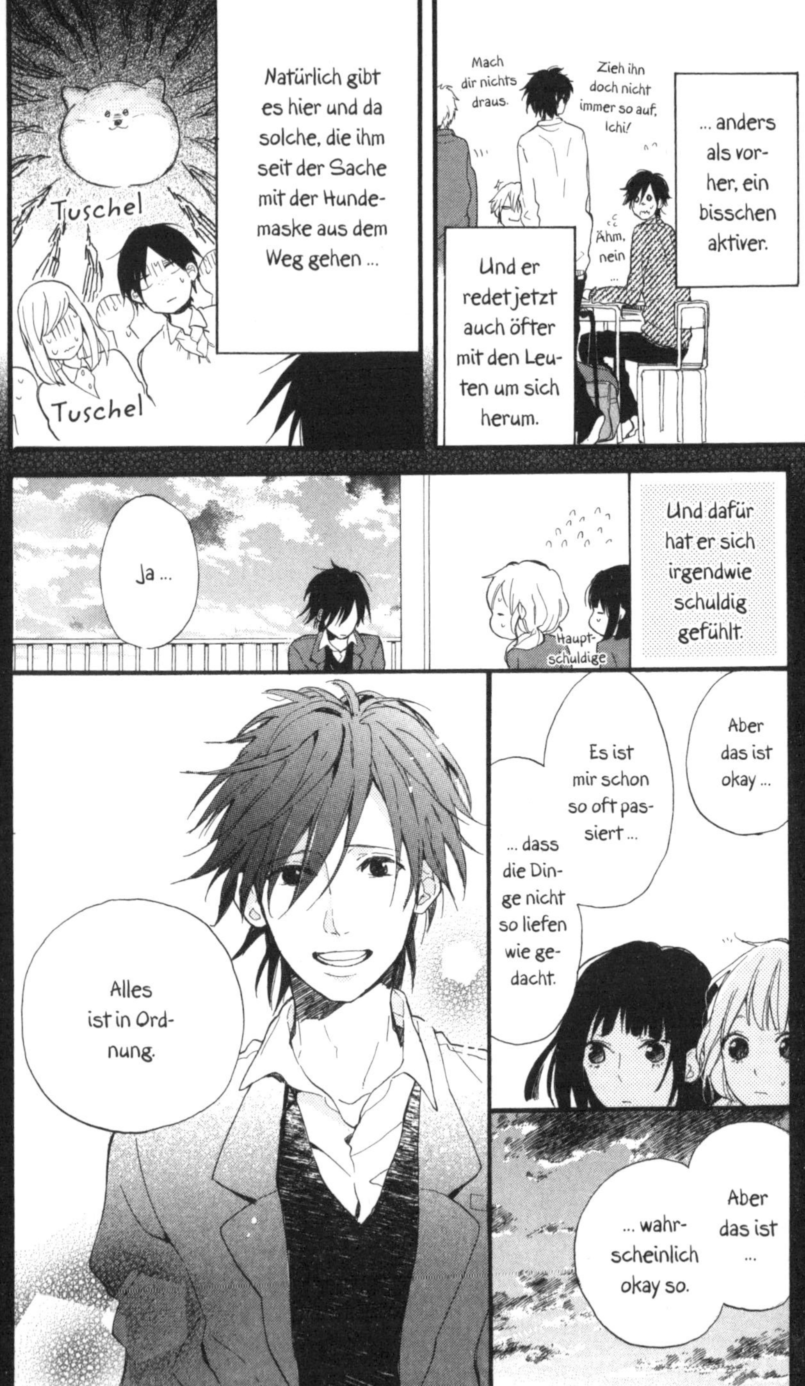
... anders als vorher, ein bisschen aktiver.
Zieh ihn doch nicht immer so auf, Ichi!
Mach dir nichts draus.
Ähm, nein ...
Und er redet jetzt auch öfter mit den Leuten um sich herum.
Natürlich gibt es hier und da solche, die ihm seit der Sache mit der Hundemaske aus dem Weg gehen ...
Tuschel
Tuschel
Und dafür hat er sich irgendwie schuldig gefühlt.
Hauptschuldige
Ja ...
Aber das ist okay ...
Es ist mir schon so oft passiert ...
... dass die Dinge nicht so liefen wie gedacht.
Alles ist in Ordnung.
Aber das ist ...
... wahrscheinlich okay so.

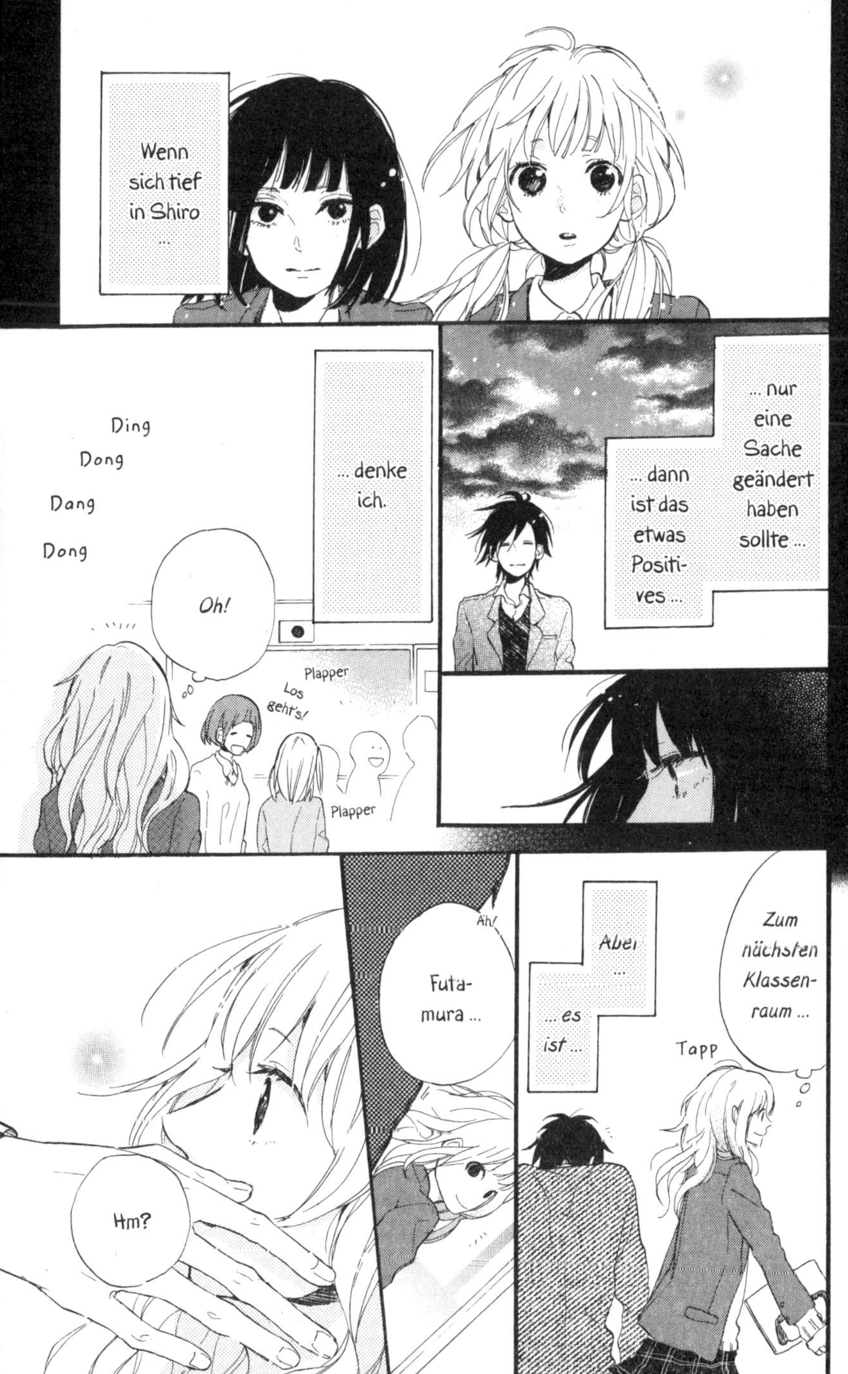
Wenn sich tief in Shiro ...
... nur eine Sache geändert haben sollte ...
... dann ist das etwas Positi-ves ...
... denke ich.
Ding
Dong
Dang
Dong
Oh!
Plapper
Los geht's!
Plapper
Zum nächsten Klassen-raum ...
Tapp
Aber ...
... es ist ...
Äh!
Futa-mura ...
Hm?

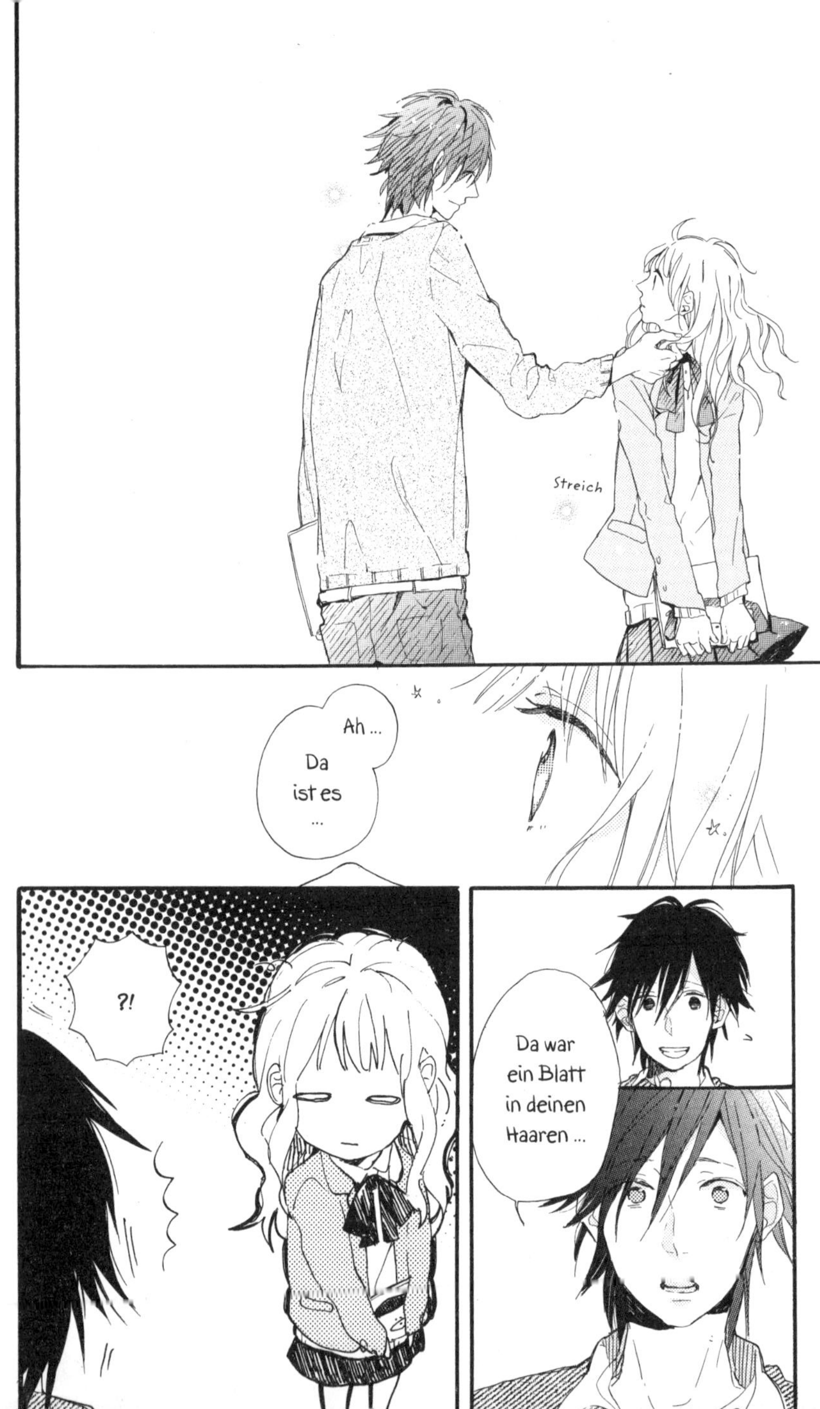
Streich
Ah ... Da ist es ...
Da war ein Blatt in deinen Haaren ...
?!

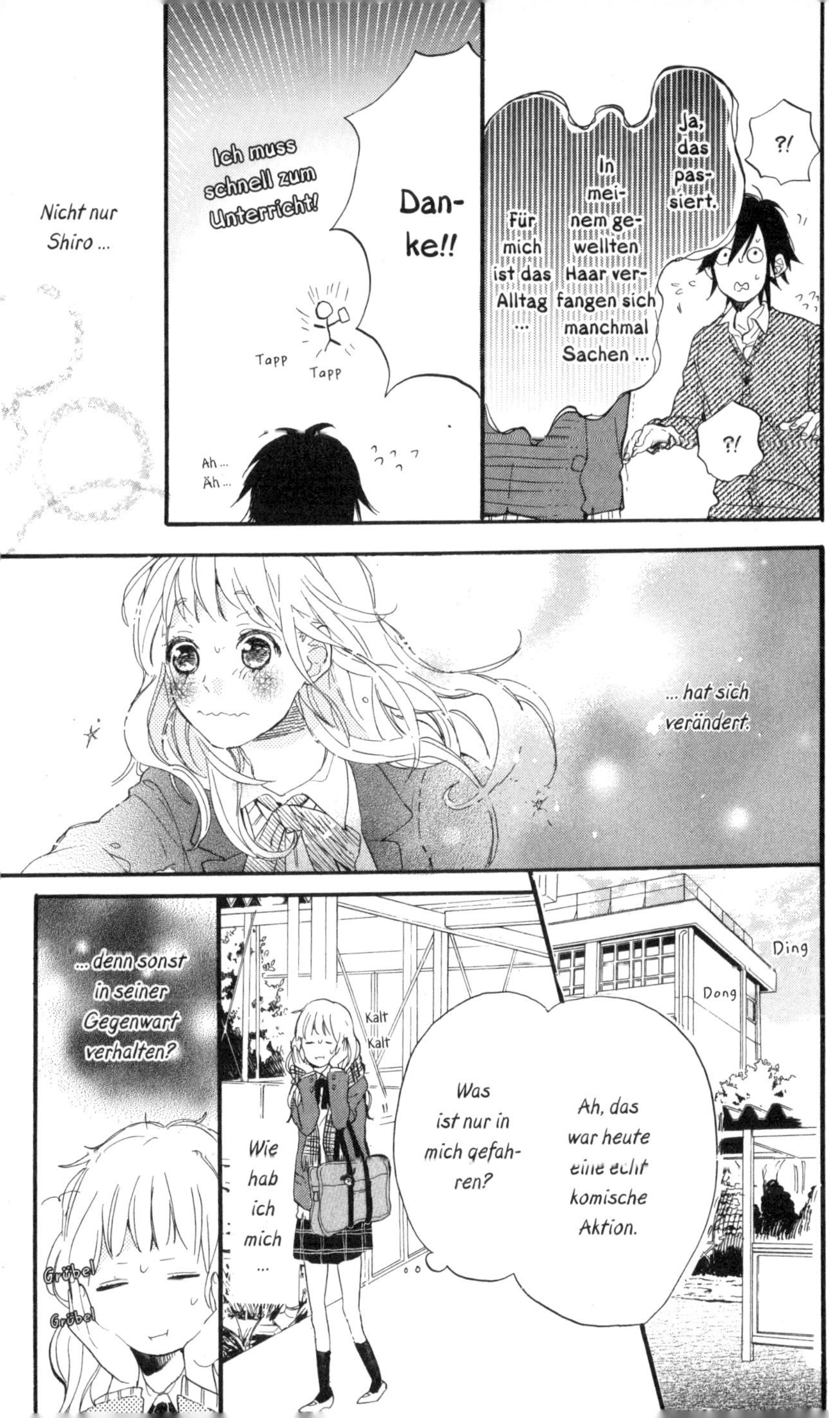

?!

Ja, das passiert.

In meinem gewellten Haar verfangen sich manchmal Sachen ...

Für mich ist das Alltag ...

?!

Danke!!

Ich muss schnell zum Unterricht!

Tapp

Tapp

Ah ...
Äh ...

Nicht nur Shiro ...

... hat sich verändert.

Ding

Dong

Ah, das war heute eine echt komische Aktion.

Was ist nur in mich gefahren?

Kalt

Kalt

Wie hab ich mich ...

... denn sonst in seiner Gegenwart verhalten?

Grübel

Grübel

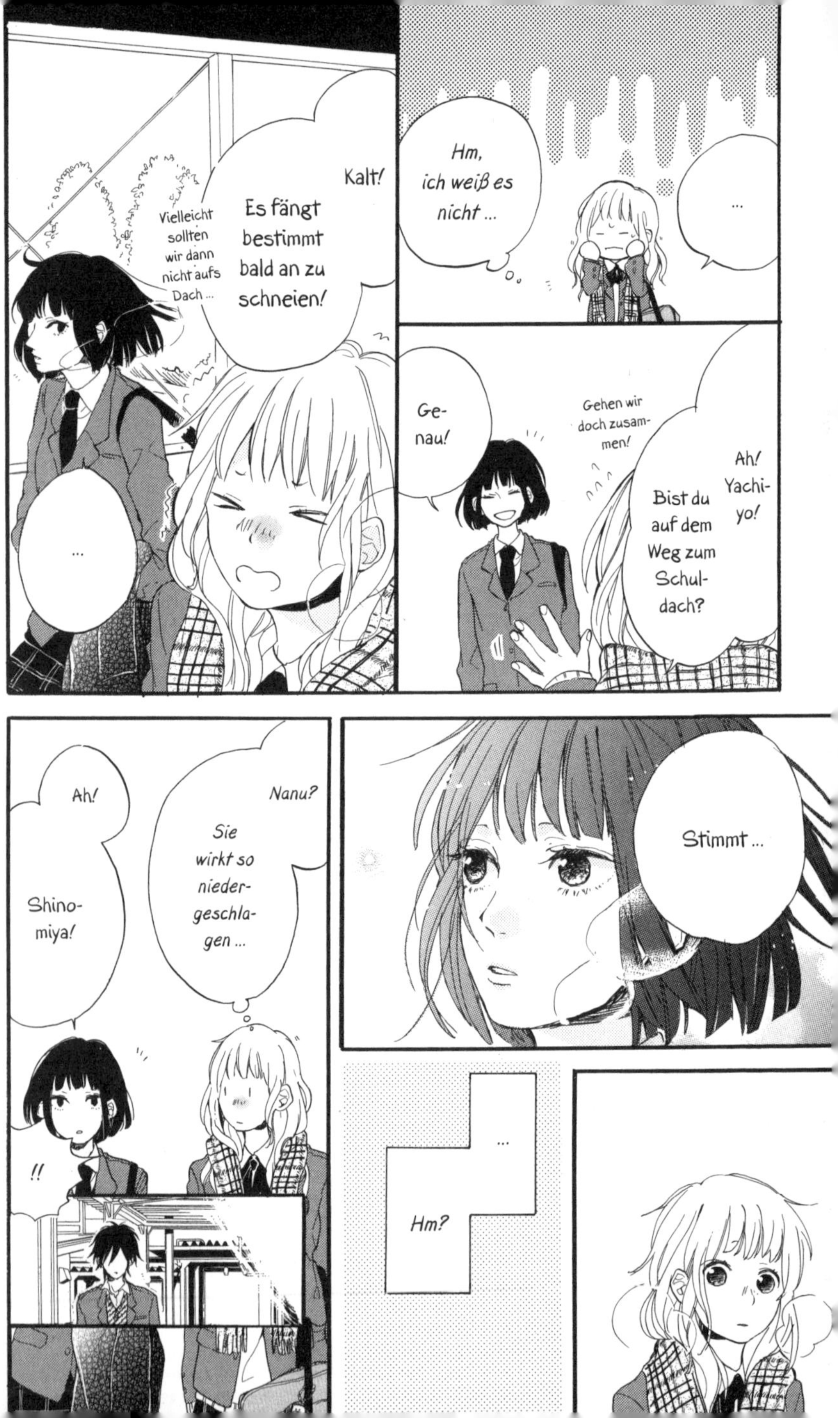

...

Hm, ich weiß es nicht ...

Ah! Yachiyo! Bist du auf dem Weg zum Schuldach?

Gehen wir doch zusammen!

Genau!

Kalt!

Es fängt bestimmt bald an zu schneien!

Vielleicht sollten wir dann nicht aufs Dach ...

...

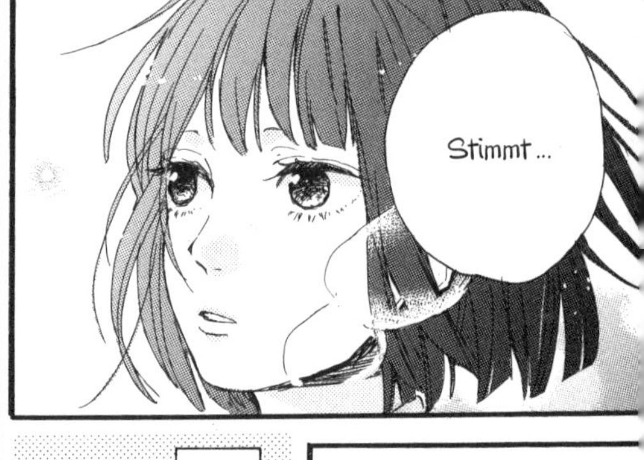

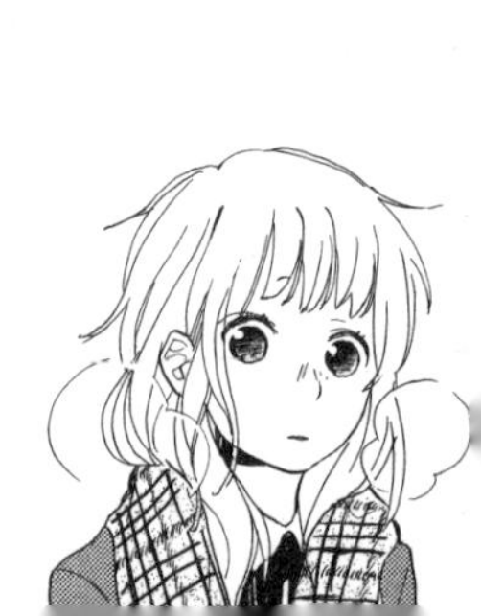

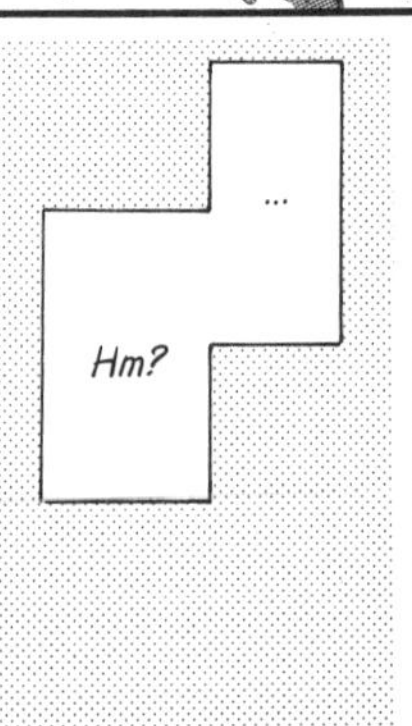

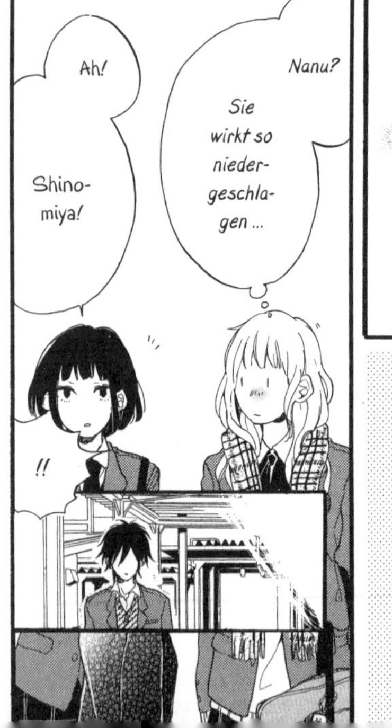

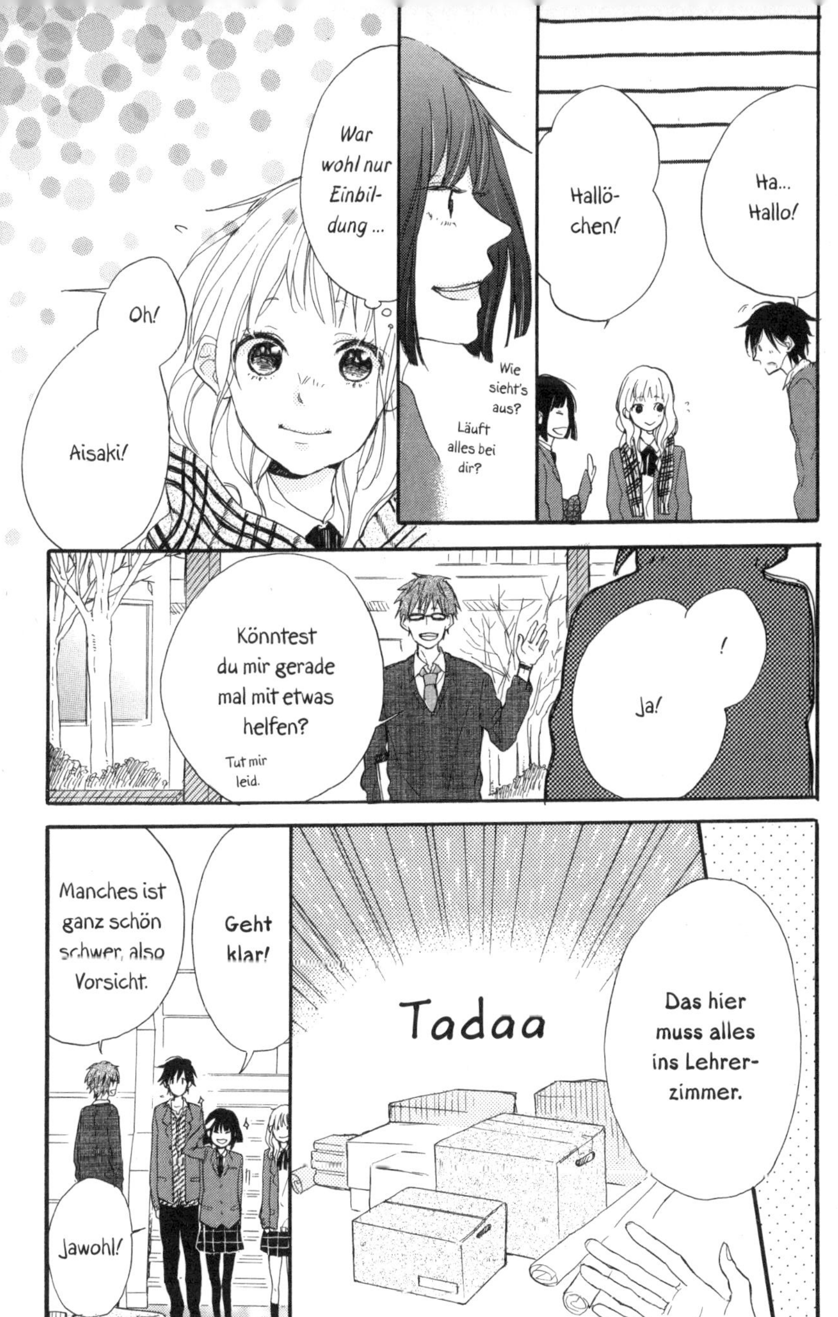
Ha... Hallo!
Hallöchen!
Wie sieht's aus? Läuft alles bei dir?
War wohl nur Einbildung ...
Oh!
Aisaki!
!
Ja!
Könntest du mir gerade mal mit etwas helfen?
Tut mir leid.
Das hier muss alles ins Lehrerzimmer.
Tadaa
Geht klar!
Manches ist ganz schön schwer, also Vorsicht.
Jawohl!

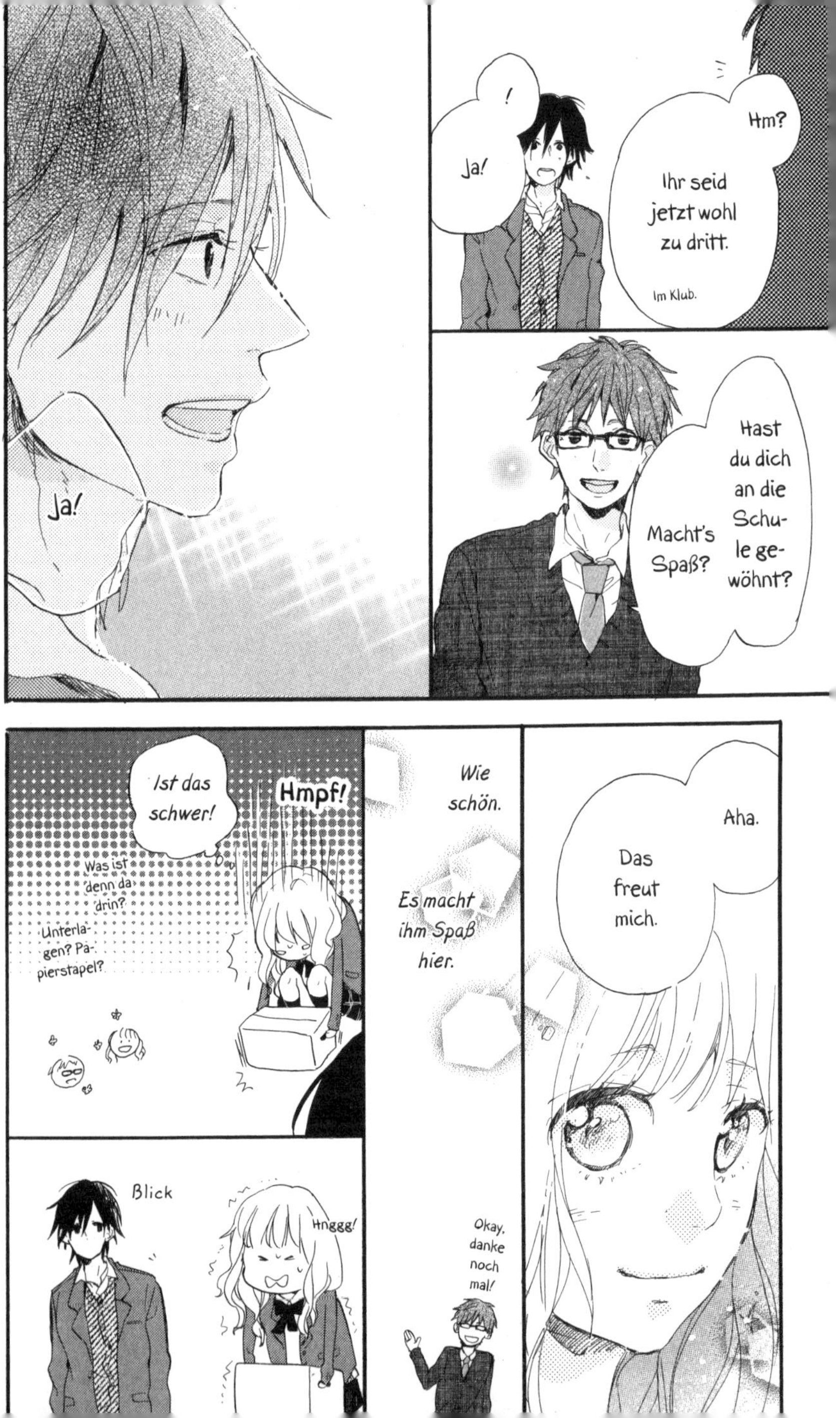

Hm?
Ihr seid jetzt wohl zu dritt.
Im Klub.
!
Ja!
Hast du dich an die Schule gewöhnt?
Macht's Spaß?
Ja!
Aha.
Das freut mich.
Wie schön.
Es macht ihm Spaß hier.
Hmpf!
Ist das schwer!
Was ist denn da drin?
Unterlagen? Papierstapel?
Okay, danke noch mal!
Hnggg!
Blick

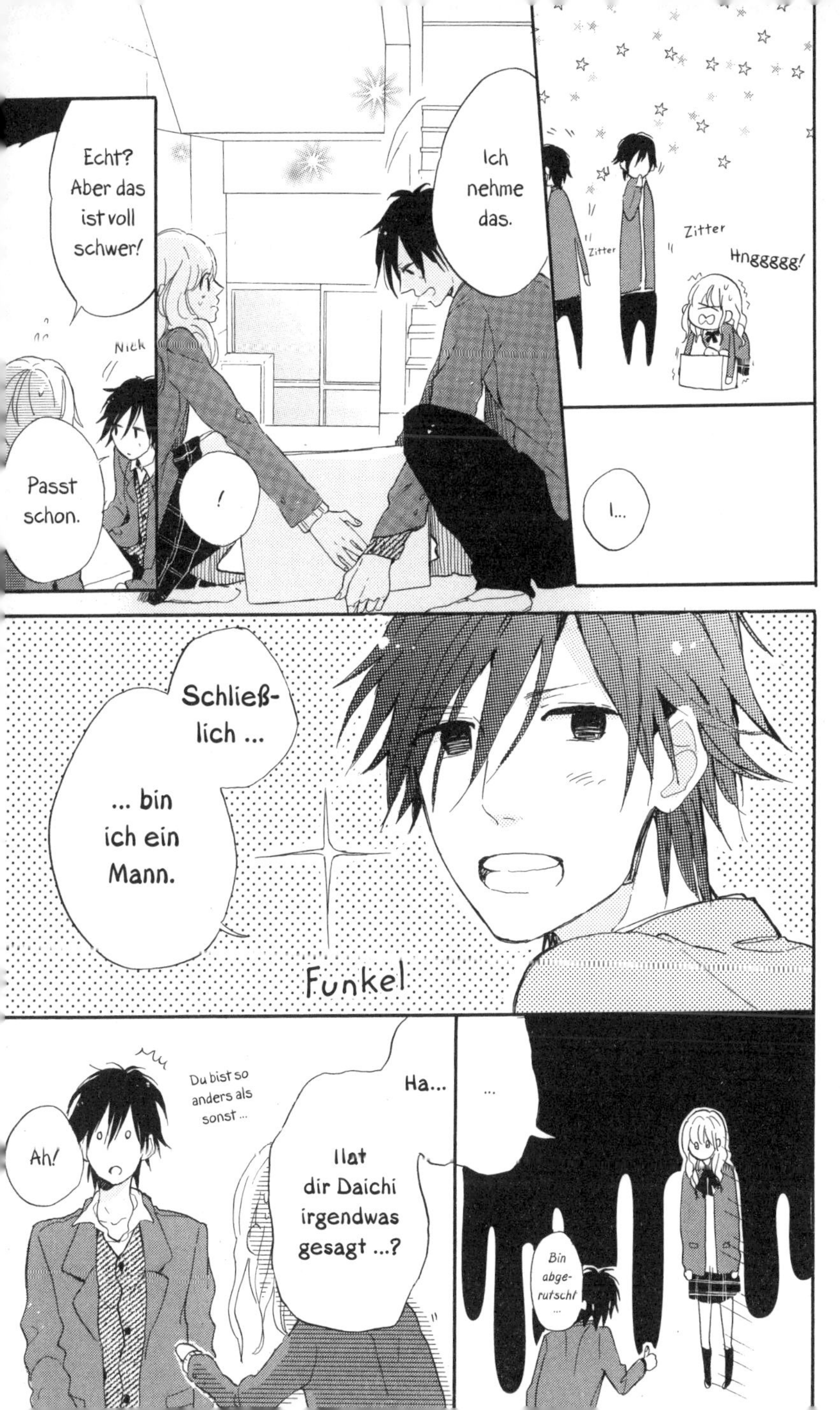
Zitter
Zitter
Hngggggg!
I…
Ich nehme das.
Echt? Aber das ist voll schwer!
!
Nick
Passt schon.
Schließ-lich …
… bin ich ein Mann.
Funkel
…
Bin abge-rutscht …
Ha…
Hat dir Daichi irgendwas gesagt …?
Du bist so anders als sonst …
Ah!

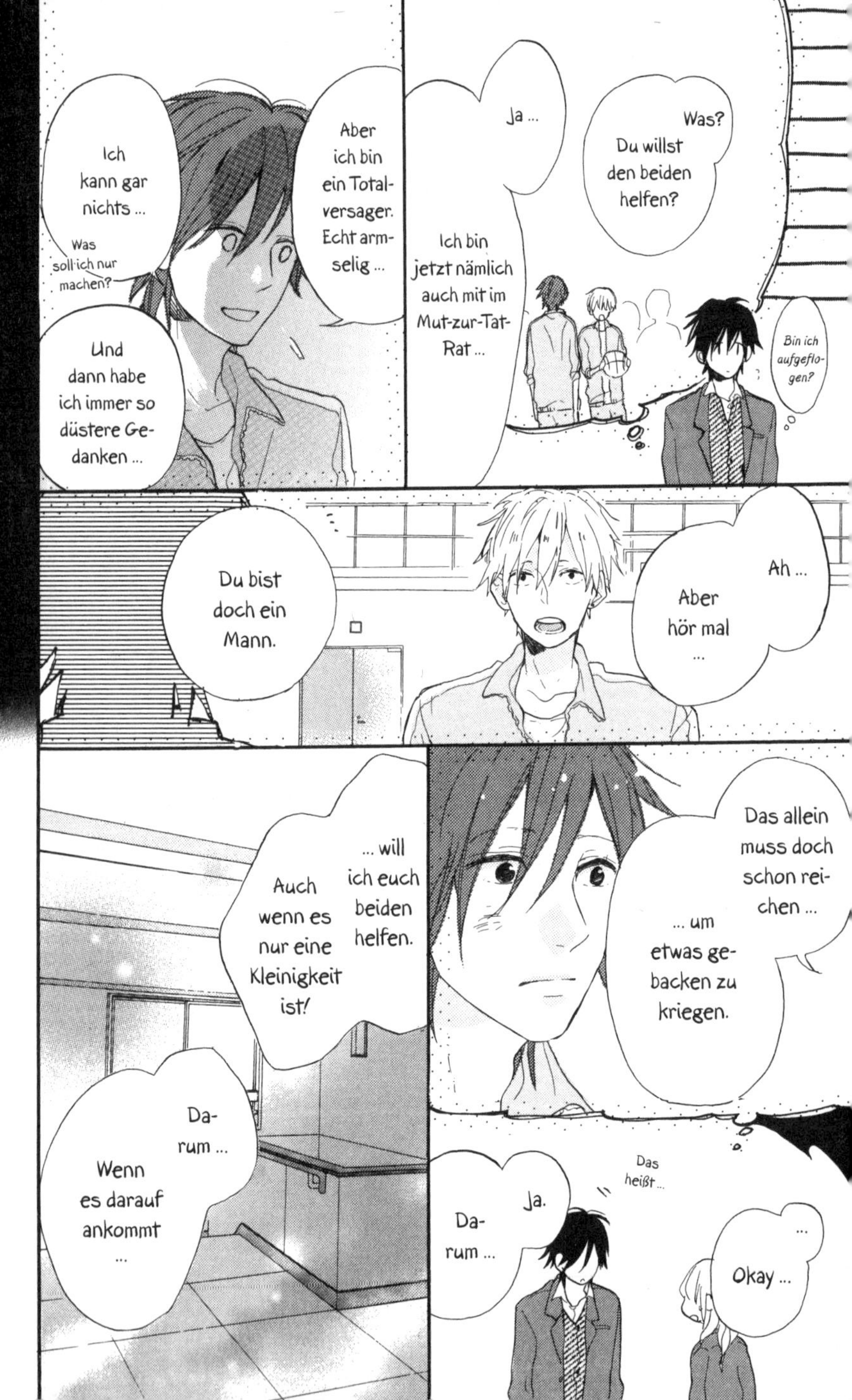
Was? Du willst den beiden helfen?
Bin ich aufgeflogen?
Ja ...
Ich bin jetzt nämlich auch mit im Mut-zur-Tat-Rat ...
Aber ich bin ein Totalversager. Echt armselig ...
Ich kann gar nichts ...
Was soll ich nur machen?
Und dann habe ich immer so düstere Gedanken ...
Ah ... Aber hör mal ...
Du bist doch ein Mann.
Das allein muss doch schon reichen ...
... um etwas gebacken zu kriegen.
Auch wenn es nur eine Kleinigkeit ist!
... will ich euch beiden helfen.
Darum ... Wenn es darauf ankommt ...
... Okay ...
Das heißt ...
Ja. Darum ...

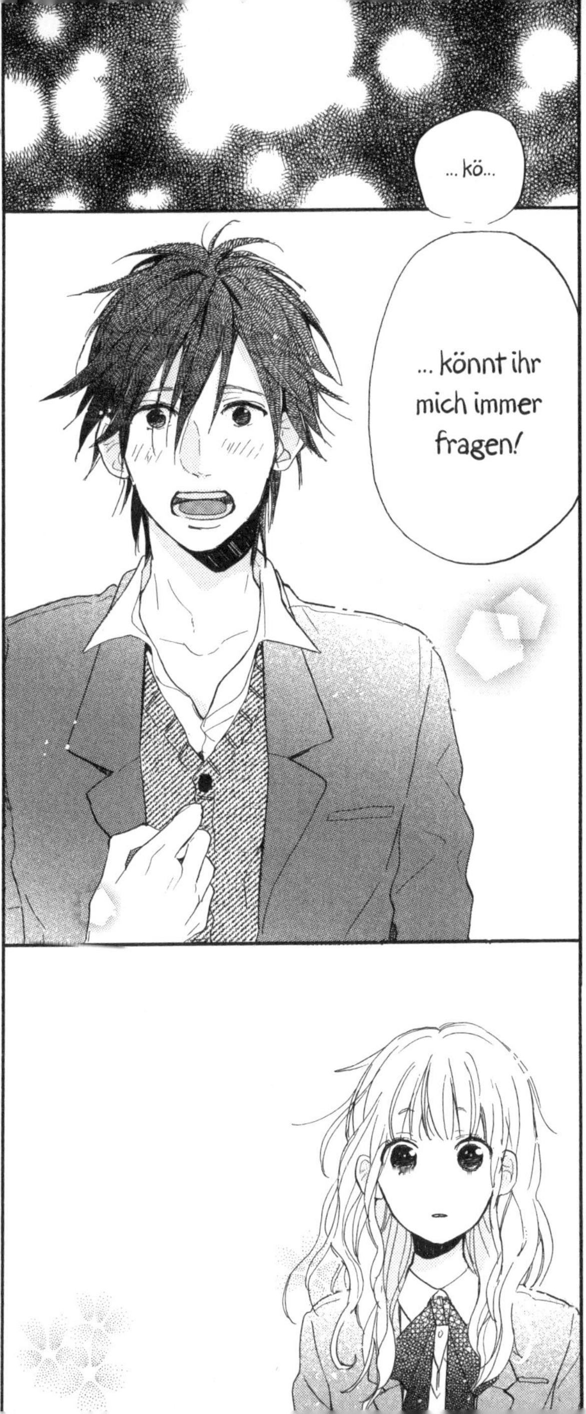

Zu guter Letzt!

Jetzt ist es bald so weit. Noch ein paar Monate, dann feiere ich mein dreijähriges Jubiläum als Mangaka! Mein erstes Ziel war damals, auf jeden Fall drei Jahre lang durchzuhalten, und dieses Ziel habe ich nun bald erreicht!

Aber das heißt nicht, dass ich nach drei Jahren aufhöre, Manga zu zeichnen. Vielmehr fühle ich mich, als hätte ich jetzt die erste Hürde genommen!

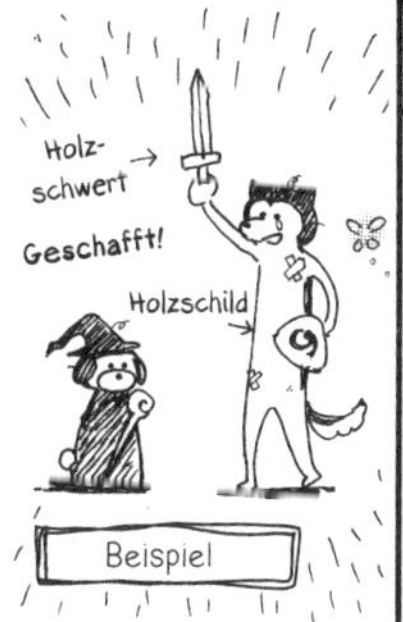

Und so werde ich auch in Zukunft mein Bestes geben!

Vielen Dank!
Kana Watanabe

... kö...

... könnt ihr mich immer fragen!

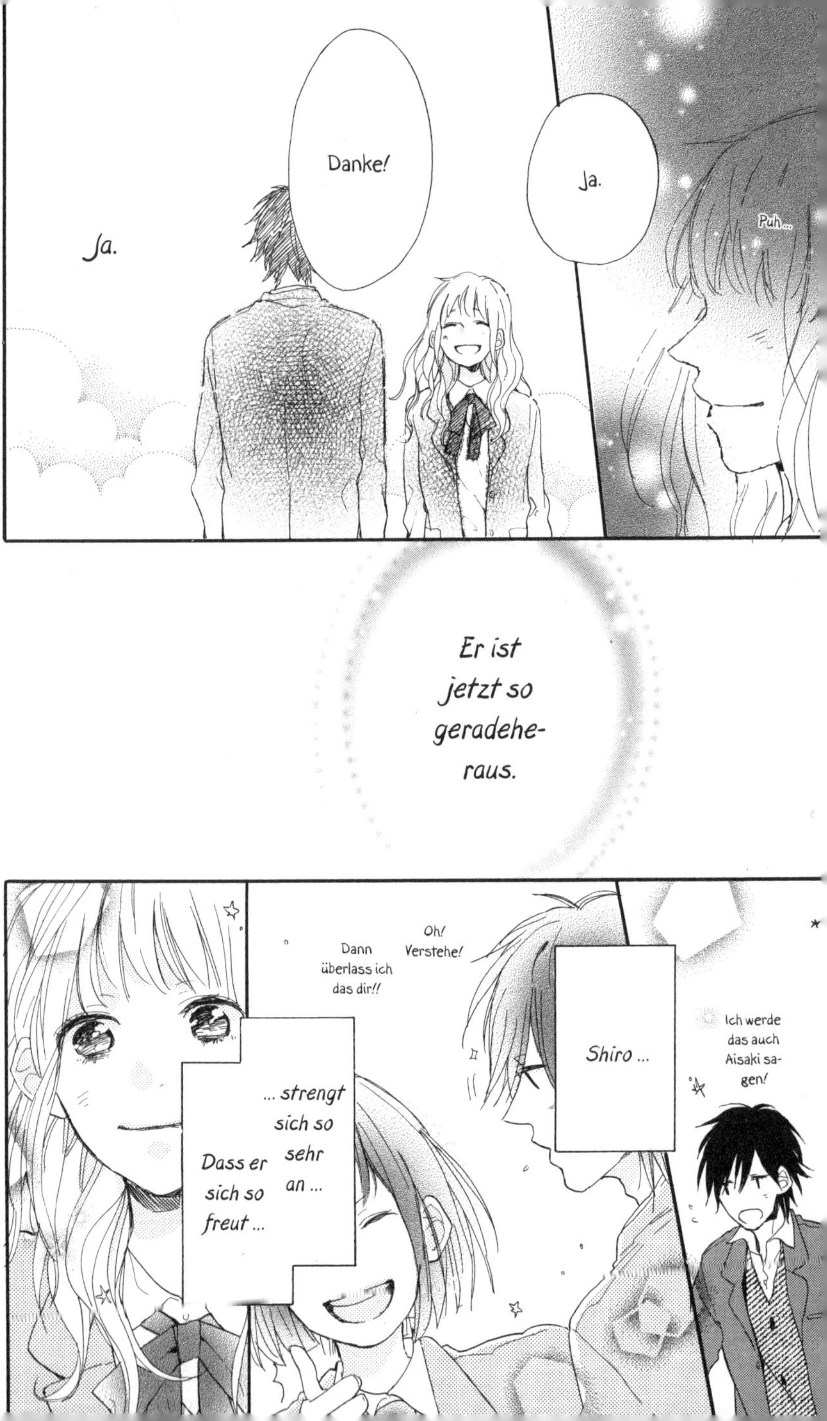

Puh ...

Ja.

Danke!

Ja.

Er ist jetzt so geradeheraus.

Ich werde das auch Aisaki sagen!

Shiro ...

Oh! Verstehe!

Dann überlass ich das dir!!

... strengt sich so sehr an ...

Dass er sich so freut ...

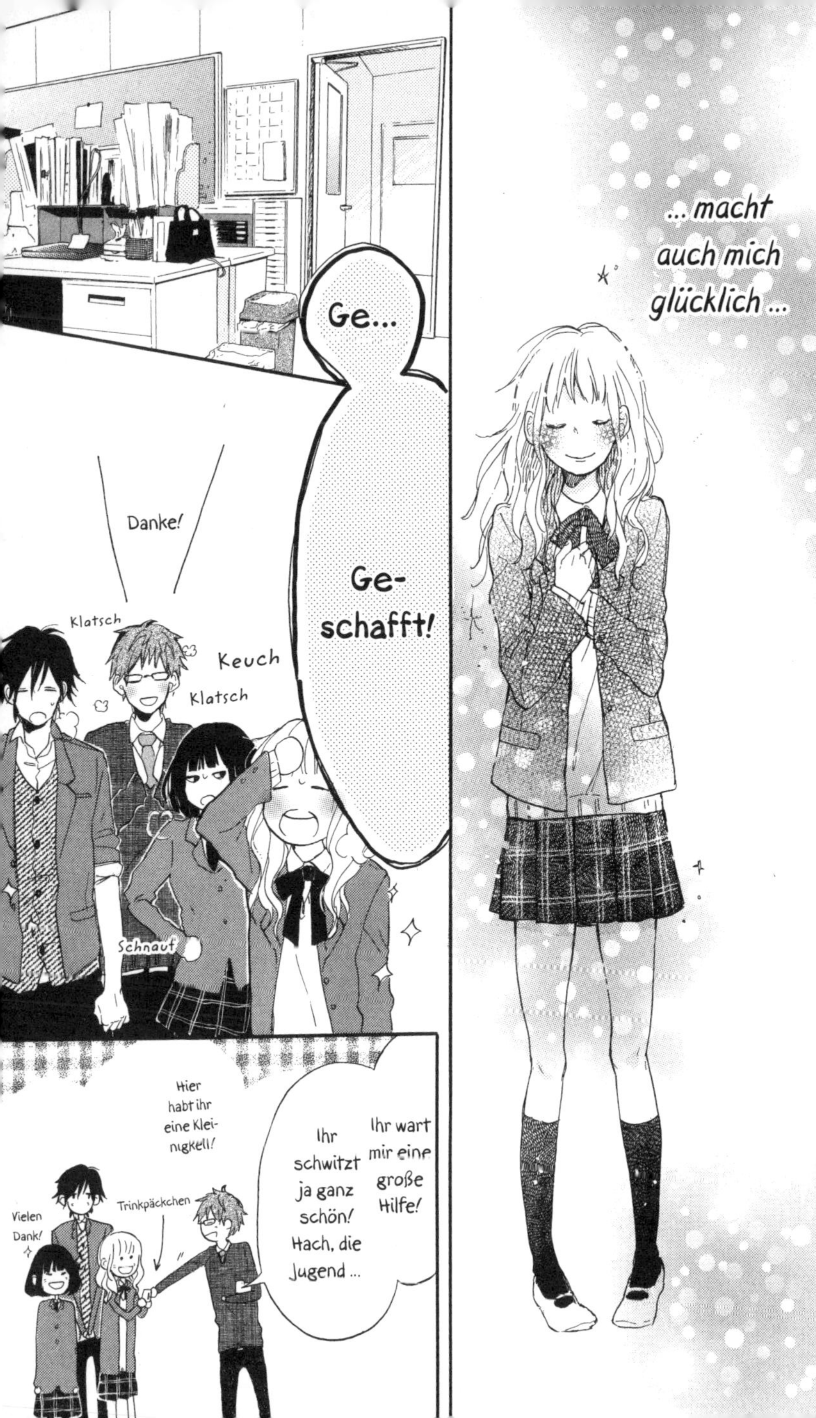
... macht auch mich glücklich ...
Ge...
Ge-schafft!
Danke!
Klatsch
Keuch
Klatsch
Schnauf
Ihr wart mir eine große Hilfe!
Ihr schwitzt ja ganz schön! Hach, die Jugend ...
Hier habt ihr eine Klei-nigkeit!
Trinkpäckchen
Vielen Dank!

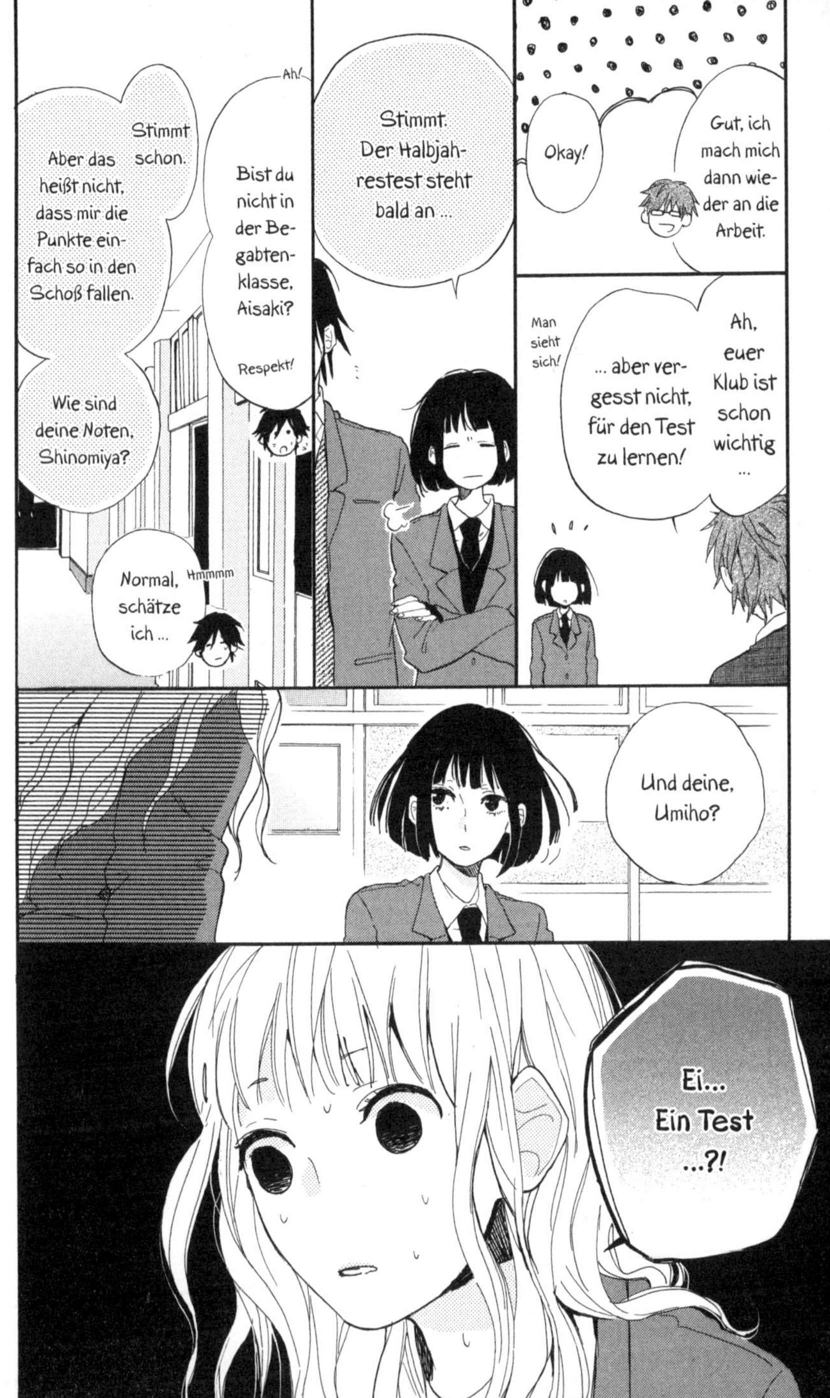
Gut, ich mach mich dann wieder an die Arbeit.
Okay!
Ah, euer Klub ist schon wichtig ...
... aber vergesst nicht, für den Test zu lernen!
Man sieht sich!
Stimmt. Der Halbjahrestest steht bald an ...
Ah!
Bist du nicht in der Begabtenklasse, Aisaki?
Respekt!
Stimmt schon.
Aber das heißt nicht, dass mir die Punkte einfach so in den Schoß fallen.
Wie sind deine Noten, Shinomiya?
Normal, schätze ich ...
Hmmmm
Und deine, Umiho?
Ei... Ein Test ...?!

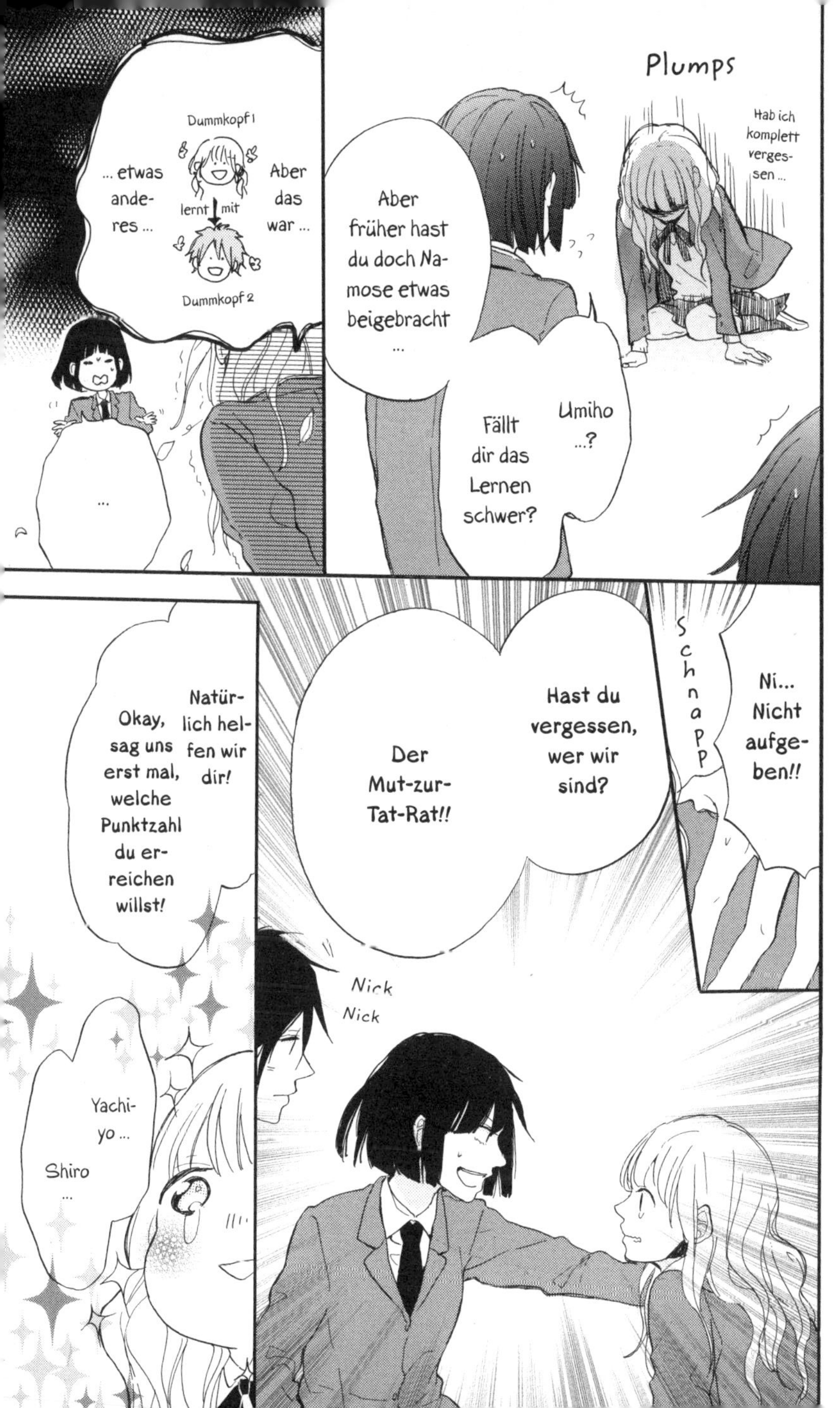
Plumps
Hab ich komplett verges-sen ...
Aber früher hast du doch Na-mose etwas beigebracht ...
Umiho ...?
Fällt dir das Lernen schwer?
Aber das war ...
... etwas ande-res ...
Dummkopf 1
lernt mit
Dummkopf 2
...
Schnapp
Ni... Nicht aufge-ben!!
Hast du vergessen, wer wir sind?
Der Mut-zur-Tat-Rat!!
Natür-lich hel-fen wir dir!
Okay, sag uns erst mal, welche Punktzahl du er-reichen willst!
Nick
Nick
Yachi-yo ...
Shiro ...

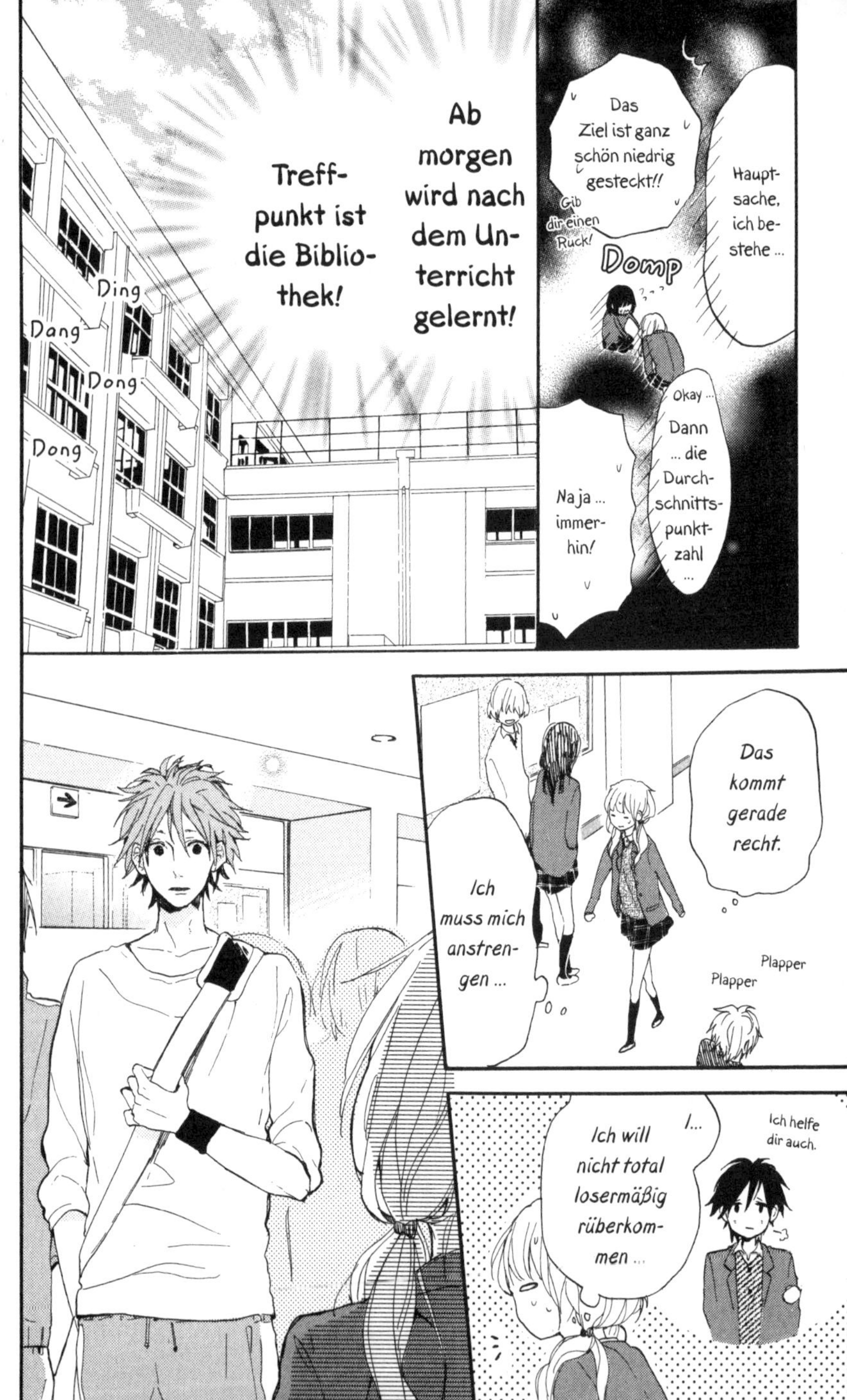
Das Ziel ist ganz schön niedrig gesteckt!!
Gib dir einen Ruck!
Hauptsache, ich bestehe ...
Domp
Okay ... Dann ... die Durchschnittspunktzahl ...
Na ja ... immerhin!
Ab morgen wird nach dem Unterricht gelernt!
Treffpunkt ist die Bibliothek!
Ding
Dang
Dong
Dong
Das kommt gerade recht.
Ich muss mich anstrengen ...
Plapper
Plapper
Ich helfe dir auch.
I...
Ich will nicht total losermäßig rüberkommen ...

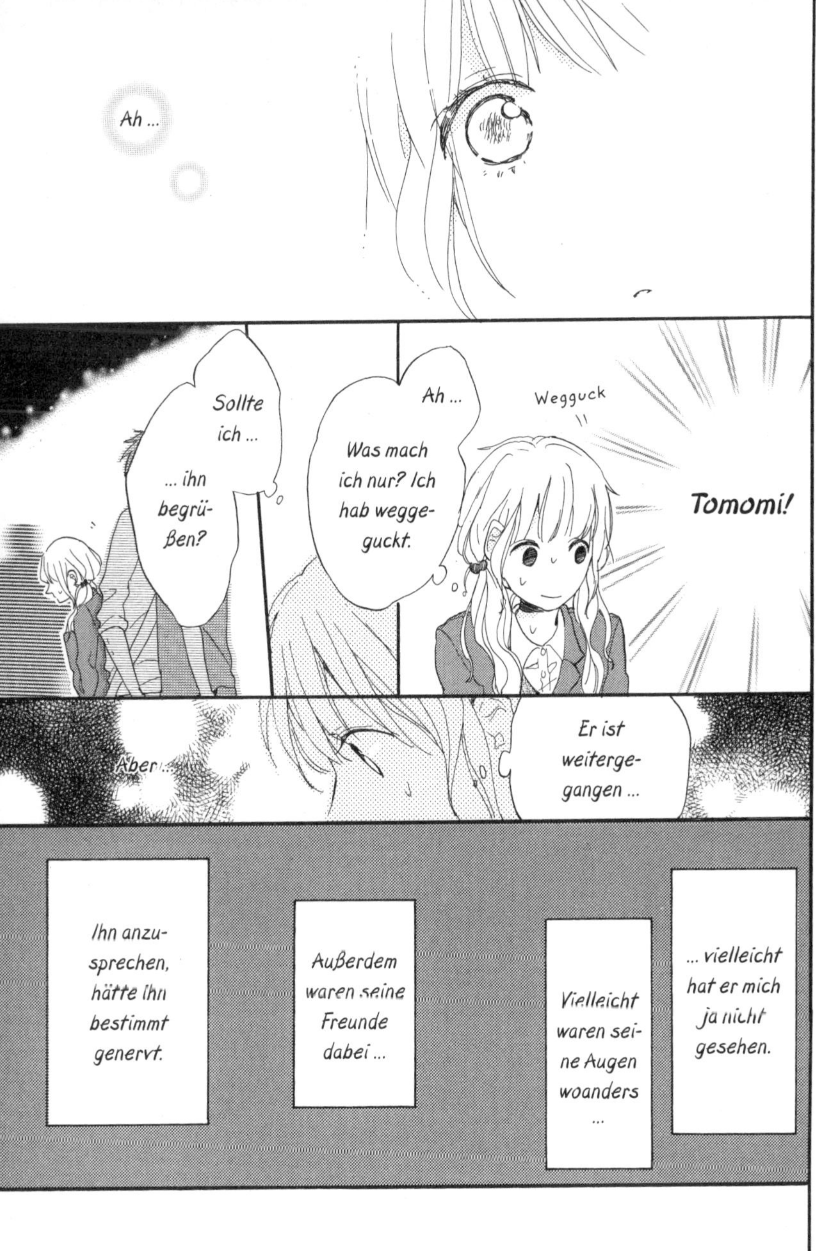

Ah ...
Tomomi!
Wegguck
Ah ...
Was mach ich nur? Ich hab weggeguckt.
Sollte ich ...
... ihn begrüßen?
Er ist weitergegangen ...
Aber ...
... vielleicht hat er mich ja nicht gesehen.
Vielleicht waren seine Augen woanders ...
Außerdem waren seine Freunde dabei ...
Ihn anzusprechen, hätte ihn bestimmt genervt.
Und so weiter ...

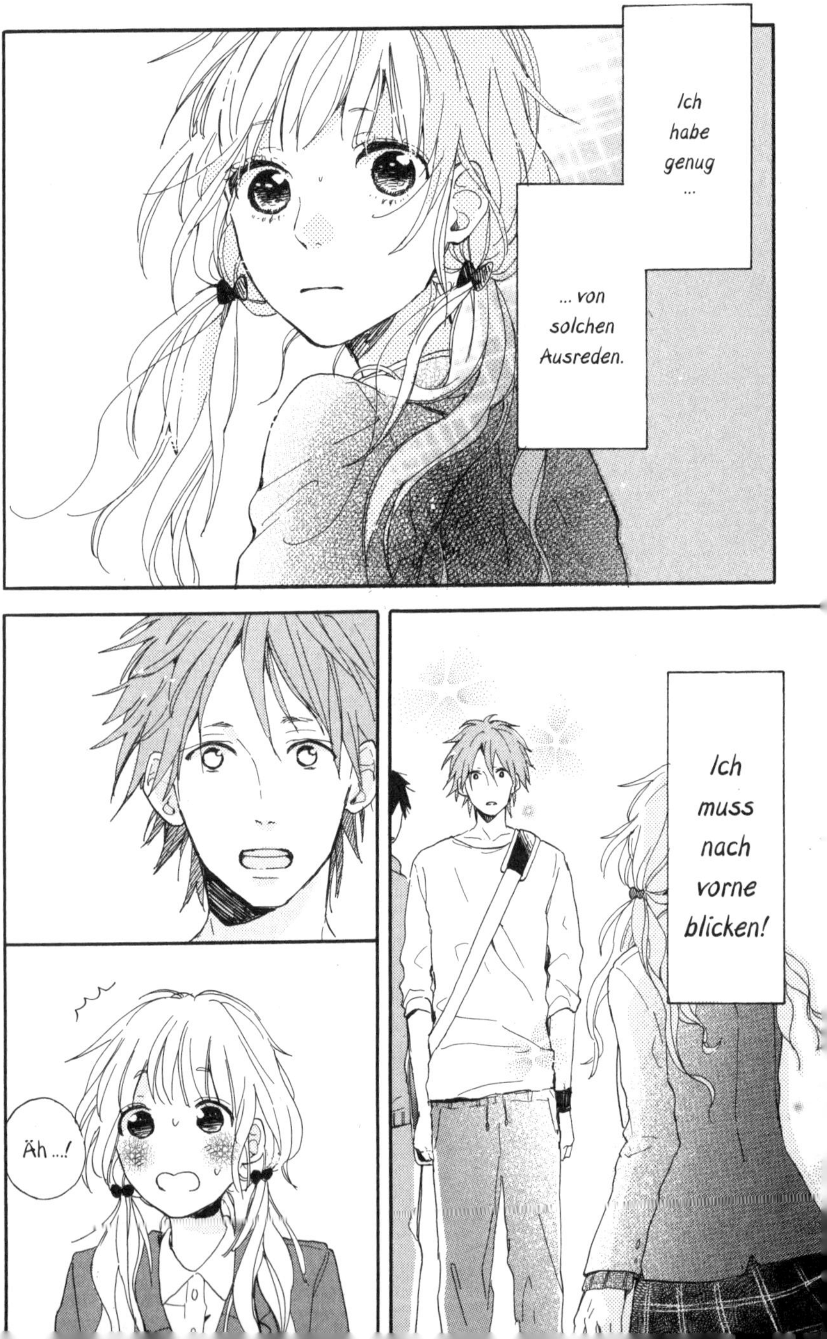

Ich habe genug ...

... von solchen Ausreden.

Ich muss nach vorne blicken!

Äh ...!

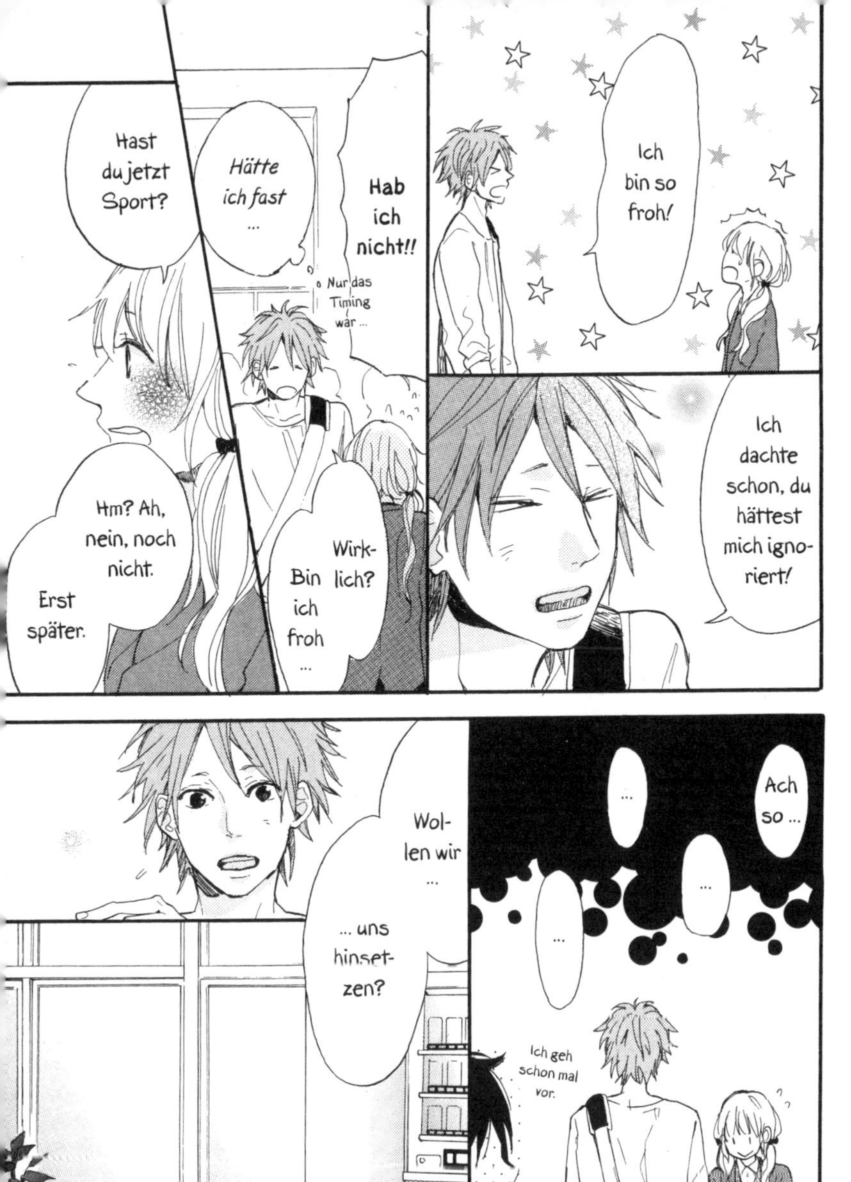
Ich bin so froh!
Ich dachte schon, du hättest mich ignoriert!
Hab ich nicht!!
Nur das Timing wär …
Hätte ich fast …
Wirklich?
Bin ich froh …
Hast du jetzt Sport?
Hm? Ah, nein, noch nicht.
Erst später.
Ach so …
…
…
…
Ich geh schon mal vor.
Wollen wir …
… uns hinsetzen?
COFFEE
SOFT DRINK

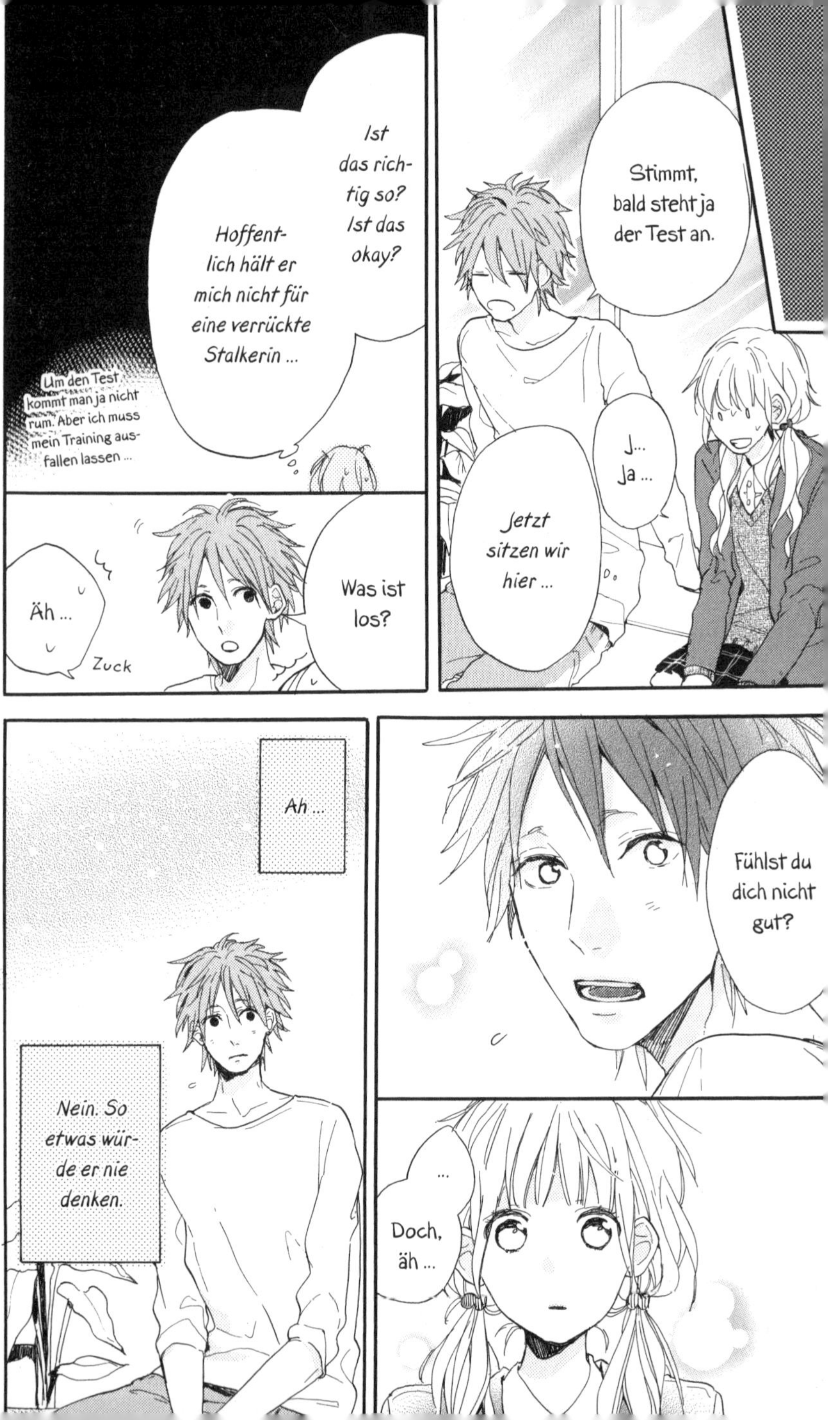

Stimmt, bald steht ja der Test an.

J... Ja ...

Jetzt sitzen wir hier ...

Ist das rich-tig so? Ist das okay?

Hoffent-lich hält er mich nicht für eine verrückte Stalkerin ...

Um den Test kommt man ja nicht rum. Aber ich muss mein Training aus-fallen lassen ...

Was ist los?

Äh ...

Zuck

Fühlst du dich nicht gut?

...

Doch, äh ...

Ah ...

Nein. So etwas wür-de er nie denken.

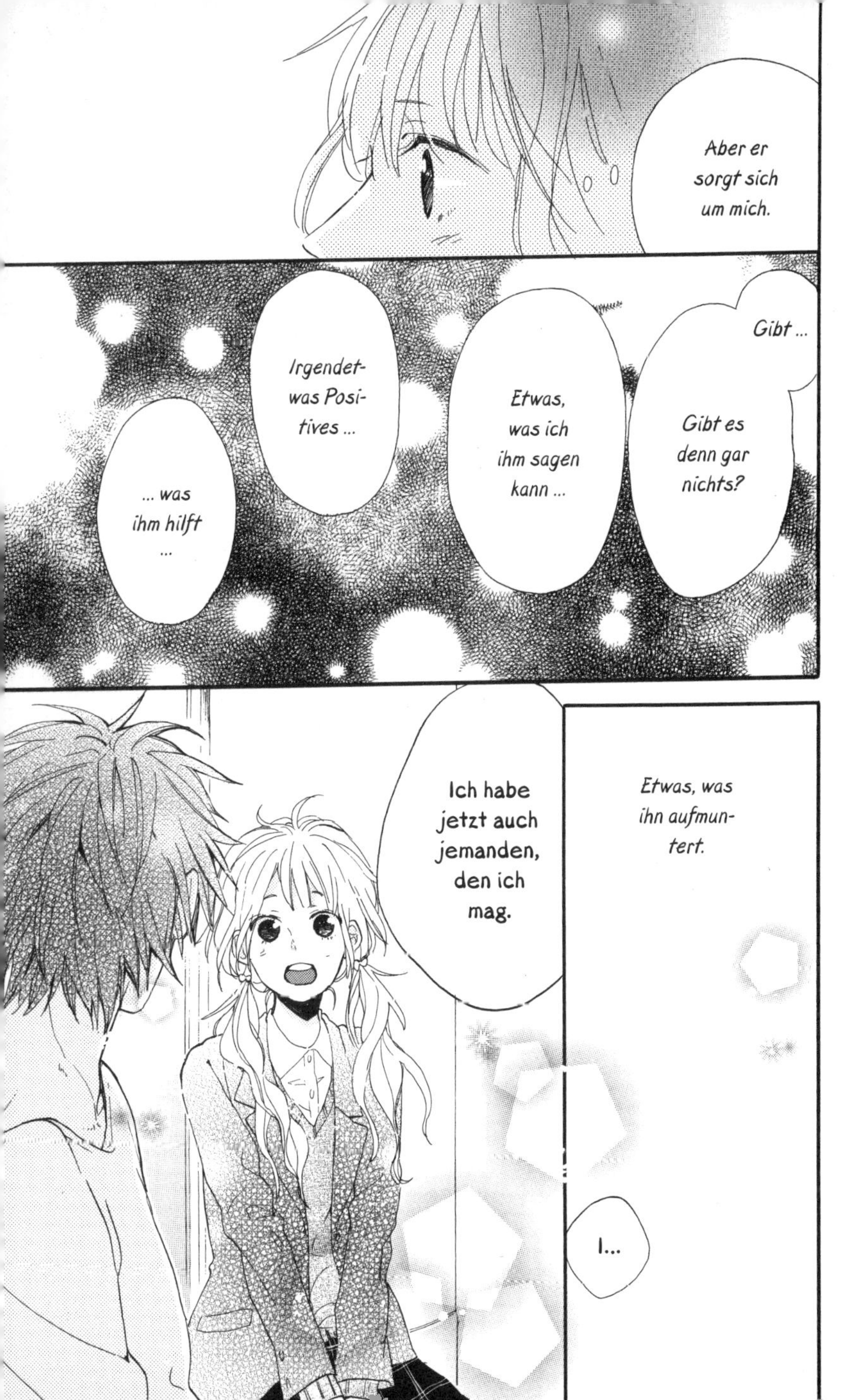
Aber er sorgt sich um mich.
Gibt ...
Gibt es denn gar nichts?
Etwas, was ich ihm sagen kann ...
Irgendetwas Positives ...
... was ihm hilft ...
Etwas, was ihn aufmuntert.
Ich habe jetzt auch jemanden, den ich mag.
I...

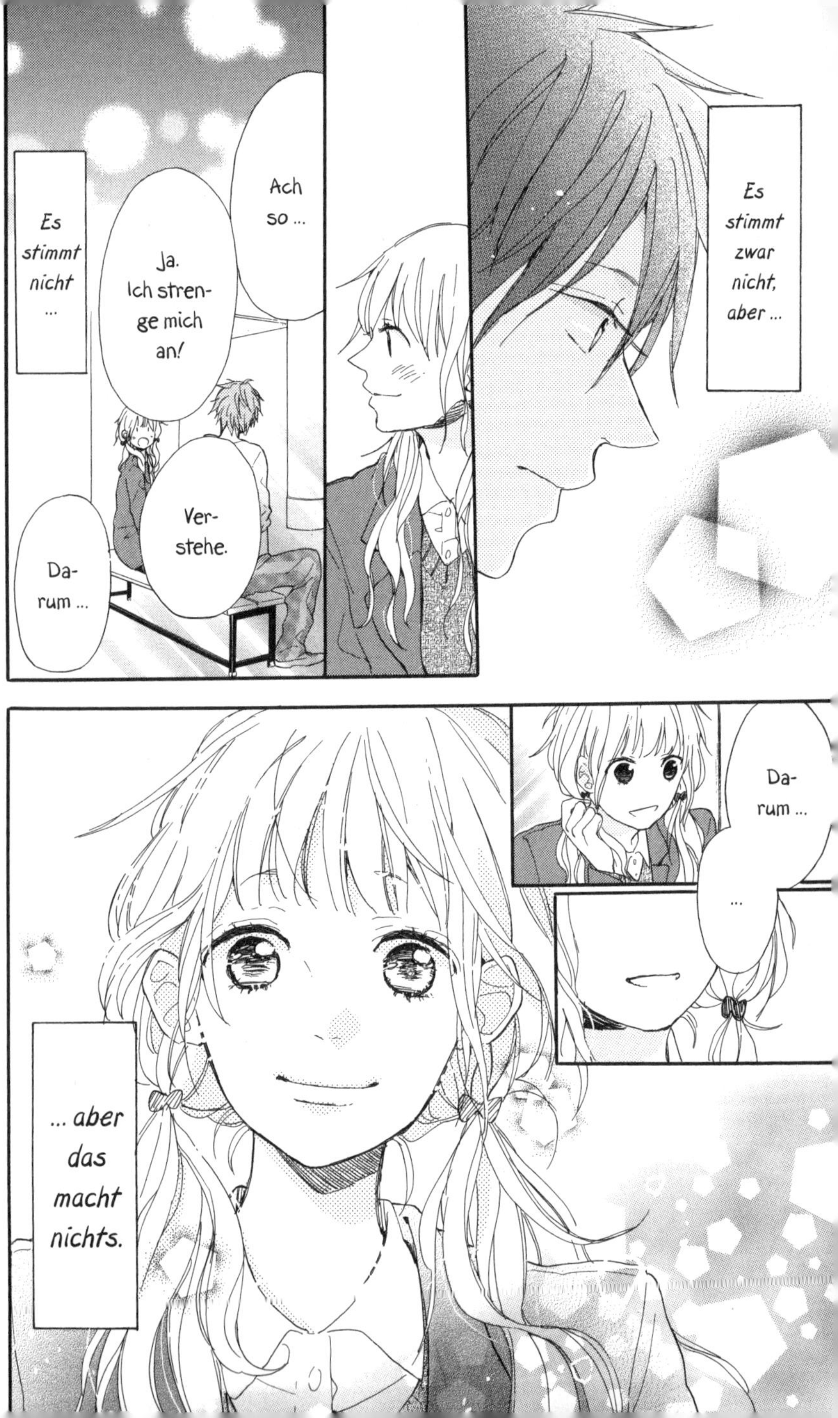

Es stimmt zwar nicht, aber ...

Ach so ...

Ja. Ich strenge mich an!

Es stimmt nicht ...

Verstehe.

Darum ...

Darum ...

...

... aber das macht nichts.

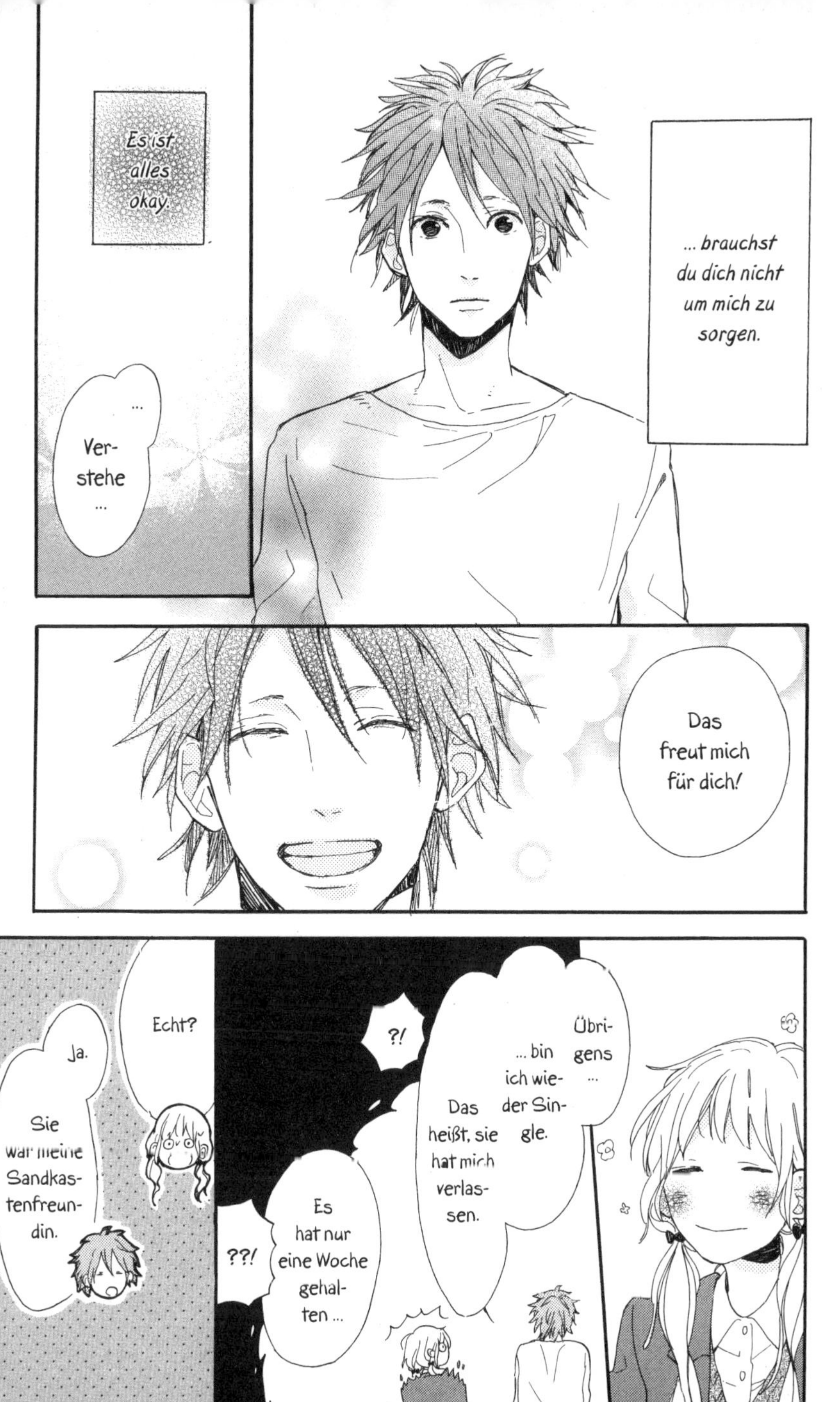
... brauchst du dich nicht um mich zu sorgen.
Es ist alles okay.
... Verstehe ...
Das freut mich für dich!
Übrigens ...
... bin ich wieder Single.
?!
Das heißt, sie hat mich verlassen.
Es hat nur eine Woche gehalten ...
??!
Echt?
Ja.
Sie war meine Sandkastenfreundin.

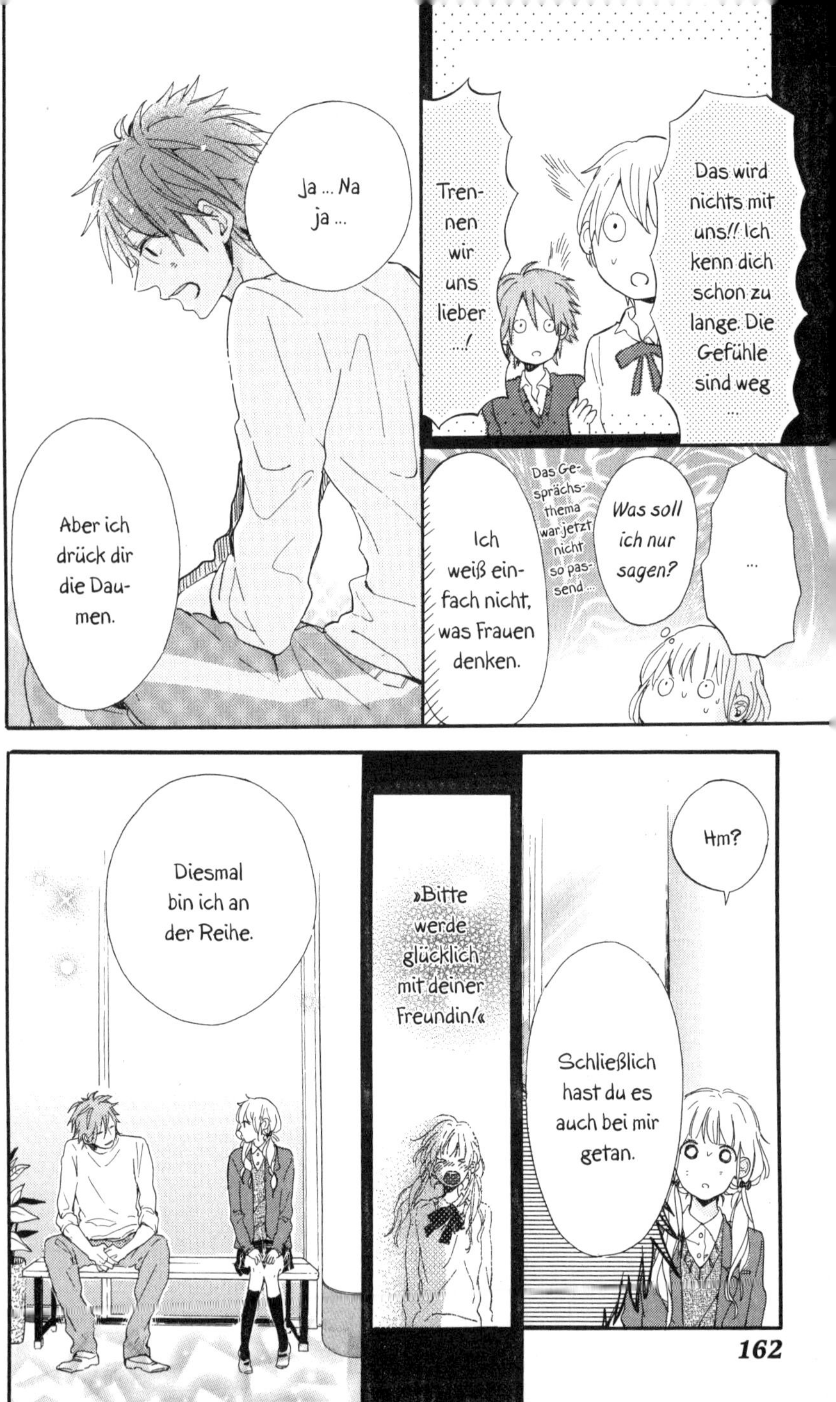

Das wird nichts mit uns!! Ich kenn dich schon zu lange. Die Gefühle sind weg ...
Trennen wir uns lieber ...!
...
Was soll ich nur sagen?
Das Gesprächsthema war jetzt nicht so passend ...
Ich weiß einfach nicht, was Frauen denken.
Ja ... Na ja ...
Aber ich drück dir die Daumen.
Hm?
Schließlich hast du es auch bei mir getan.
»Bitte werde glücklich mit deiner Freundin!«
Diesmal bin ich an der Reihe.

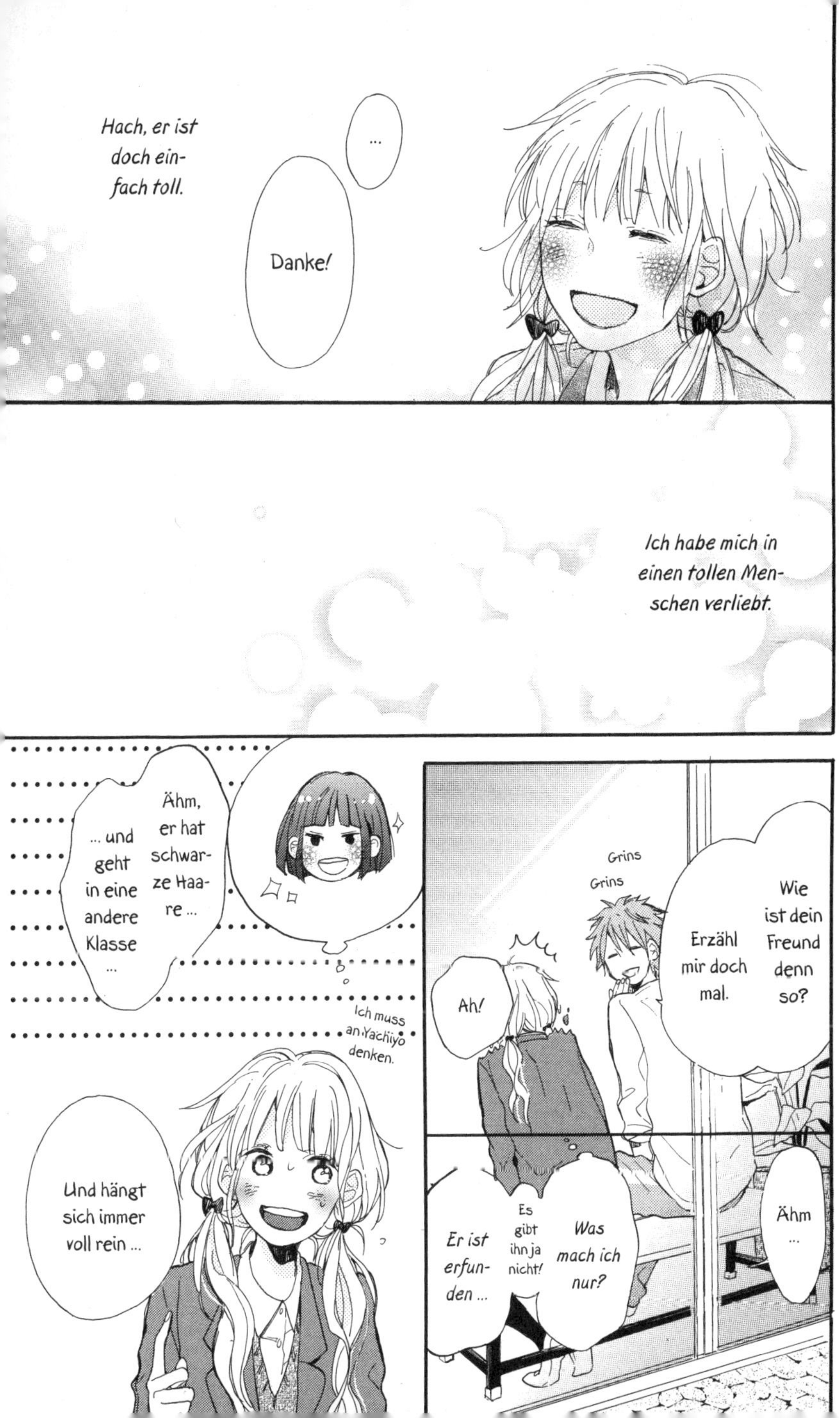

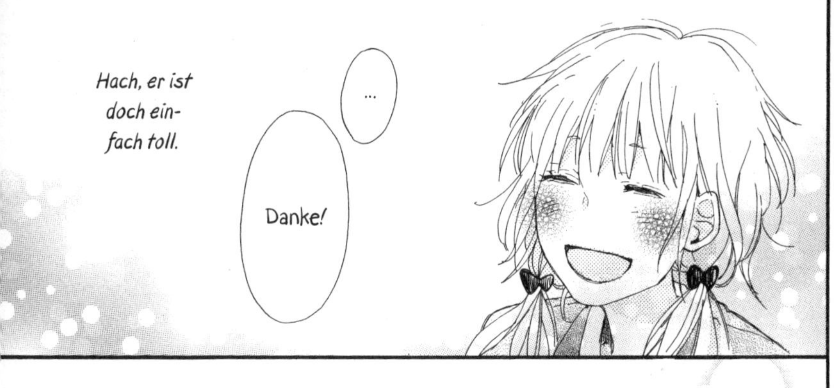

Ich habe mich in einen tollen Men-schen verliebt.

Wie ist dein Freund denn so?
Erzähl mir doch mal.
Grins
Grins
Ah!
Ähm ...
Was mach ich nur?
Es gibt ihn ja nicht!
Er ist erfun-den ...
Ähm, er hat schwar-ze Haa-re ...
... und geht in eine andere Klasse ...
Ich muss an Yachiyo denken.
Und hängt sich immer voll rein ...

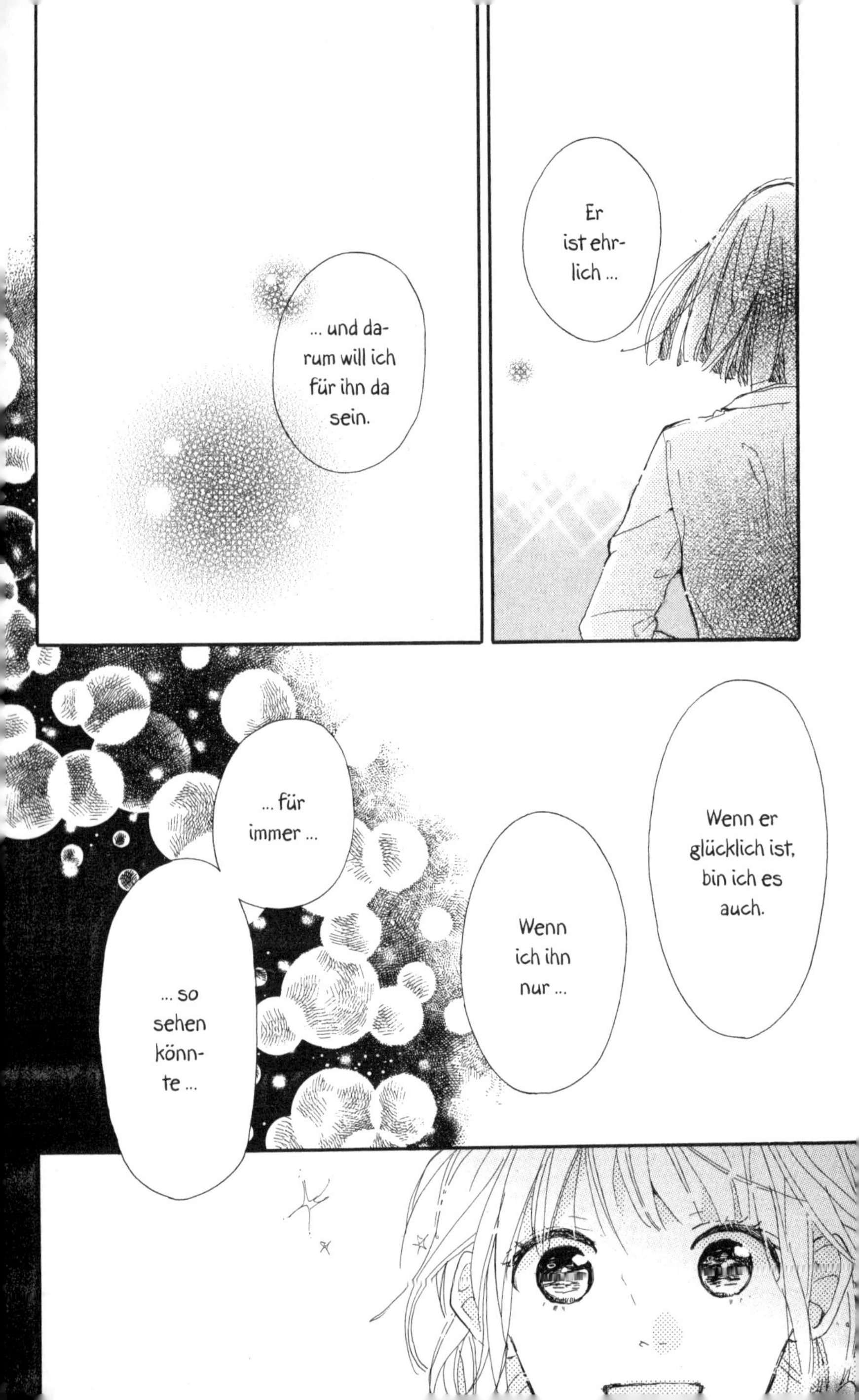
Er ist ehrlich ...
... und darum will ich für ihn da sein.
Wenn er glücklich ist, bin ich es auch.
Wenn ich ihn nur ...
... für immer ...
... so sehen könnte ...

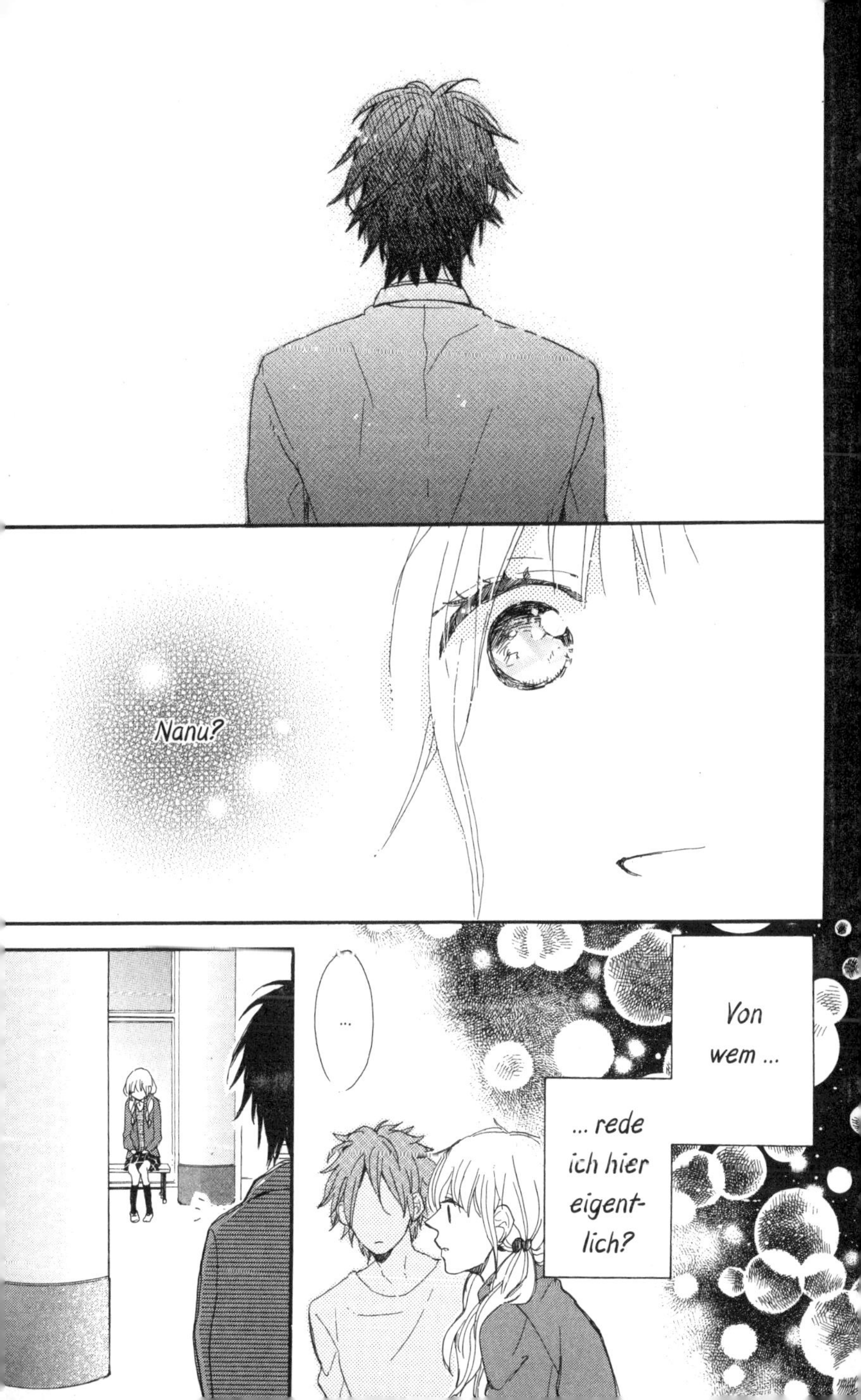
Nanu?
...
Von wem ...
... rede ich hier eigentlich?

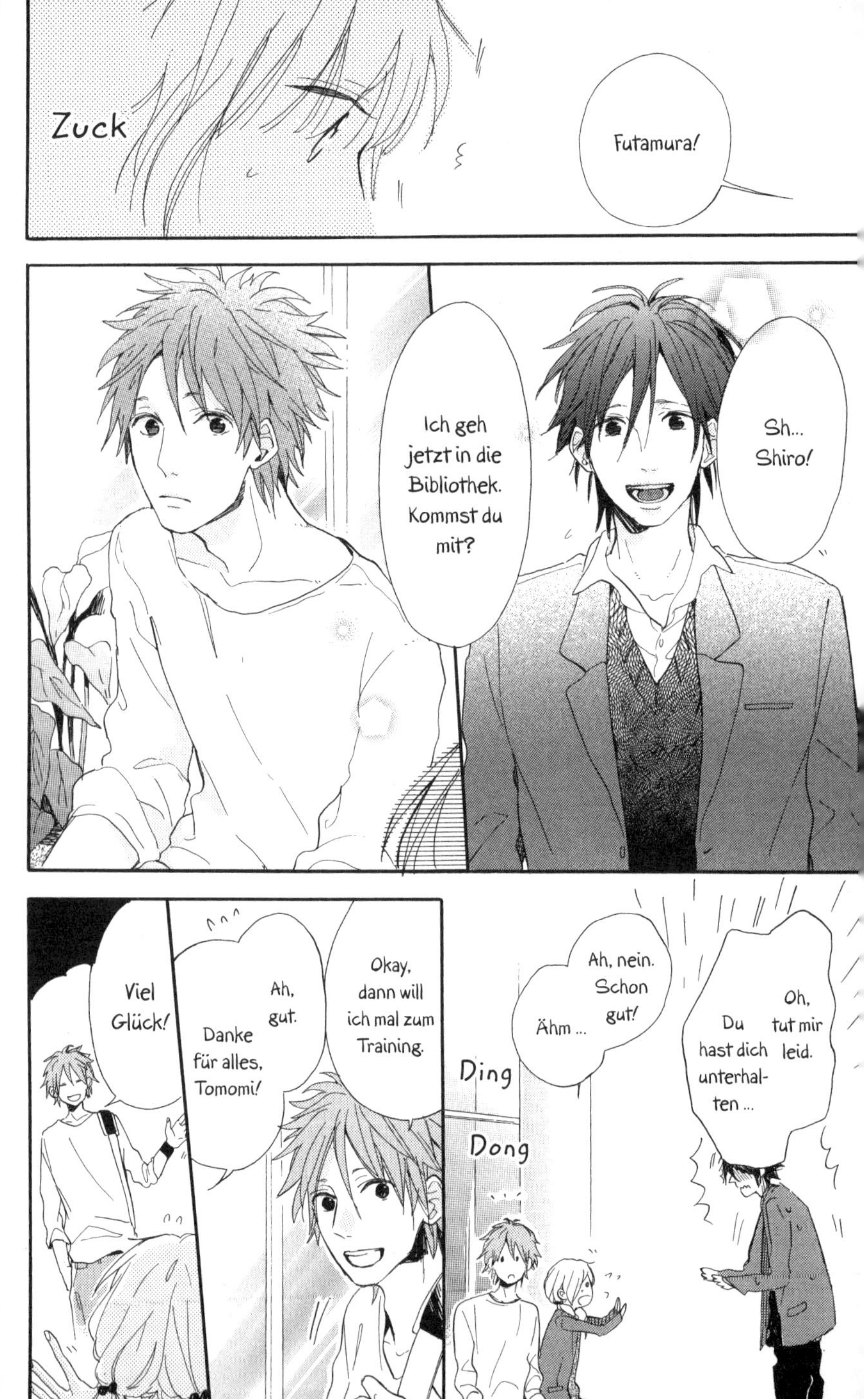
Futamura!
Zuck
Sh... Shiro!
Ich geh jetzt in die Bibliothek. Kommst du mit?
Oh, tut mir leid.
Du hast dich unterhalten ...
Ah, nein. Schon gut!
Ähm ...
Ding
Dong
Okay, dann will ich mal zum Training.
Ah, gut.
Danke für alles, Tomomi!
Viel Glück!

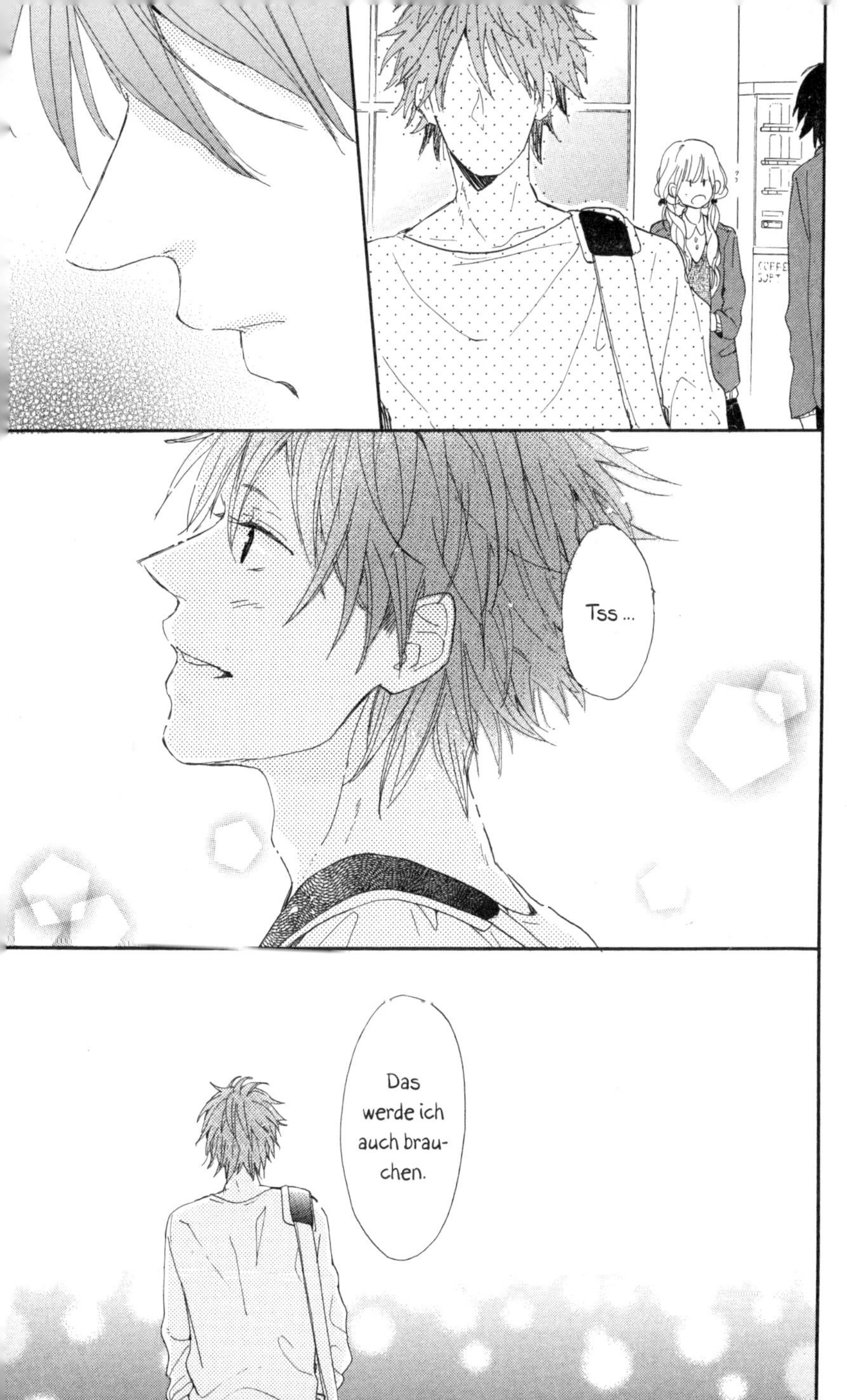
Tss ...
Das werde ich auch brau-chen.

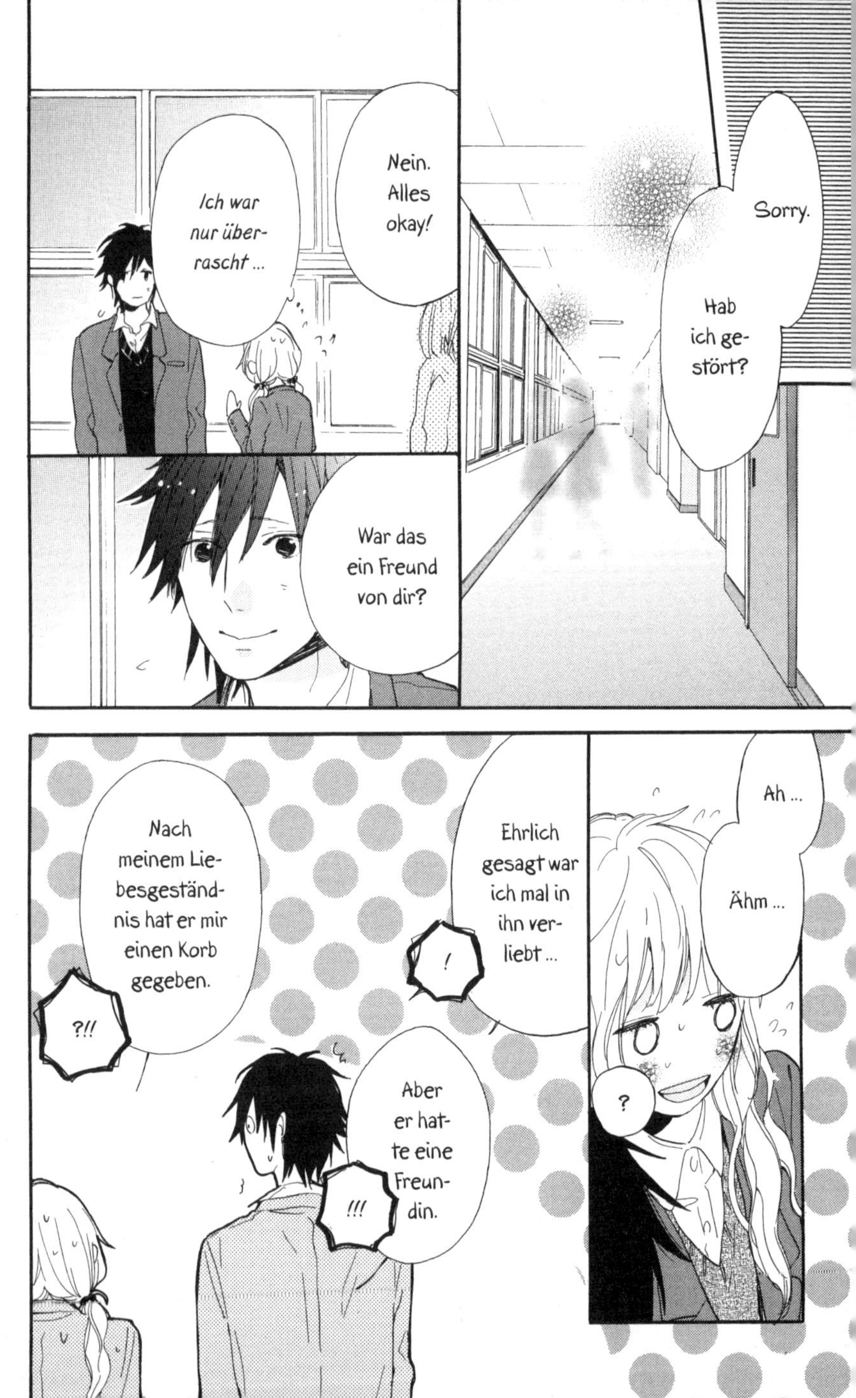
Sorry.
Hab ich gestört?
Nein. Alles okay!
Ich war nur überrascht ...
War das ein Freund von dir?
Ah ...
Ähm ...
?
Ehrlich gesagt war ich mal in ihn verliebt ...
!
Nach meinem Liebesgeständnis hat er mir einen Korb gegeben.
?!!
Aber er hatte eine Freundin.
!!!

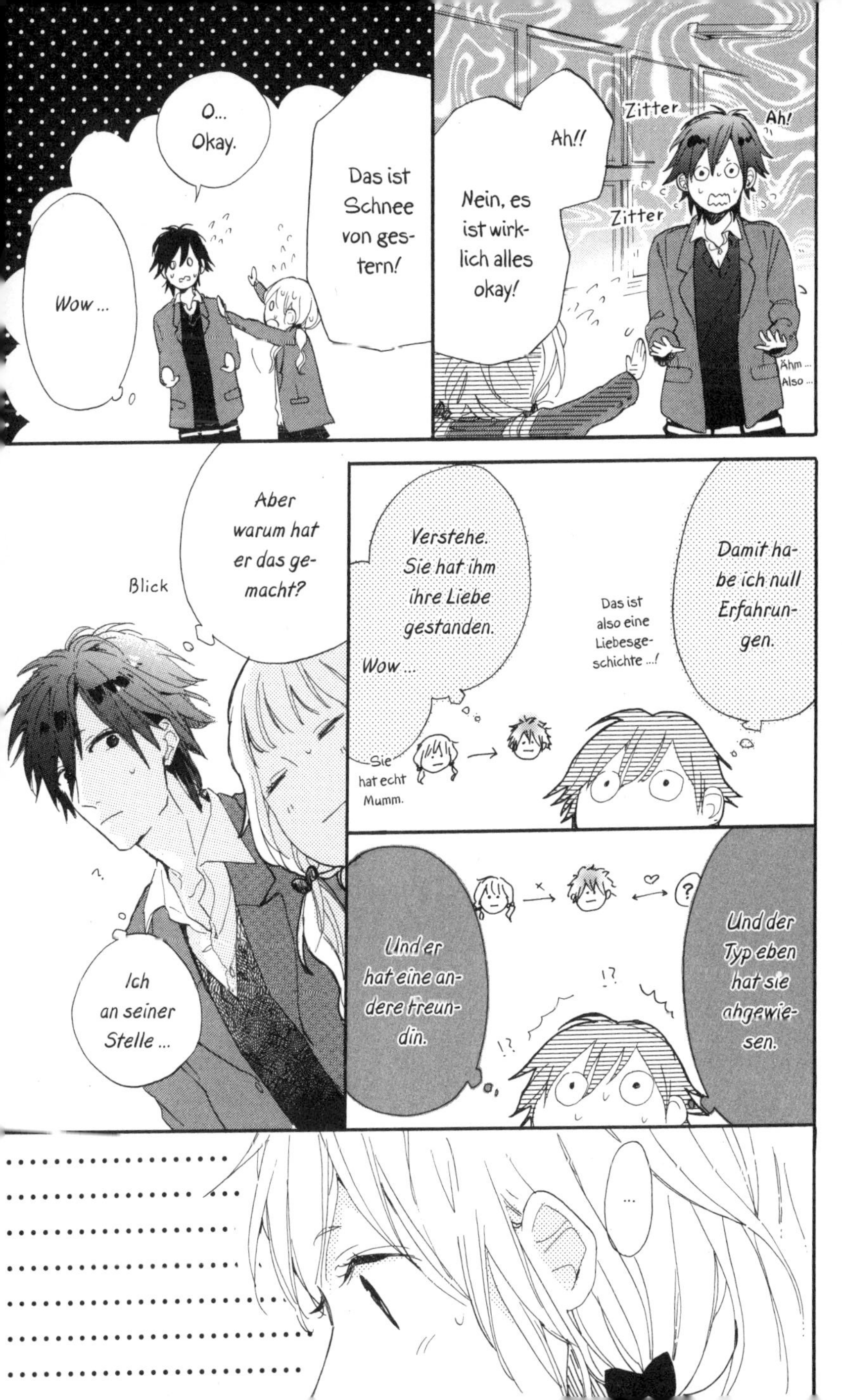
Nein, es ist wirklich alles okay!
Ah!!
Zitter
Zitter
Ah!
Ähm ... Also ...
Das ist Schnee von gestern!
O... Okay.
Wow ...
Damit habe ich null Erfahrungen.
Das ist also eine Liebesgeschichte ...!
Verstehe. Sie hat ihm ihre Liebe gestanden. Wow ...
Sie hat echt Mumm.
Aber warum hat er das gemacht?
Blick
Und der Typ eben hat sie abgewiesen.
!?
!?
Und er hat eine andere Freundin.
Ich an seiner Stelle ...
...
....
....
....
....
....
....
....

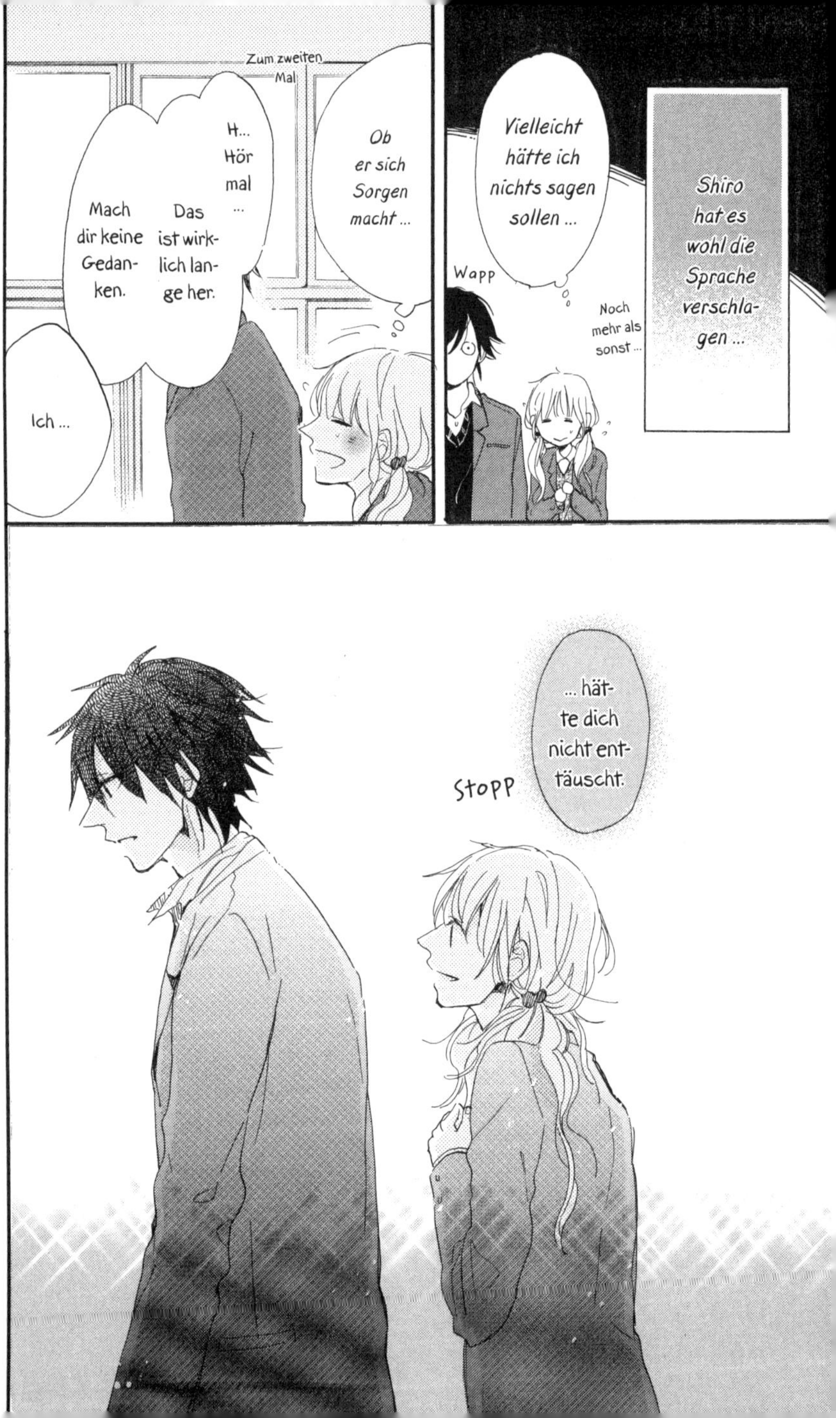

Shiro hat es wohl die Sprache verschlagen ...

Vielleicht hätte ich nichts sagen sollen ...

Noch mehr als sonst ...

Wapp

Ob er sich Sorgen macht ...

Zum zweiten Mal

H... Hör mal ...

Das ist wirklich lange her.

Mach dir keine Gedanken.

Ich ...

... hätte dich nicht enttäuscht.

Stopp

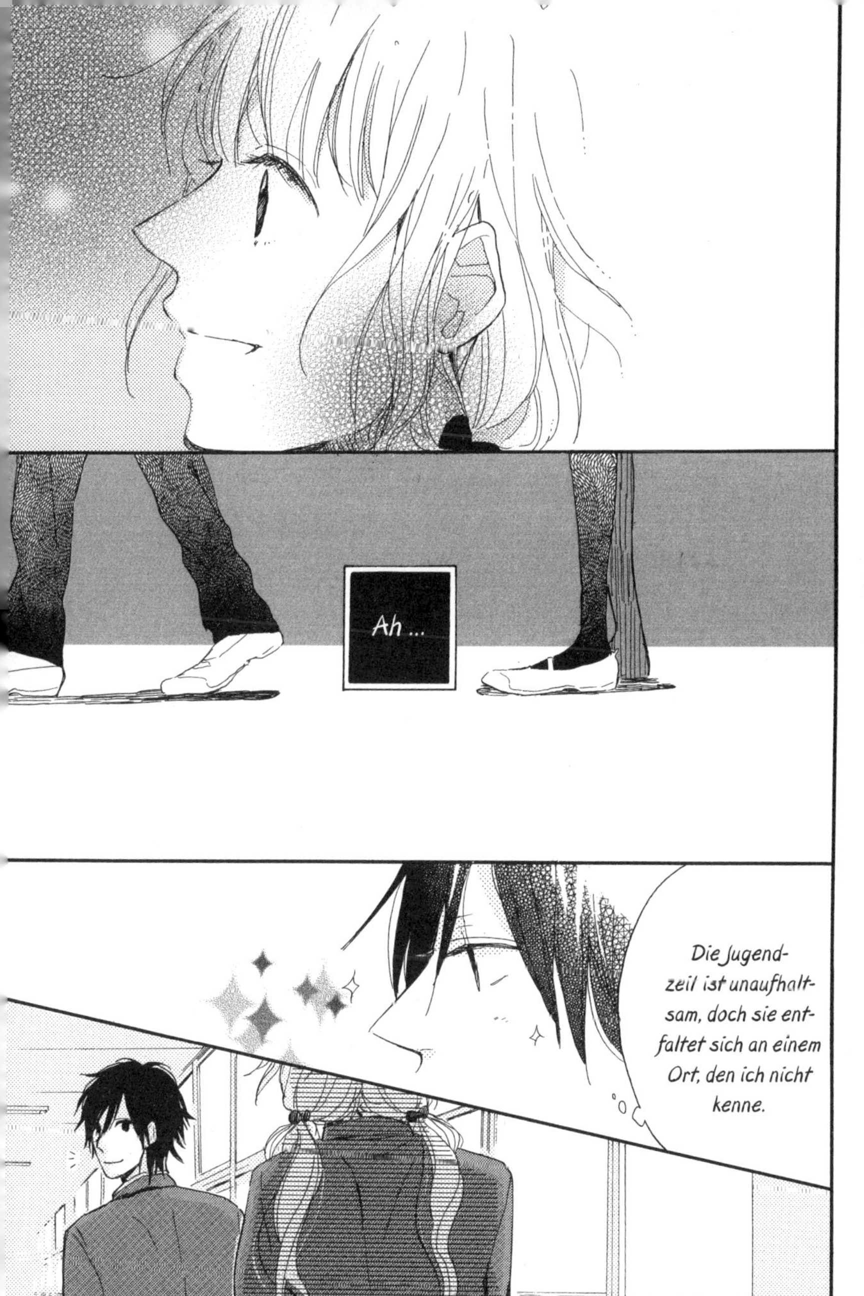
Ah ...
Die Jugendzeit ist unaufhaltsam, doch sie entfaltet sich an einem Ort, den ich nicht kenne.

Oh
nein
...

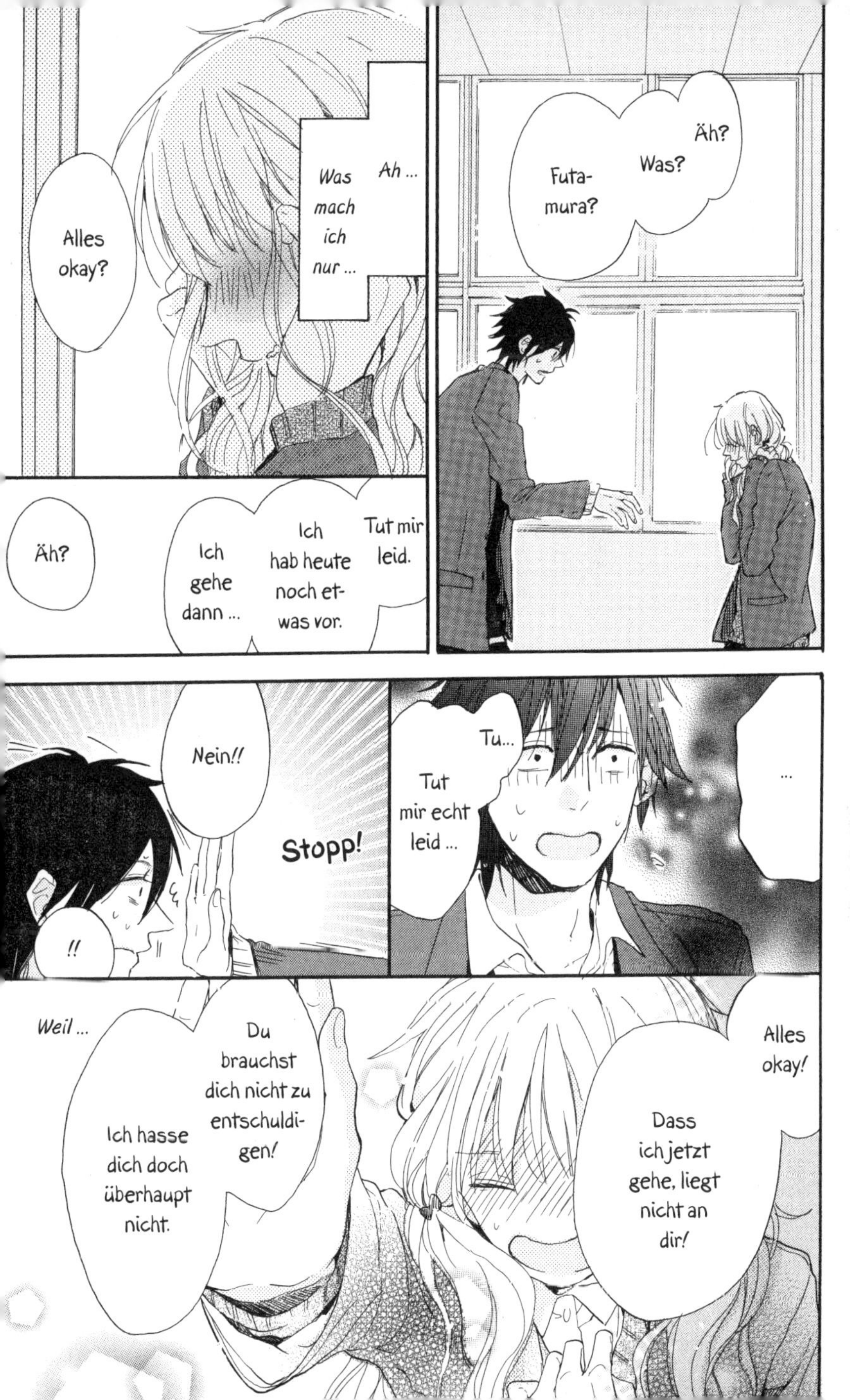
Ah ...
Was mach ich nur ...
Alles okay?
Tut mir leid.
Ich hab heute noch etwas vor.
Ich gehe dann ...
Äh?
Äh?
Was?
Futamura?
...
Tu...
Tut mir echt leid ...
Nein!!
Stopp!
!!
Alles okay!
Dass ich jetzt gehe, liegt nicht an dir!
Du brauchst dich nicht zu entschuldigen!
Ich hasse dich doch überhaupt nicht.
Weil ...

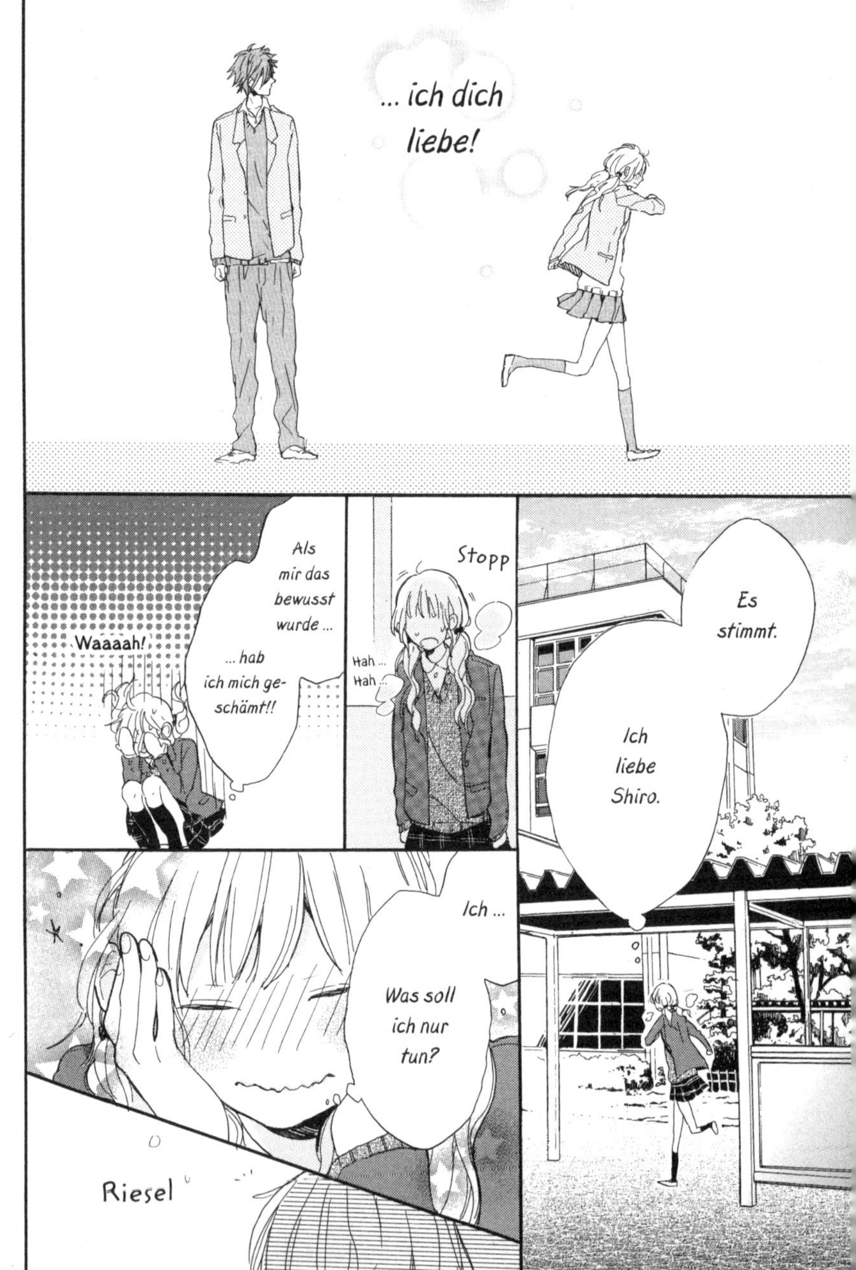
... ich dich liebe!
Es stimmt.
Ich liebe Shiro.
Stopp
Hah ... Hah ...
Als mir das bewusst wurde ...
... hab ich mich geschämt!!
Waaaah!
Ich ...
Was soll ich nur tun?
Riesel

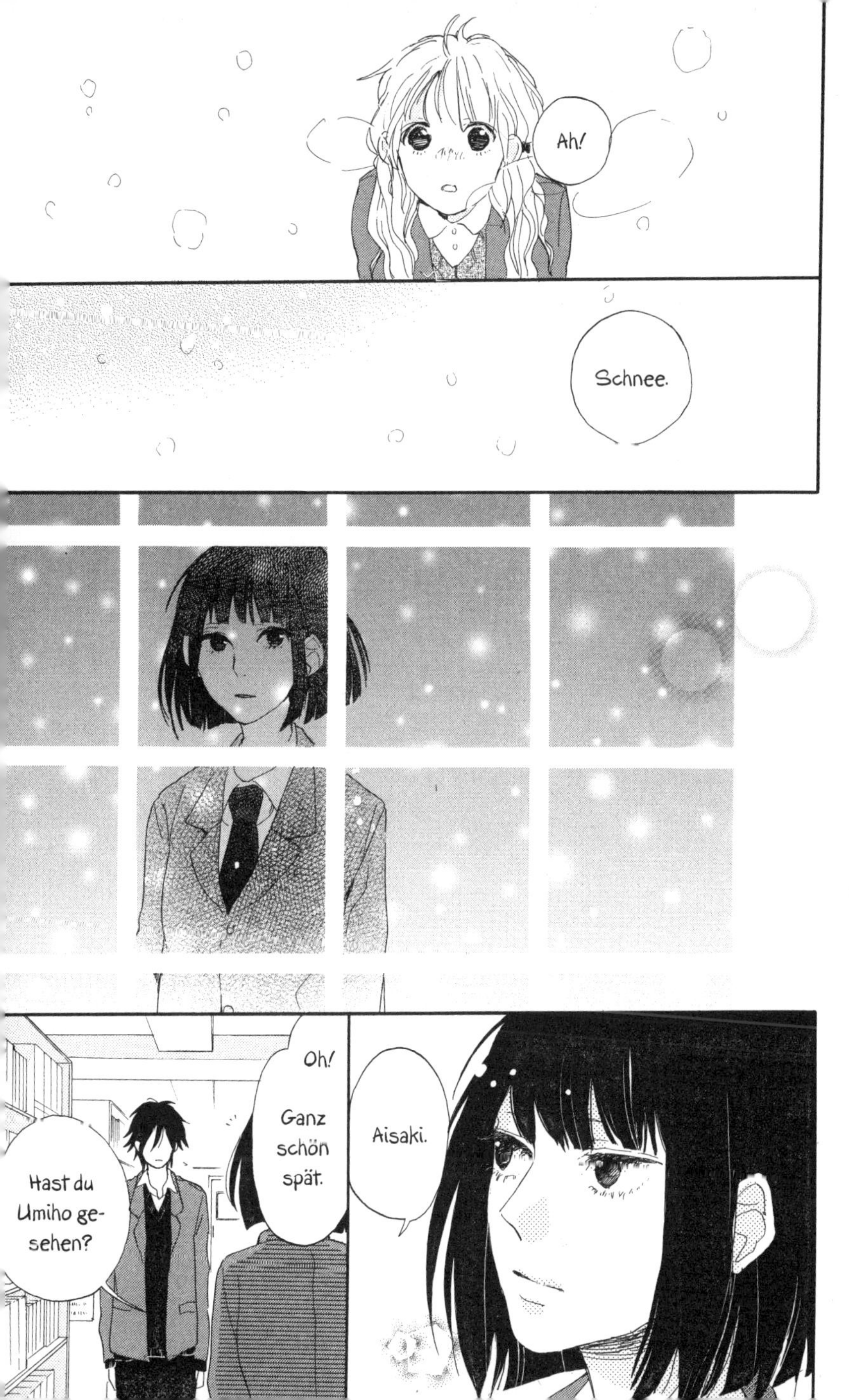

Ah!
Schnee.
Aisaki.
Oh! Ganz schön spät.
Hast du Umiho gesehen?

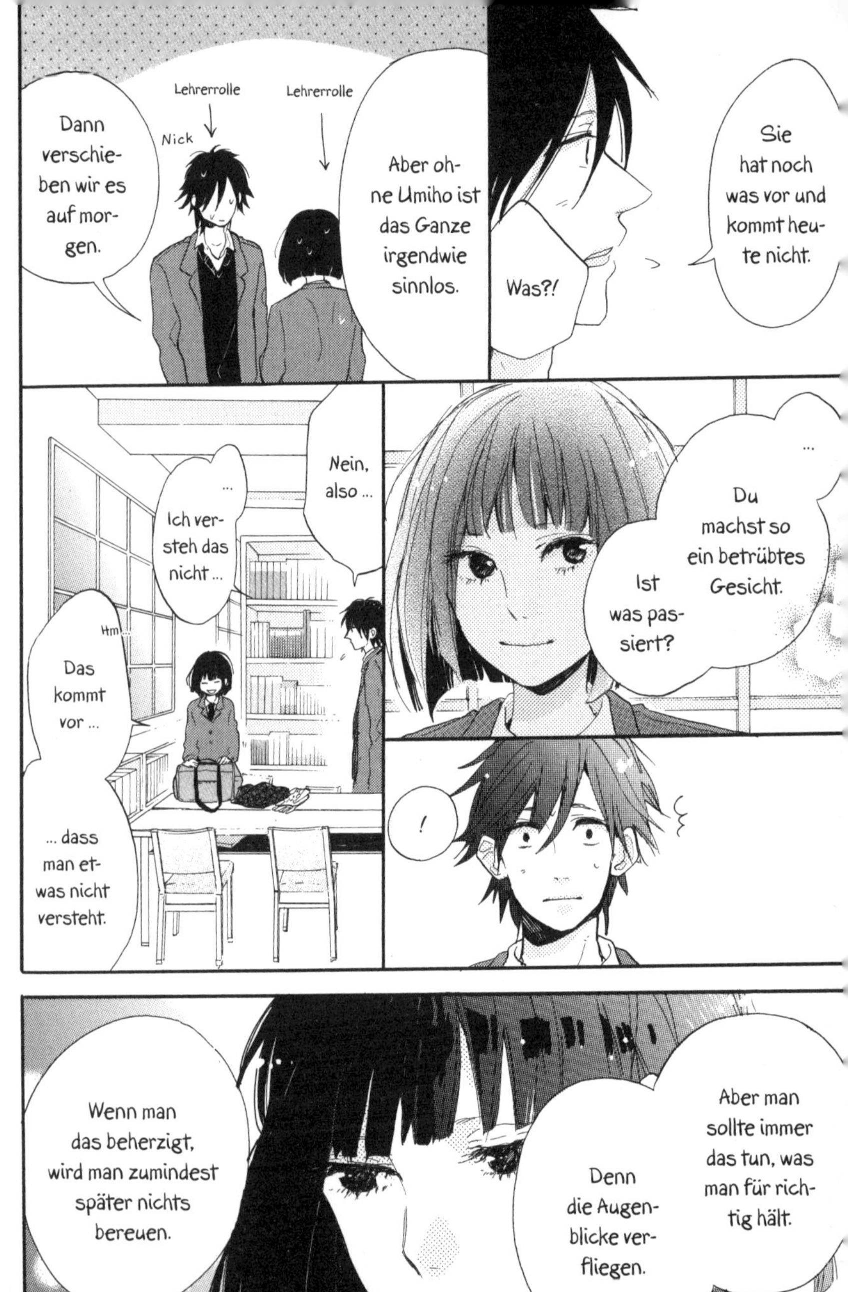
Sie hat noch was vor und kommt heute nicht.
Was?!
Aber ohne Umiho ist das Ganze irgendwie sinnlos.
Lehrerrolle
Lehrerrolle
Nick
Dann verschieben wir es auf morgen.
...
Du machst so ein betrübtes Gesicht.
Ist was passiert?
!
Nein, also ...
... Ich versteh das nicht ...
Hm ...
Das kommt vor ...
... dass man etwas nicht versteht.
Aber man sollte immer das tun, was man für richtig hält.
Denn die Augenblicke verfliegen.
Wenn man das beherzigt, wird man zumindest später nichts bereuen.

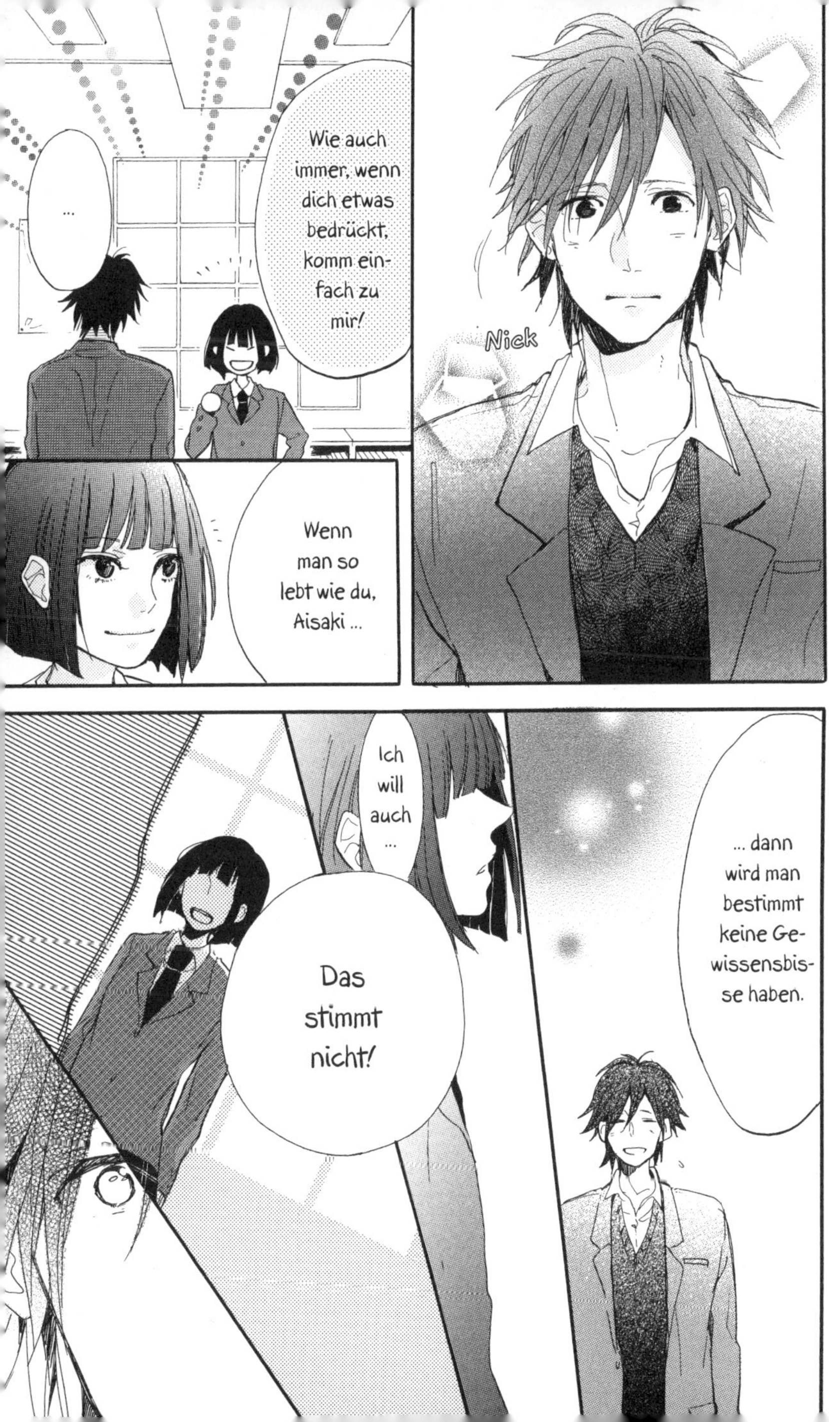

Nick

Wie auch immer, wenn dich etwas bedrückt, komm einfach zu mir!

...

Wenn man so lebt wie du, Aisaki ...

... dann wird man bestimmt keine Gewissensbisse haben.

Ich will auch ...

Das stimmt nicht!

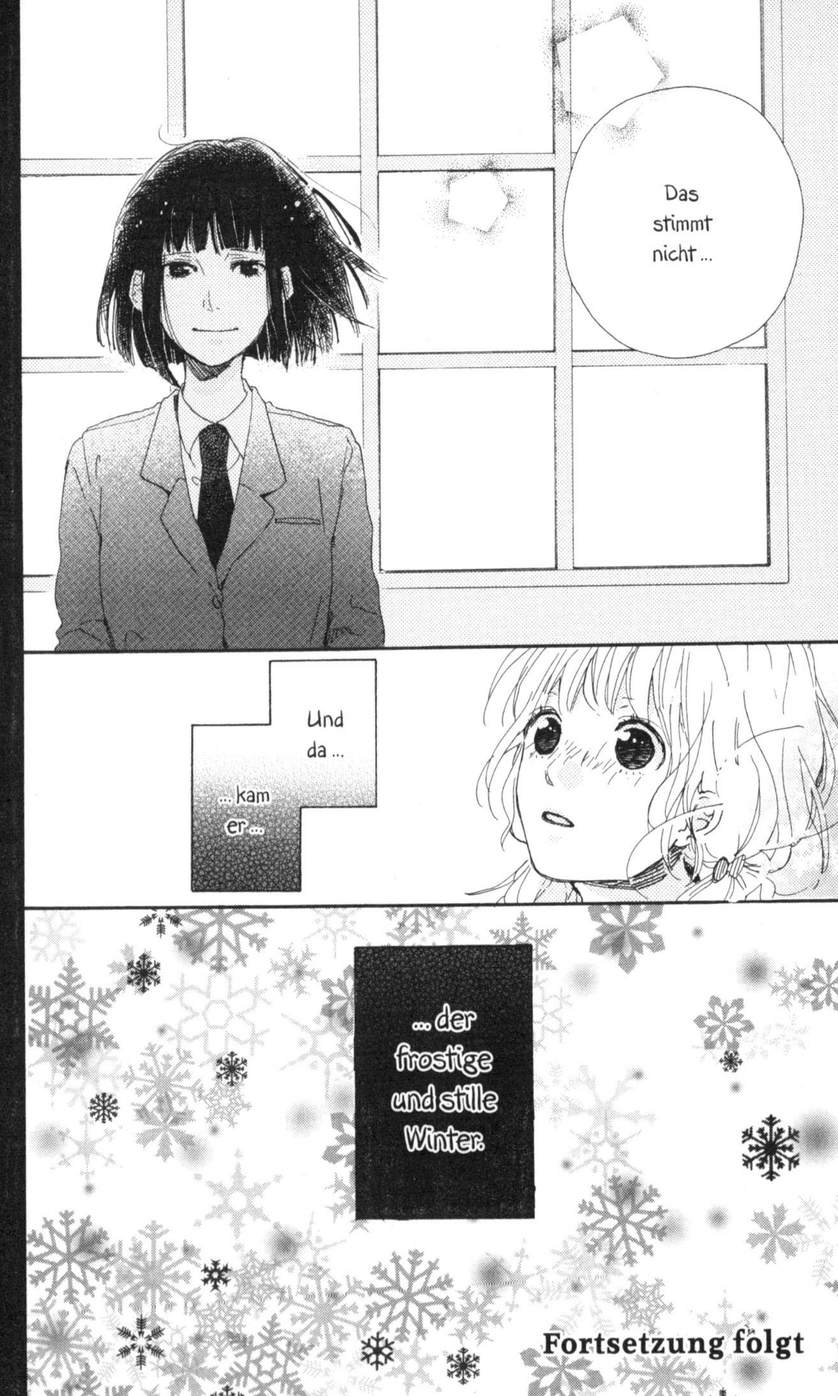
Das stimmt nicht ...
Und da ...
... kam er ...
... der frostige und stille Winter.
Fortsetzung folgt

Ichikawa und Shinomiya

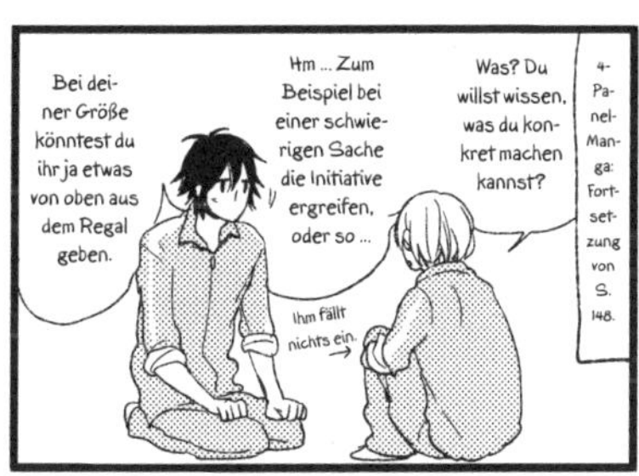

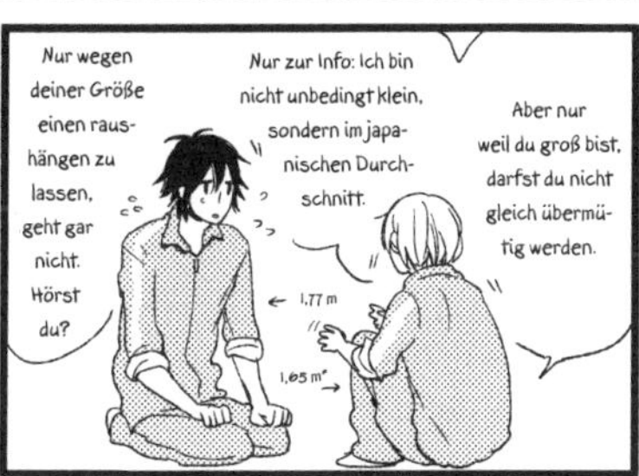

*nach eigener Angabe

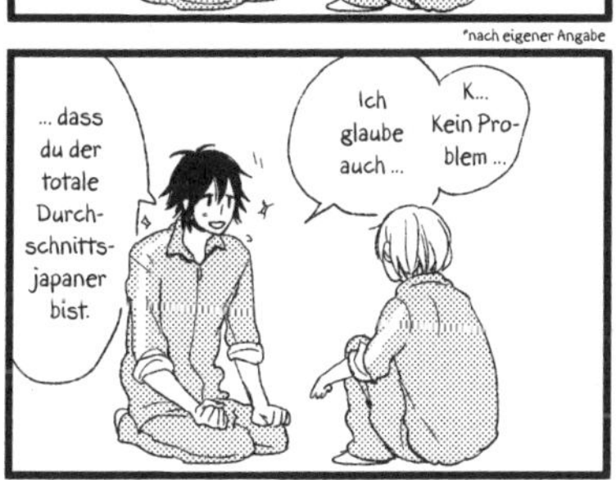

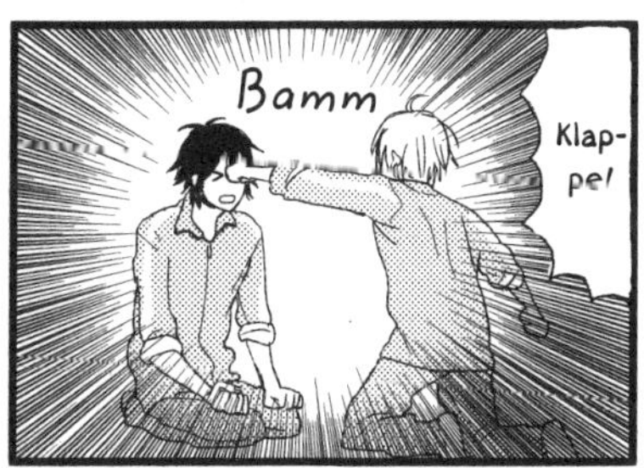

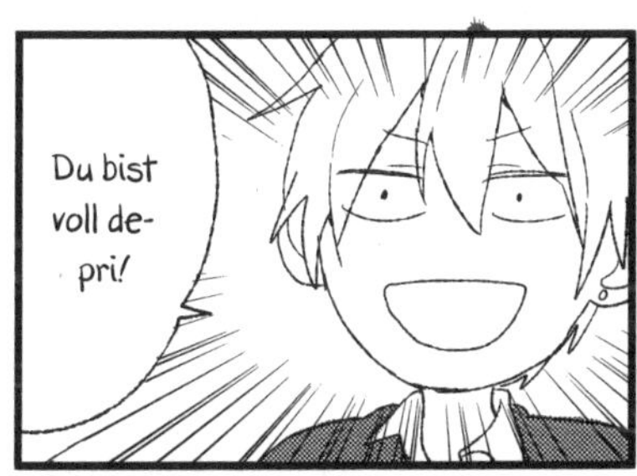

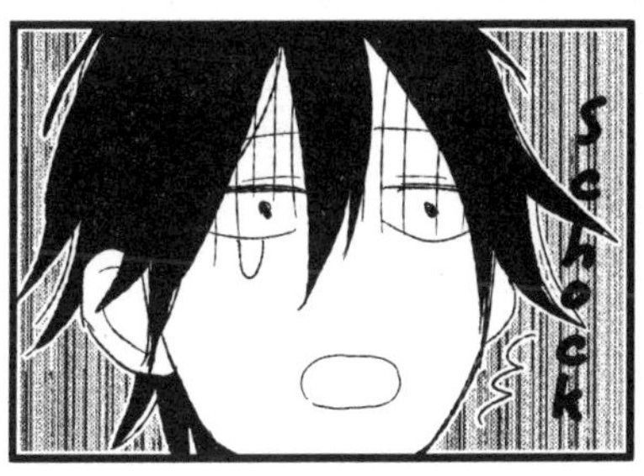

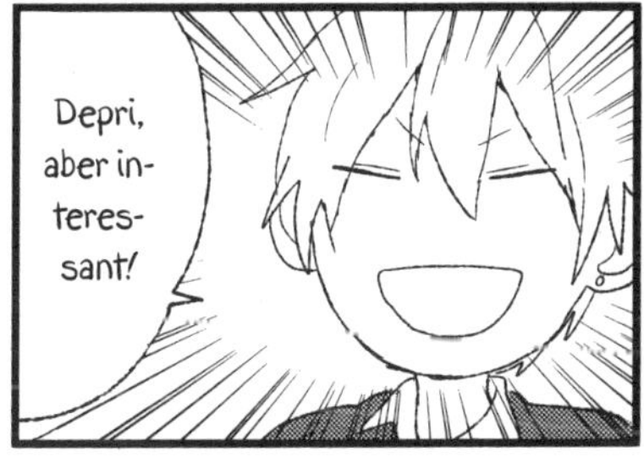

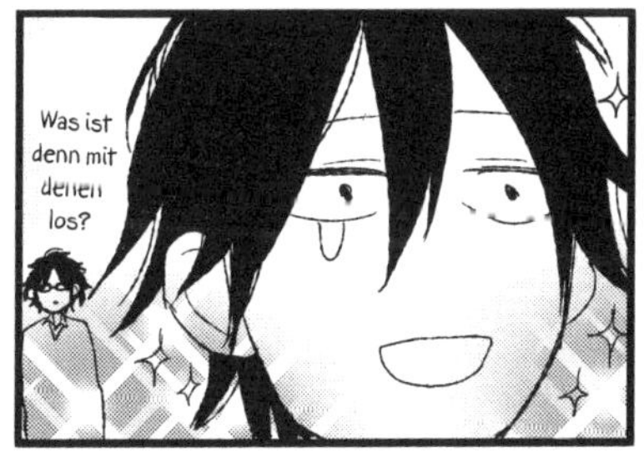

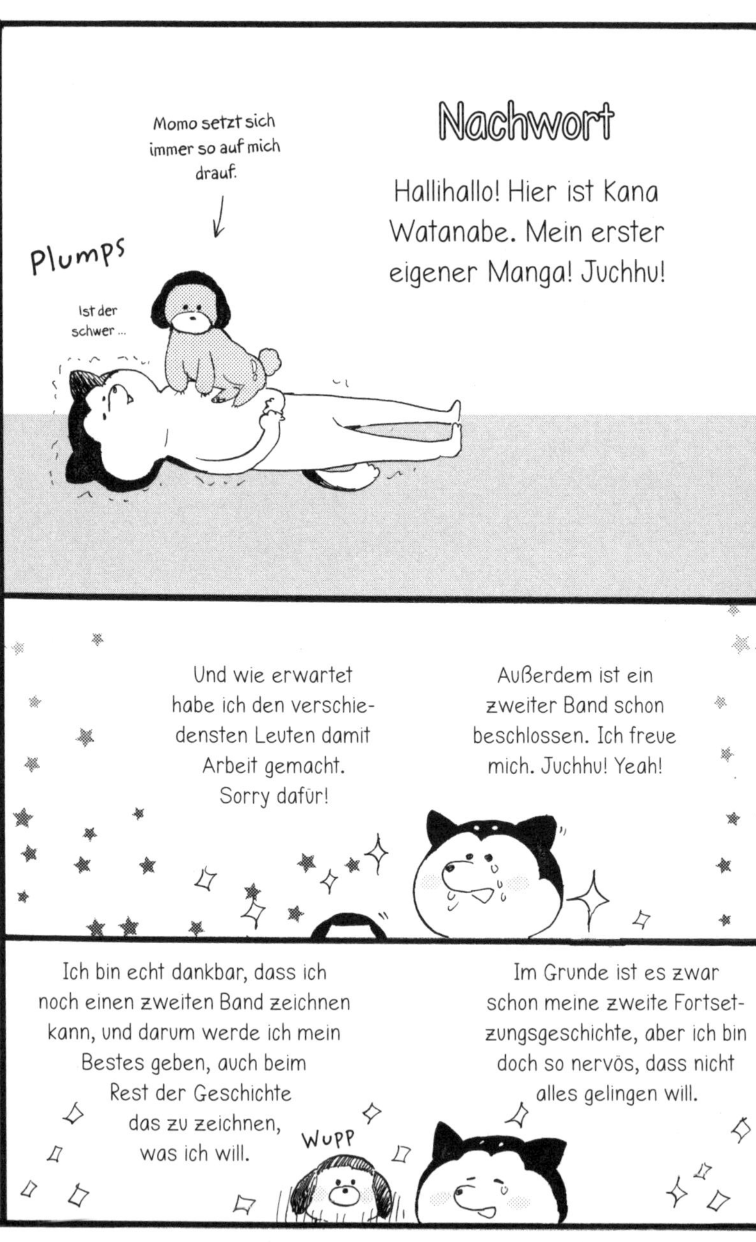
Nachwort
Hallihallo! Hier ist Kana Watanabe. Mein erster eigener Manga! Juchhu!
Momo setzt sich immer so auf mich drauf.
Plumps
Ist der schwer ...
Und wie erwartet habe ich den verschiedensten Leuten damit Arbeit gemacht. Sorry dafür!
Außerdem ist ein zweiter Band schon beschlossen. Ich freue mich. Juchhu! Yeah!
Im Grunde ist es zwar schon meine zweite Fortsetzungsgeschichte, aber ich bin doch so nervös, dass nicht alles gelingen will.
Ich bin echt dankbar, dass ich noch einen zweiten Band zeichnen kann, und darum werde ich mein Bestes geben, auch beim Rest der Geschichte das zu zeichnen, was ich will.
Wupp

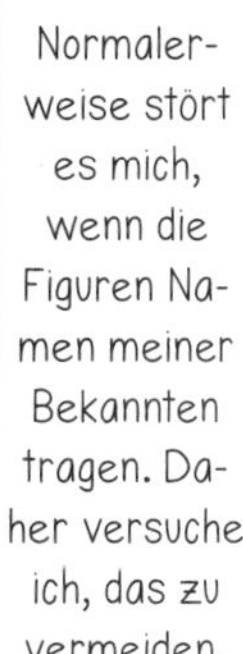

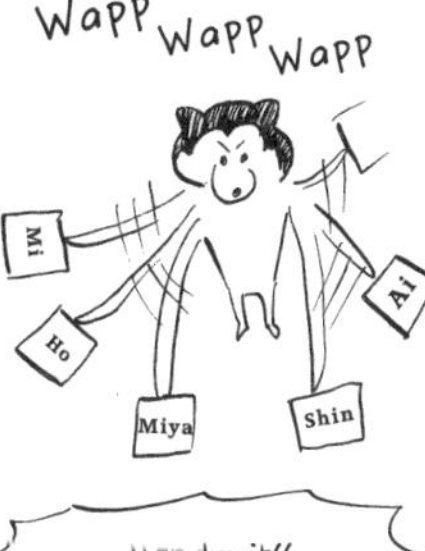

Diesmal habe ich, wie ich es sonst eigentlich nicht tue, fast alle Namen der Charaktere aus meinem Freundeskreis ausgewählt.

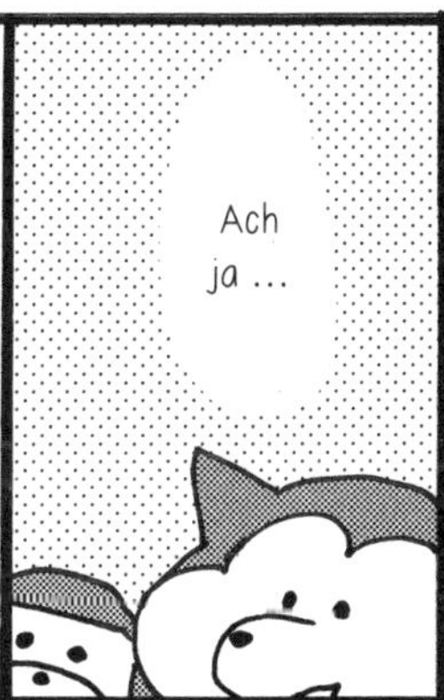

Aber weil ich aus jedem Namen nur ein Zeichen nehme und sie willkürlich zusammensetze …

… wirken die Namen besonders intensiv!

Na ja, bei einem Manga ist das okay.

Aber andererseits finde ich es ganz nett, so meine Zuneigung auszudrücken. Das merken auch meine Freunde, und ich bekomme großen Zuspruch.

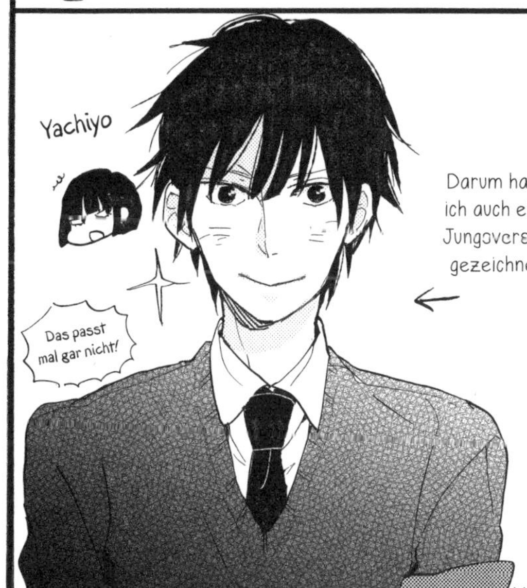

Darum habe ich auch eine Jungversion gezeichnet. ←

Ich war zwischendurch unsicher, ob ich Yachiyo männlich oder weiblich machen sollte.

Ach ja …

Nummer zwei

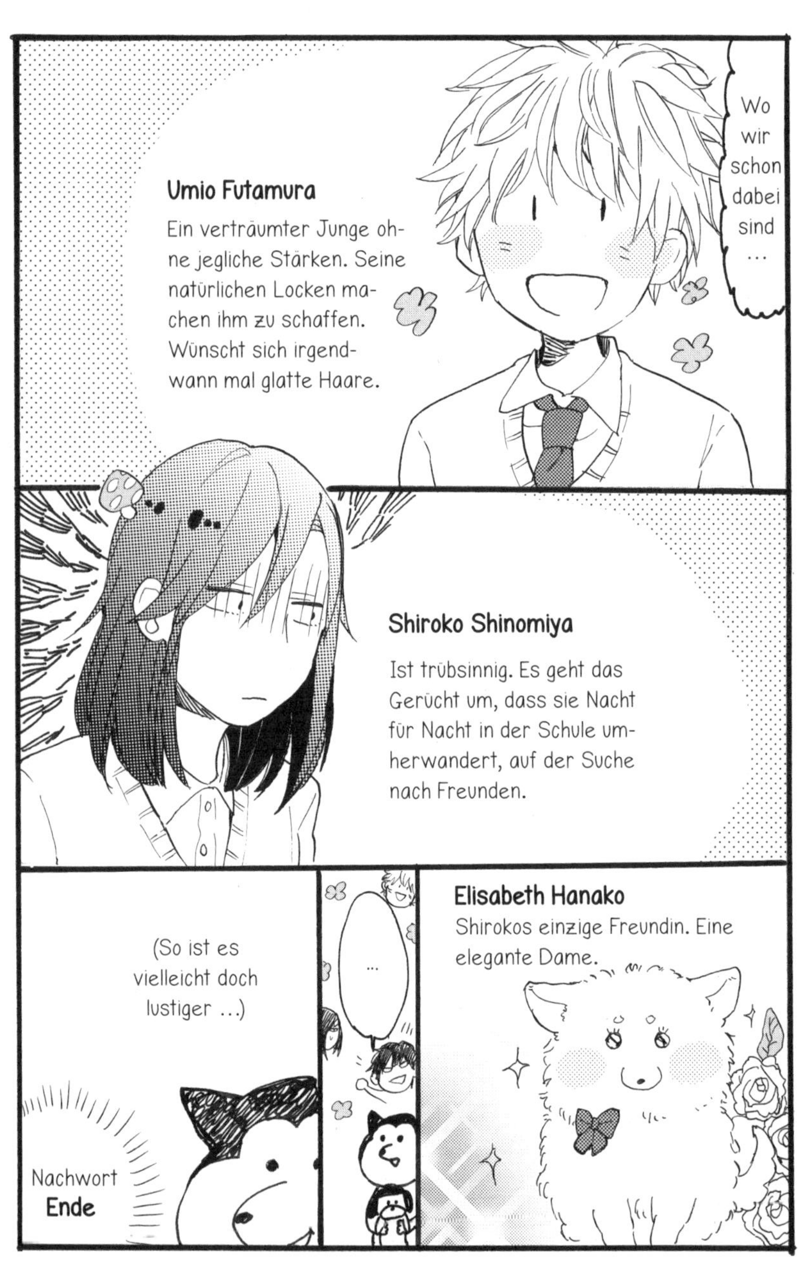
Wo wir schon dabei sind …
Umio Futamura
Ein verträumter Junge ohne jegliche Stärken. Seine natürlichen Locken machen ihm zu schaffen. Wünscht sich irgendwann mal glatte Haare.
Shiroko Shinomiya
Ist trübsinnig. Es geht das Gerücht um, dass sie Nacht für Nacht in der Schule umherwandert, auf der Suche nach Freunden.
Elisabeth Hanako
Shirokos einzige Freundin. Eine elegante Dame.
…
(So ist es vielleicht doch lustiger …)
Nachwort
Ende

Danksagungen zum Schluss:

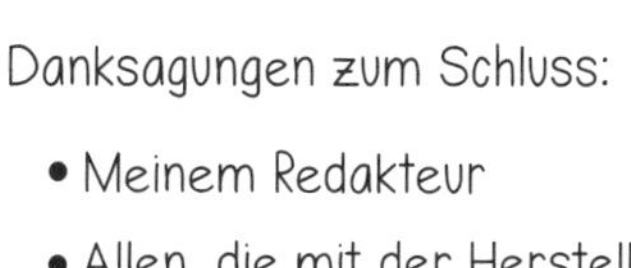

- Meinem Redakteur
- Allen, die mit der Herstellung dieses Mangas zu tun hatten.
- Meiner Familie
- Chin
- Allen, die sich diesen Manga gekauft haben.

Habt vielen Dank!!

Schickt mir doch eure Meinungen zum ersten Band!

Kana Watanabe
Shueisha, Redaktion der *Bessatsu Margaret*
2-5-10 Hitotsubashi, Chiyoda-ku, 101-8050, Tokyo

Also, bis dann!

Kana Watanabe

Dezember 2012

Autorenkommentar

Eine Serie zu veröffentlichen,
ist anstrengend, aber für mich war
die Vorstellung, einen zweibändigen
Manga mit den gleichen Charakteren
zu zeichnen, eine spannende Herausforderung. Ich würde mich freuen,
wenn er euch gefällt.

Kana Watanabe

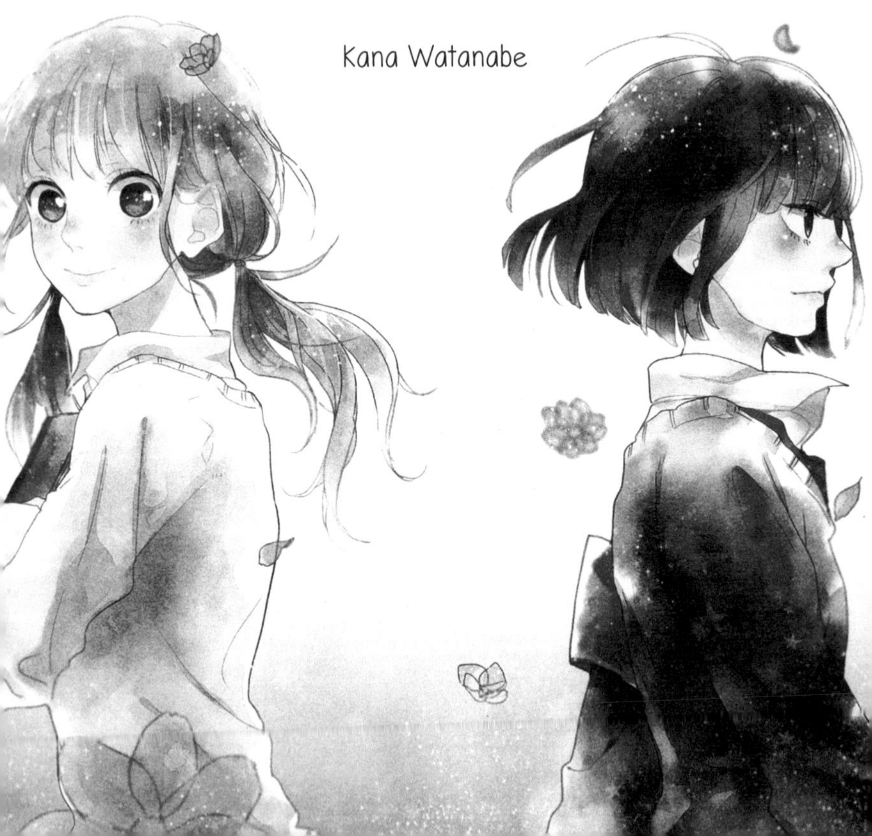

Wie *Blüten* und Blitze

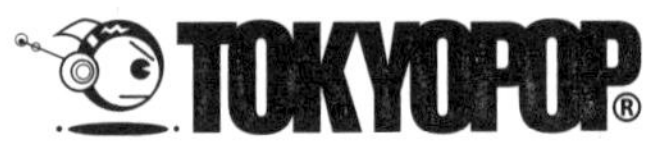

TOKYOPOP GmbH
Hamburg

TOKYOPOP
1. Auflage, 2020
Deutsche Ausgabe/German Edition

Aus dem Japanischen von Jan-Christoph Müller

HANA TO RAKURAI

Redaktion: Lisa Duty
Lettering: Vibrant Publishing Studio
Herstellung: Alina Kronenberg
Druck und buchbinderische Verarbeitung:
CPI – Clausen & Bosse GmbH, Leck
Printed in Germany

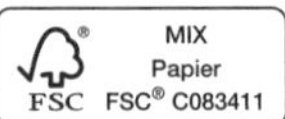

Wir achten auf die Umwelt.
Dieses Produkt besteht aus FSC®-zertifizierten und anderen kontrollierten Materialien.

ISBN 978-3-8420-5834-7

www.tokyopop.de

Wie *Blüten* und Blitze

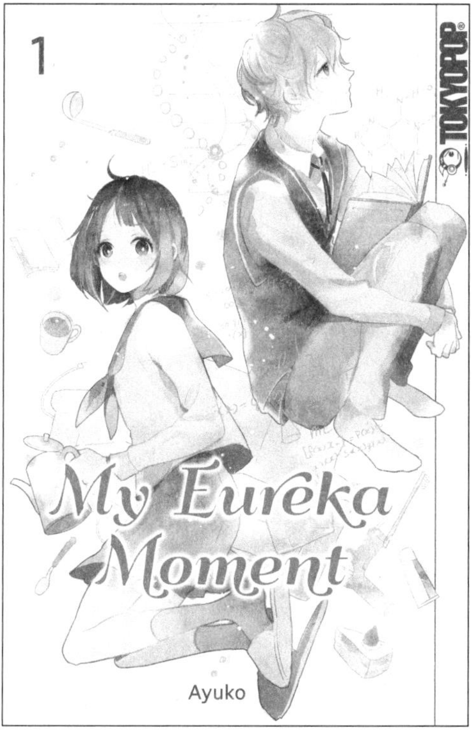

THE WORLD'S BEST BOYFRIEND

Umi Ayase

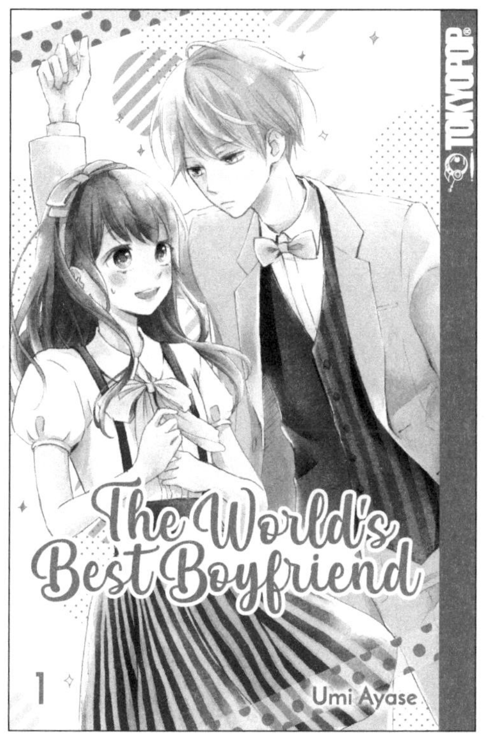

»Wenn ich irgendetwas für dich tun kann, musst du es mir nur sagen. Ich tu alles.«

Selbstverliebt und dominant – solchen Jungs kann Yusa nicht widerstehen! Dieser Idealvorstellung entspricht Nishizaki aus ihrer Schule, doch wie der Zufall es will, hat sich auch ihre beste Freundin Nanami in ihn verliebt. Um Nanami nicht im Weg zu stehen, lässt Yusa ihr den Vortritt und behauptet spontan, sie wäre bereits mit Kaede zusammen. Dieser hat alles mitbekommen und ehe Yusa sichs versieht, wird der gutmütige Mitschüler zu ihrem Scheinfreund. Dabei ist er eigentlich überhaupt nicht ihr Typ …

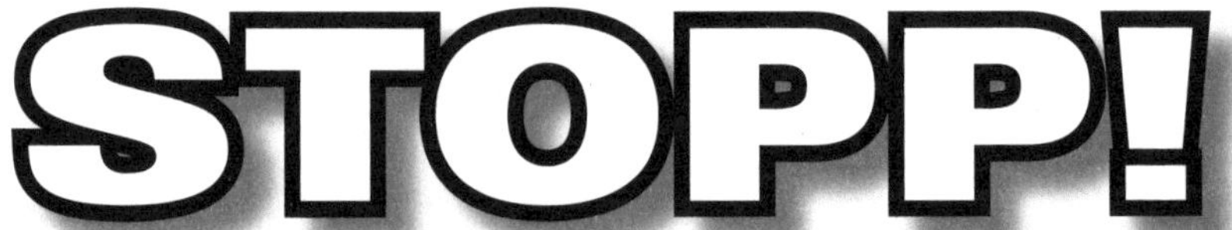

**Dies ist die letzte Seite des Buches!
Du willst dir doch nicht den Spaß verderben
und das Ende zuerst lesen, oder?**

Um die Geschichte unverfälscht und originalgetreu mitverfolgen zu können, musst du es wie die Japaner machen und von rechts nach links lesen. Deshalb schnell das Buch umdrehen und loslegen!

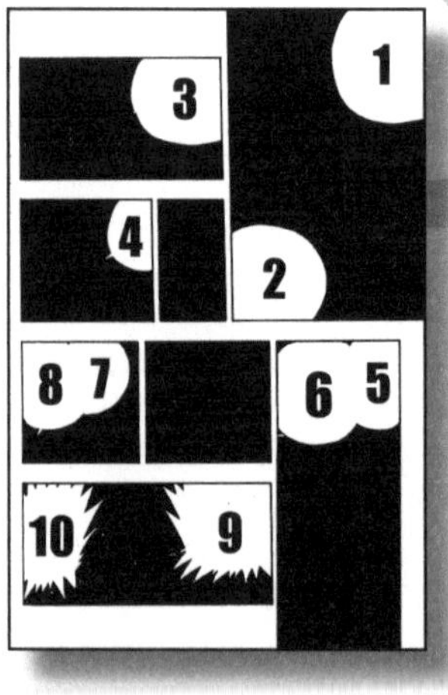

So geht's:

Wenn dies das erste Mal sein sollte, dass du einen Manga in den Händen hältst, kann dir die Grafik helfen, dich zurechtzufinden: Fang einfach oben rechts an zu lesen und arbeite dich nach unten links vor. Viel Spaß dabei wünscht dir TOKYOPOP®!